新时代基层党建创新形态研究丛书

新时代城市社区党建创新形态研究

方 雷　孟 燕　编著

山东大学出版社
·济南·

图书在版编目(CIP)数据

新时代城市社区党建创新形态研究 / 方雷，孟燕编著
. —济南：山东大学出版社，2021.6
(新时代基层党建创新形态研究丛书/方雷主编)
ISBN 978-7-5607-6959-2

Ⅰ.①新… Ⅱ.①方… ②孟… Ⅲ.①中国共产党—社区—党的建设—研究 Ⅳ.①D267.7

中国版本图书馆 CIP 数据核字(2021)第 104506 号

责任编辑 李孝德
封面设计 杜　婕

出版发行 山东大学出版社
社　　址 山东省济南市山大南路 20 号
邮政编码 250100
发行热线 (0531)88363008
经　　销 新华书店
印　　刷 山东华鑫天成印刷有限公司
规　　格 720 毫米×1000 毫米 1/16
16.5 印张 295 千字
版　　次 2021 年 6 月第 1 版
印　　次 2021 年 6 月第 1 次印刷
定　　价 58.00 元

总序

习近平总书记指出："我们党的一百年，是矢志践行初心使命的一百年，是筚路蓝缕奠基立业的一百年，是创造辉煌开辟未来的一百年。"①中国共产党自诞生之日起，就明确了为中国人民谋幸福、为中华民族谋复兴的初心使命。一百年来，中国共产党从党的自身建设出发，以严密的组织体系为基础，作为无产阶级先锋队，领导中国人民建立了现代化国家。1949 年新中国成立并进入国家建设阶段，中国共产党不断推进党的建设，建构国家制度体系，重塑社会结构秩序，领导中国开展社会主义建设，奠定了工业化物质基础；1978 年党的十一届三中全会开启了国家改革开放的新征程，中国共产党致力于改善党的领导方式与执政方式，领导中国实现了稳定高速持续发展，取得了举世瞩目的辉煌成就；党的十八大以来，国家迈入治理新时代，中国共产党提出全面推进党的建设新的伟大工程，并以伟大工程统领伟大斗争、伟大事业与伟大梦想。党在坚持和发展中国特色社会主义的历史进程中始终是坚强领导核心，为国家制度优势转化为治理效能提供了强大领导力量。

中国共产党是拥有 9514.8 万名党员和 486.4 万个基层组织的现代政党，为党领导人民实现中华民族伟大复兴的战略全局和应对世界百年未有之大变局提供了重要的组织保障。习近平总书记强调："中国特色社会主义大厦需要四梁八柱来支撑，党是贯穿其中的总的骨架，党中央是顶梁柱。同时，基础非常重要，基础不牢，地动山摇。"②只有将基层党组织建设成为坚强战斗堡垒，基层党员发挥先锋模范作用，党的领导制度优势才能切实转化为国家治理效能，让改革发展成果惠及全体人民。

基层党建是党的建设基础领域，事关党的全面领导与长期执政根基。

---

① 习近平：《在党史学习教育动员大会上的讲话》，《求是》2021 年第 7 期。

② 《习近平李克强栗战书赵乐际分别参加全国人大会议一些代表团审议》，《人民日报》2018 年 3 月 11 日，第 1 版。

在中国共产党百年发展历程中，基层党建始终贯穿其中，在建党与建国、治党与治国的辩证统一中不断深化推进。近代中国，西方列强入侵阻断中国现代化的有序转型进程，传统帝国政治生态的崩裂造成长期的国家动荡。“如何用现代的政治力量重新统一中国，并用现代国家体系重新支撑起一个巨型的国家，就成为辛亥革命之后中国发展面临的最根本的政治问题。”[①]在当时的国家情境中，需要的政治力量不仅能够掌握革命军队的领导权，凭借其组织体系重塑军队并以其思想激发军队战斗力，更需要组织动员社会民众，将离散混乱的普通群众凝聚起来，使其超越个人生活意志而形成建构现代国家的公共性自觉。只有革命型政党才能“依靠政党组织占据的政治—道德高位”以及“强有力的纪律约束体制”成为这样的政治力量。[②] 1921 年，中国共产党成立，以马克思主义为理论指导，以党的建设为支点建构严密的组织体系，保持其作为无产阶级先锋队的先进性与纯洁性，在此基础上进行军队整合与群众动员，实现政党建国的根本任务。

一方面，中国共产党以党的建设为核心，形塑建党、建军与建国的三位一体格局。近代中国遭遇的外部侵略使旧中国丧失内生性的现代化转型契机，传统帝国秩序的被迫瓦解使国家陷入分崩离析的状态，因此“现代化发展从一开始就有三个很强的期待：一是实现文明转型，从传统迈向现代；二是推进国家建设，建构新制度，创造新发展；三是超越资本主义，创造人民幸福的社会”[③]。要实现这样的目标，首先必须结束无序的政治生态，建立统一的民族国家。在此背景下，拥有组织体系与动员能力的政党成为建国的关键主体。特别是在中国共产党领导的建国历程中，将党的建设与军队建设相结合，是实现党领导武装斗争取得革命成功的关键。1927 年，毛泽东在总结大革命经验教训时指出了党领导军队的重要性，认为当前的军队“还不是政治上坚强的军队，党又不善于领导它”，“缺乏革命中心力量招致革命失败”。[④] 因此，在“三湾改编”中，毛泽东创造性地施行“支部建在连上”，在军队中建立党的基层组织体系，形成党的建设与军队建设的内部关联。将“支部建在连上”，不仅确定了党对军队的绝对领导权，而且依赖党的严密组织

---

① 林尚立：《中国之理：党的先进性决定中国发展前途》，《江苏行政学院学报》2012 年第 6 期。

② 参见任剑涛：《以党建国：政党国家的兴起、兴盛与走势》，《江苏行政学院学报》2014 年第 3 期。

③ 林尚立：《人民、政党与国家：人民民主发展的政治学分析》，《复旦学报》（社会科学版）2011 年第 5 期。

④ 参见《毛泽东选集》第 1 卷，人民出版社 1991 年版，第 157 页。

体系以及严明组织纪律实现了军队整合，确保了党的基层组织嵌入军队，保证党的建国路线、方针与政策在军队中有效贯彻落实，同时也通过发挥党员作用实现军队的内部凝聚，从根本上激发军队战斗力。在此后的革命斗争中，“红军之所以艰难奋战而不溃散，‘支部建在连上’是一个重要原因”①。

另一方面，中国共产党始终以依靠群众、服务群众为党的建设落脚点，在党的建设基础上实现对普通群众的组织动员。群众路线是中国共产党的生命线。在局部执政时期，基层党建方略始终体现尊重人民群众主体地位、全心全意为人民群众服务的思想。首先，基层党政干部权力来自人民，“人民要解放，就把权力委托给能够代表他们的，能够忠实为他们办事的人，这就是我们共产党人”②。基层党政干部必须始终以人民利益为出发点，严格组织生活，加强廉洁自律。其次，党的支部建设以团结群众为基本任务。“支部是党团结群众的核心组织。支部在周围群众中间工作的好坏是测量支部工作好坏的尺度。”③中国共产党在其领导的政权中所建立的党的基层组织要密切联系群众，向群众宣传党的政策，以团结群众、组织群众、动员群众。再次，共产党员以群众模范为基本标准提高政治素养。党员是建构党群联系的主体，党员形象将对党群关系构成直接影响。1939 年，陈云在《怎样做一个共产党员》一文中提出六项党员标准，包括终身为共产主义奋斗，革命的利益高于一切，遵守党的纪律、严守党的秘密，百折不挠地执行决议，群众模范，学习。④ “良好的共产党员”是决定党的先进性的基本要素，而党的先进性则使之赢得群众支持，使群众凝聚在党的领导之下共同致力于建构统一的现代国家。

在军队中建立党的基层组织、在局部执政时期以贯彻群众路线作为基层党建落脚点是中国共产党领导革命成功的关键要素。1939 年，毛泽东在总结中国共产党成立十八年间的战斗经验时进一步强调，“统一战线和武装斗争，是战胜敌人的两个基本武器。统一战线，是实行武装斗争的统一战线。而党的组织，则是掌握统一战线和武装斗争这两个武器以实行对敌冲锋陷阵的英勇战士”⑤。因此，“统一战线，武装斗争，党的建设，是中国共产党在中国革命

---

① 《毛泽东选集》第 1 卷，人民出版社 1991 年版，第 65～66 页。

② 《毛泽东选集》第 4 卷，人民出版社 1991 年版，第 1128 页。

③ 《陈云文选》第 1 卷，人民出版社 1995 年版，第 148 页。

④ 参见《陈云文选》第 1 卷，人民出版社 1995 年版，第 137～142 页。

⑤ 《毛泽东选集》第 2 卷，人民出版社 1991 年版，第 613 页。

中战胜敌人的三个法宝”[①]。其中，党的建设处于核心地位，是实现党领导军队进行武装斗争并团结一切可以团结的力量完成建国任务的重要路径。

新中国成立后，中国共产党从革命党转型成为国家建设的领导者。对于中国共产党而言，其转型不仅意味着政党身份的转变，更重要的是“作为执政党的中国共产党的政党理念必须重构”[②]。在统一民族国家建立之后，中国共产党的任务集中于领导新兴国家正常运转并持续推动现代化建设，根本途径是在党的领导下建构社会主义国家制度体系，并通过有效的制度执行实现拟定的制度绩效。这对基层党建提出新的要求：一方面，中国共产党必须在基层社会扩大组织覆盖面，拓展执行党的路线、方针、政策的组织保障，同时通过党的基层组织建设重组基层社会结构，稳定基层社会秩序；另一方面，中国共产党通过系统推动基层党建，增强党在基层社会的全面领导力，全方位组织动员国家主体力量参与现代化国家建设。

在改革开放前，中国共产党的基层党组织建设集中于工厂、矿山、商店、农村、机关、学校、街道、人民解放军的连队等各个基层单位。其中，农村是基层党建设的重点领域之一。基层党组织在农村工作中发挥领导核心作用，在负责将党中央“三农”工作政策方针贯彻落实到农村的同时，支持和保证农村基层自治，保障农民基本权利，动员农民参与农村建设。改革开放后，中国共产党适时调整基层党建方针，在继续探索农村基层党组织发挥战斗堡垒作用的同时，强调企业党组织建设的重要性，特别是国有企业党组织应发挥政治核心作用，围绕企业生产经营开展活动，以此夯实中国特色社会主义发展的物质基础和政治基础。随着改革开放后市场经济体制持续转型，传统单位制的瓦解使城市社会管理单元由单位转移至社区，新经济组织和新社会组织也大量涌现。中国共产党在统筹农村、高校和国有企业党建的同时，在城市社区探索党的基层组织建设新模式，在基层党组织领导下充分支持和保障城市社区作为基层群众自治单元的发展，并通过整合社区多元利益结构，组织社区群众有序参与社会建设，稳定党的基层执政秩序。此外，中国共产党积极探索“两新”组织党建，弥补基层党建“空白点”，以党的基层组织整合新兴社会领域，引领建构稳定的社会治理秩序，巩固党的执政基础。

---

① 《毛泽东选集》第2卷，人民出版社1991年版，第606页。

② 任剑涛：《从政党国家到民族国家：政党改革与中国政治现代化》，《江苏行政学院学报》2013年第3期。

新时代坚持和加强党的全面领导，必须深入推进党的建设新的伟大工程。基层党建是党建的基础环节，基层党建质量事关党全面领导的实现效度。新时代以来，中国开启全面建设社会主义现代化国家新征程，坚持和加强党的全面领导，坚持和完善党领导经济社会发展的体制机制，必须通过推进党的建设伟大工程，使党在坚持和发展中国特色社会主义的历史进程中始终成为坚强领导核心，发挥政治领导力、思想引领力、群众凝聚力、社会组织力。全面加强基层党建是新时代党的建设新的伟大工程的重要内容，也是政党政治建设和党领导国家治理的基础领域。

新时代基层党建是一项系统工程。统筹推进基层党建工作，以增强基层党组织的组织力为重点，突出政治功能，系统深入基层党组织的各项建设，把基层党组织建设成为坚定不移贯彻党的新发展理念的坚强战斗堡垒。整体而言，基层党建已经形成以农村、城市社区、国有企业、学校、“两新”组织等为核心领域的系统推进格局。需要指出的是，中国共产党的基层党建工作以全心全意为人民服务为根本出发点和落脚点，群众路线始终贯穿其中。作为马克思主义执政党，“如果不能保持同人民群众的血肉联系，如果得不到人民群众的支持和拥护，就会失去生命力，更谈不上先进性。我们党的根基在人民、血脉在人民、力量在人民。保持党同人民群众的血肉联系，是我们党无往而不胜的法宝，也是我们党始终保持先进性的法宝”①。党的基层组织是党联系群众的最直接组织性主体，基层党组织是否深入群众、倾听群众、服务群众也将影响群众对党的直观认同。因此，基层党建必须落脚于全心全意为人民服务，只有在此基础上才能组织动员群众参与国家建设和国家治理。在此意义上，中国共产党“既要从社会与人民群众对党的实际要求出发进行党的建设；同时也要将党的建设纳入到社会的人民群众的发展需要之中，力求使党的建设成为创造社会进步与人民幸福的重要政治资源”②。

“新时代基层党建创新形态研究丛书”是宣传新时代基层党建创新经验的普及性读物，本丛书立足于中国共产党百年党建，重点在于系统提炼新时代基层党建创新形态，献礼建党百年。本丛书主要内容在于阐释新时代基层党建创新对坚持和加强党的全面领导的内在功能，回应基层党建实践困境，探索基层党建引领基层治理现代化的基本路径。通过对新时代基层党

---

① 《十六大以来重要文献选编》(下)，中央文献出版社2008年版，第535页。

② 林尚立：《中国之理：党的先进性决定中国发展前途》，《江苏行政学院学报》2012年第6期。

建创新形态的经验总结与模式分析，启发基层党务工作者的创新思维。

本丛书立基百年党建理论，立足基层党建典型实践，涵盖城市社区、农村、国有企业、“两新”组织以及高校等各基层党建领域，在梳理各领域党建创新形态的基础上建构系统性基层党建分析框架，为巩固党全面领导与长期执政的微观基础提供策略路径。

本丛书的论述逻辑有三：一是遵循规范叙述与经验分析相结合的逻辑，从新时代基层党建创新的情境认知出发，阐释新时代基层党建创新的价值意蕴，溯源新时代基层党建创新的理论、思想与政策依据；二是采用“内外交织”与“横拓纵延”相结合的逻辑，探索各领域基层党建的现实困境，并以党的全面领导制度与实践拓展、基层党建历史与现实延伸为基本框架深挖基层党建累积性困境与党建引领治理结构性难题的根源；三是按照实然的实践凝练到应然的经验提升相结合的逻辑，依据体系设计、机制优化、资源支持与功能整合的四维度分析框架，分类总结新时代基层治理各领域各方面各环节中基层党建创新形态，以城市社区党建、农村基层党建、国有企业党建、“两新”组织党建以及高校党建为基本点，深化基层党建创新经验，解决当前累积性困境与结构性难题，勾勒基层党建创新发展愿景，以此发挥基层党组织战斗堡垒作用，更好地坚持党的全面领导，高质量实现社会主义现代化发展目标。

本丛书的主要内容与创新点如下。

第一，社区是城市社会的基本构成单元，也是党领导国家治理的基础单元。社区党组织是党联系服务群众的最基层单位，位于落实党中央决策的“最后一公里”。深入总结新时代城市社区党建创新形态，建构“嵌合式党建”发展愿景，以党建引领提升社区治理效能，是夯实党全面领导与执政基础的重要路径，也将进一步在党的领导下推动建构社区治理共同体。《新时代城市社区党建创新形态研究》主要由四大部分内容构成。第一部分是新时代城市社区党建创新的背景叙事。从城市社区党建的现实背景与发展沿革两个方面剖析城市社区党建创新的现实必要性与历史承袭性，重点落脚于新时代城市社区党建创新的价值意蕴，即以党建创新激活社区治理的内源性生长动力、健全社区治理的统筹性组织结构、增强社区治理的精细化服务功能。第二部分是新时代城市社区党建创新的规范溯源。以马克思主义经典作家城市发展与基层党建理论为规范性依据，通过对新中国成立以后城市社区党建思想的探索、新时期城市社区党建理论与政策的深化、新时代城市社区党建理论与政策创新的纵向梳理，探究新时代城市社区党建创新发展的学理来源。第三部分是新时代城市社区党建创新的现实审视，包括城市社区党建困境与根源，以及城市社区党建创新形态两个维度，通过体系设计、机制优化、资源支持与功能整合等方面的创新实践不断提高城市社区党建质量，在自我调适与完善的同时逐步增强城市社区党建引领治理效能。第四部分是城市社区党建创新形态的经验提升，重点是构建“嵌合式党建”的创新愿景，实现城市社区党建在治理场域的“在场式嵌入”，增强城市社区党建与国家治理现代化的“建构式耦合”，为党全面领导城市基层治理体系和治理能力现代化提供创新性路径。

第二，农村是中国基层社会的另一构成单元，农村基层党组织是农民群众的“带头人”“当家人”，是推进农村基层社会治理体系和治理能力现代化、实施“乡村振兴”战略的领导核心。对新时代农村基层党建创新形态进行分析并提炼其成功经验，对于巩固党的领导、加快农村农业现代化具有重要意义。《新时代农村基层党建创新形态研究》主要由四大部分内容构成。第一部分是新时代农村基层党建创新发展的背景与意义。重点从时代背景与发展历程两方面解读新时代农村基层党建创新的现实观照与历史承续，其价值意义落脚于通过农村基层党建创新巩固党的执政基础、提升农村基层治理能力以及推进“乡村振兴”战略的实施，以实现党全面领导实施乡村建设行动，深化农村改革。第二部分是新时代农村基层党建创新的理论依据。通过追溯马克思主义经典作家的农村党建理论，并着重论述中国共产党成立以来的农村党建思想，对农村党建理论发展的基本历史脉络进行回溯性分析。同时，从动态角度描述习近平总书记关于农村党建的重要论述以及党中央关于农村党建的系列文件，阐发农村基层党建理论的发展和创新。第三部分是新时代农村基层党建创新的现实观照，包括新时代农村基层党建困境与根源，以及新时代农村基层党建创新形态的系统总结两方面。其中，农村基层党建在基础性地位、经济引领功能、组织领导力和干部综合素质等方面面临综合性困境，其根源则从经济基础、思想认识、组织体系与社会传统四个维度展开对应性分析。为回应农村基层党建困境，系统总结了新时代农村基层党建的创新形态，依据机制优化、能力提升、资源支持与功能整合的整体性框架描述了各地农村为提高基层党建质量的创新实践和成效。第四部分是新时代农村基层党建创新形态的经验提升。增强农村基层党建效能，必须坚持党对农村的全面领导，加快农业农村现代化，必须将实出政治功能作为农村基层党建创新的根本，必须将突出政治功能作为农村基层党建创新的根本，基础在于健全农村基层党建的规章制度，关键在于实现农村基层党建的功能整合，保障在于强化对农村基层党建的资源支持。

第三，国有企业是党执政兴国的重要支柱和依靠力量，是中国特色社会主义的重要物质基础和政治基础，担负着重要的社会责任，是促进社会发展的关键力量。总结国企党建创新形态并提炼其成功经验，是发挥国企党组织政治核心作用、正确处理政治核心与经济中心关系、统筹提高国有企业政治效益与经济效益的重要举措。《新时代国有企业党建创新形态研究》主要由四大部分内容构成。第一部分是新时代国有企业党建创新的背景与意义。国有企业作为党执政兴国的重要支柱与物质基础，也是促进社会发展的关键力量。新中国成立以来，国有企业党建历经探索式发展、适应性发展与提升式发展三个阶段，新时代创新国有企业党建形态，将进一步为国有企业发展提供政治保障，为增强国有企业核心竞争力提供组织保障，为深化国有企业改革提供人才支撑。第二部分是新时代国有企业党建创新的理论依据。马克思主义经典作家对政党与企业关系的深刻论述提供了党领导国有企业的正当性理论来源，中国共产党关于国有企业党建思想的中国化探索则深固了党领导国有企业的规范性理论基础，而习近平总书记关于新时代国有企业党建的论述为破解党建与国有企业发展难题提供了适应性思想依据。第三部分是新时代国有企业党建创新的现实解析。作为推进国家现代化、保障人民共同利益的重要力量，国有企业必须始终坚持党的全面领导。当前，国有企业党建发展仍面临党组织管理体系失衡、党建资源汲取能力欠缺、党建机制不健全、党建能力弱化等现实困境，致使国有企业党建、国有企业改革以及社会经济发展之间关系疏离。党的十八大以来，国有企业党建诸多创新形态体现为体系设计、资源支持、机制优化、能力提升等方面，渐次消除传统国企党建现实性弊端。第四部分是新时代国有企业党建创新形态的经验提升。借助“党建理念—党建模式—党建引领治理效能”的逻辑链条，将国有企业党建创新形态的成功经验系统总结为以嵌入式党建引领国企党的建设、以标准化党建促进嵌入式党建模式创新、以治理成效衡量嵌入式党建效能，使国有企业在党的全面领导下提升创新力，进一步发挥其作为党和国家最可信赖的依靠力量的重要作用。

第四，“两新”组织是中国经济社会发展新的增长点。其中，新经济组织与国有企业相辅相成、相得益彰，在社会主义市场经济发展中占据重要地位；而新社会组织则在整合群众利益表达、服务群众基本需求、组织群众有序参与方面发挥重要作用。在“两新”组织中创新推进党的建设，不仅可以弥补新时代党建工作“空白点”，更重要的是通过对新兴社会力量的组织覆盖与吸纳，可以巩固党的执政基础，保障党领导社会治理的效能。《新时代“两新”组织党建创新形态研究》主要由四大部分内容构成。第一部分是新时代“两新”组织党建创新发展的情境认知。新时代以来，“两新”组织的生长激发了我国经济社会发展活力。作为新兴党建类型，“两新”组织党建经历摸索发展、快速发展以及创新发展三个阶段，对于统合社会领域、夯实党的执政基础、扩大党的组织覆盖、巩固党的社会基础、创新组织模式、提升党的治理水平具有极其重要的价值意蕴。第二部分是新时代“两新”组织党建创新发展的基本依据。马克思主义经典作家关于党领导经济与党领导社会的重要论述奠定了“两新”组织党建的理论根基，而习近平总书记关于“两新”组织党建的政治引领作用论、治理协同效能论以及教育引导统战论等重要论述则深刻揭示新时代“两新”组织党建的思想基础。此外，关于新时代“两新”组织党建的政策规定成为指导“两新”组织党建的重要依据。第三部分是新时代“两新”组织党建的现实审视。相较于其他基层党建类型，“两新”组织党建起步相对较晚，面临体系机构虚浮、方式路径乏新、资源供给紧张与功能作用缺位的困境，而内生动力不强、机制体制不畅、实践创新不足、定位认知不清则是阻碍“两新”组织党建深入发展的关键要素。面对“两新”组织党建的基本现状，需要总结“两新”组织党建的成功案例，以期寻求具有可复制性的成功经验，为解决当前困境提供可参考性思路。其中，在体系架构、机制优化、资源支持和功能整合等方面，“两新”组织党建具有典型创新形态。第四部分为新时代“两新”组织党建创新的经验提升。要在明确新时代“两新”组织党建引领型整合的目标导向基础上，建构“两新”组织耦合式嵌入机制，契合党组织与“两新”组织的效能，实现互益性共构。

第五，高校承担为国家经济社会发展、民族复兴培养人才的重任，高校党建重在解决“培养什么人，怎样培养人，为谁培养人”的根本问题。新时代深入推进高校党建工作，以党建引领高等教育高质量发展，在党的领导下建构适应于人才培养的教育体系、培养体系、评价体系与保障体系，提高高校教育服务能力，对于推动中国特色现代大学制度建设、实现高等教育跨越式发展、落实立德树人的根本任务具有关键意义。《新时代高校党建创新形态研究》主要由四大部分内容构成。第一部分为新时代高校党建创新的背景意义。新时代以来,高校党建面临新机遇、新任务、新要求,坚持党对高校的全面领导、加强和改进高校党的建设,是办好中国特色社会主义大学的根本保证。第二部分为新时代高校党建创新的基本依据。马克思主义经典作家的党建理论以及中国共产党高校党建理论的中国化探索提供了高校党建创新的基本理论依据。站在高校改革和高等教育全新发展的高度,习近平总书记关于新时代高校党建的重要论述,以本体论、价值论、系统论、实践论为基本要素建构起新时代高校党建创新的思想体系。此外,党中央出台和制定的关于高校党建的政策与制度成为新时代高校党建创新的重要依据。第三部分为新时代高校党建创新的现实审视。在实践中,高校党建面临困境与创新并存的基本发展现状。一方面,当前高校党建面临理念困境、革新困境、力量困境与对策困境等诸多难题,需要进一步从思想根源、历史根源、主体根源、制度根源等方面探究其原因;另一方面,大量案例显示,高校党建在组织体系、工作机制、功能整合、资源支撑等方面已经探索出成功的创新形态,极大加强了党对高校与高等教育的领导,保证了高校改革与高等教育发展的正确方向。第四部分为新时代高校党建创新的经验提升。在新时代完善大学治理结构、提升大学治理能力的背景下,高校党建工作必须致力于创新高校党的领导体制,创新党的组织建设,创新党建工作与高校教学、科研、社会服务和文化传承的功能融合,因此需要以政治建设为统领,实现党建引领高校改革发展新征程;以创新理论为指引,实现党建开辟高校改革发展新境界;以组织体系为依托、实现党建汇聚高校改革发展新动力;以制度优势为保障,激发党建引领提升高校改革发展新动能。

本丛书以习近平新时代党建思想为指导,立足"两个一百年"历史交汇期基层党建的重要性与关键性,系统总结了新时代基层党建创新形态,阐明了基层党建创新在坚持党的全面领导中的定位与功能,梳理了基层党建创新形态的成功经验,期望本丛书能助力党更好地全面领导国家实现全面治理的现代化目标。

方　雷

2021 年 6 月

目　录

第一章 新时代城市社区党建创新发展的背景和价值

习近平总书记指出："要不断夯实基层社会治理这个根基。提高社区治理效能，关键是加强党的领导。"中共十九届五中全会提出："坚持把实现好、维护好、发展好最广大人民根本利益作为发展的出发点和落脚点，尽力而为、量力而行，健全基本公共服务体系，完善共建共治共享的社会治理制度。"城市社区是社会治理的基本单元，是城市居民居住生活的物理空间以及交往互动的社会空间。城市社区治理效能体现为党组织领导的自治、法治、德治相结合的城乡基层治理体系在城市社区发展过程中所取得的实质性绩效，是社区治理迈向民主化、规范化和秩序化的综合表现，最终决定城市居民的幸福感、获得感以及安全感。党建引领塑造城市社区治理的政治逻辑，社区治理则赋予党建生命力，使其具有实质性依托。对新时代城市社区党建创新的背景和价值进行系统认知，可以奠定新时代社区党建持续、规范创新的实践性根基。

第一节 新时代城市社区党建创新发展的现实背景

改革开放以来，中国城镇化进程加快。2019年年底，"中国常住人口城镇化率首次超过60%"[①]，意味着中国已经进入"全新的城市中国时代"[②]。虽然"以人民为中心"始终是中国城市建设的根本立场，人民生活水平亦伴随城市化进程显著提高，但值得注意的是，由于资源分配不均衡、人口流动区域性差异以及城市粗放型增量扩张等问题，中国城市发展也面临治理体系和治理能力现代化的转型压力。如何坚持系统观念以增强城市经济发展活力、增进城市居民民生

---

① 林火灿：《逾60%：城镇化仍有巨大潜力》，《经济日报》2020年6月18日。

② 唐亚林：《"所有的道路都通向城市"的中国之道》，《探索与争鸣》2016年第12期。

福祉、丰富城市精神文化生活、改善城市生态文明以及彰显城市公平正义等经济社会发展主要目标协同共进，成为党和政府推动城市治理向纵深发展的主要考量。

一、城市社区的空间生成与功能建设

中华人民共和国成立后，围绕加快工业化与现代化的发展目标，形成“重生产，轻生活”的城市建设思维，建立起生产空间与生活空间高度同构的单位体制。国家通过单位分配资源，依靠单位成员与单位之间的“依附—庇护”关系建立起高度组织化和同质性的社会结构。更为重要的是，中国城市内部建立以单位为隔离边界的“蜂窝”型空间结构[①]，形成相对封闭且功能完整的“单位社区”。居民不仅依赖单位为自己及家庭提供生产与生活的基本资源，而且生产空间与生活空间的高度重叠也使得城市居民大部分的社会交往活动在单位社区内开展。“单位办社会”的城市发展格局促使城市居民对单位产生极强的认同感与归属感，形成单位共同体的典型社会形态。

改革开放后，在单位体制基础上建立的相对固化、围合的社会空间与管理模式不利于激发经济活力，单位体制的衰落成为必然，中国城市社会也因此面临新的发展环境。“一是随着社会主体自主性的日益增强，社会生活开始逐渐形成自身的利益和要求；二是原来归属于各种企业和行政单位的社会管理功能，随着这些单位组织的转型，开始流入社会，要求社会吸纳和消化。”[②]20 世纪 80 年代以来，城市社区开始成为城市发展的重要空间，在承接单位剥离的社会管理功能之外，也应当适应经济社会改革要求，作为城市基层治理的基本单元，履行社区居民自我管理、自我教育、自我服务与自我监督的基层自治职能。

中国城市社区空间产生于国家强制性制度变迁。市场经济体制改革瓦解了固化的单位体制，导致工作空间与生活空间分离，以居住场所为基点的纯粹生活区域构成城市社区空间发展的基础。一方面，相较于“职住合一”的单位社区，城市社区主要作为职工群体的生活区域，其在工作空间与生活空间之间进行往返流动。对于大部分社区居民而言，“单位”仅仅成为工作场所，“参与行为已经不再以对这种组织的全面依赖作为基础，而更多地把参与作为一种利益驱动的行为，并以此为基础，来构造自己对组织的认同”[③]，从单位成员向社会成员的身份转型则进一步削弱了其对单位的依附感。随着单位——特别是企

① 参见陈伟东：《社区自治：自组织网络与制度设置》，中国社会科学出版社 2004 年版，第 56 页。

② 林尚立：《当代中国政治形态研究》，天津人民出版社 2000 年版，第 219 页。

③ 李汉林：《变迁中的中国单位制度　回顾中的思考》，《社会》2008 年第 3 期。

业——的行政职能与社会职能弱化，城市社区开始成为向居民提供住房、医疗与教育等基本保障性服务的主要场所，并接替单位发挥社会整合与管理功能。另一方面，建立在集体主义规则基础之上的单位共同体随市场机制的扩大逐渐解体，特别是相对封闭和同质化的单位社区被割裂，异质化城市社区空间生成。首先，市场制度的要素增加改变了国家通过单位分配生产与生活资源的格局，社会开始成为相对独立的资源供给主体，使城市居民能够通过市场化途径获取更加多元的优质资源，社区的开放性大大增强。其次，户籍制度的改革以及票证制度的取消引致了大规模人口流动，“社会精英流向多元化”，“农村剩余劳动力向城市流动以及体制内的工人与干部向体制外流动”①，在很大程度上改变了城市社会中以职工身份为关键要素构成的社会结构，城市社会成员的异质性增强，打破了单位社区所形成的“熟人社会”。流动性社会成员难以在短时间内建立相互信任的社会关系，“陌生人社会”的社区管理成本大幅上升。再次，单位福利分房制度的终结以及住房商品化加剧了城市社会内部的社区空间分化，城市居民通过购房成为业主，生活居住品质及所享受服务的质量是其关心的主要问题，因此尝试通过社区参与行为来改善生活场域、维护其正当生活权利。

2000 年，中共中央办公厅、国务院办公厅转发《民政部关于在全国推进城市社区建设的意见》，提出“大力推进城市社区建设”，“在党和政府的领导下，依靠社区力量，利用社区资源，强化社区功能，解决社区问题，促进社区经济、政治、文化、环境协调发展，不断提高社区成员生活水平和生活质量”。② 对于城市社区的功能建设来说，不仅要弱化“街居制”下社区居委会的行政化色彩，使其回归基层群众自治组织的本质定位，协调社区资源，满足社区居民的利益诉求与服务需求，更重要的是通过社区共同体的营造，在人口流动增强、社会阶层分化、资源供给渠道多元化的现实发展情境中增强城市居民对社区的归属感与认同感，在此基础上激活社区参与自治动力，探索建构共建、共治、共享社会治理新格局的创新性路径。

一方面，社区居委会是社区重要的治理主体，应始终发挥群众自治性组织的功能。根据 1954 年全国人大常委会通过的《城市居民委员会组织条例》，居民委员会是城市基层群众性自治组织并发挥增进居民公共福利的职能，但是在单位体制存续阶段，居民委员会实际上成为政府管理城市社会的延伸机构，并且具有较强的行政化特征。具体而言，在单位社会中，单位体制与街居组织共

---

① 孙立平：《转型与断裂：改革以来中国社会结构的变迁》，清华大学出版社 2004 年版，第 21 页。

② 《中办国办发出通知转发民政部意见 在全国大力推进城市社区建设》，《人民日报》2000 年 12 月 13 日。

同形成高度组织化的城市社会。一方面，“国家—单位—社会”的管理结构形成了以单位为核心的城市社会整合性发展格局，国家通过单位成员及其家属对单位的身份依附与资源依赖实现对社会的总体性控制；另一方面，对于城市中的无单位人群，则通过作为“辅助体制”的街居制实现管理。① 街道办事处作为地方政府的派出机构，承担大部分社会管理职能，其工作需要居民委员会高度配合，因此城市街居组织实际上协助国家对非单位社会成员进行“单位化”管理，在实现国家控制城市社会的同时也与单位体制一同在城市社会形成同质性发展格局。城市管理实际上形成了“‘两级政府、三级管理、四级网络’的体制架构，于是，作为群众自治组织的居委会，就直接纳入了政府管理城市社会的大体系之中”②。单位体制解体之后，单位社区开始向相对开放的城市社区转型，加之新兴商品房社区的建立急需社区居委会转变其职能定位，增强其治理能力，作为群众性自治组织引导社区居民参与社区自治，在最大程度上规避单位社区的衰败导致的社会失序；同时，通过与物业公司、业主委员会（以下简称“业委会”）建立协商合作机制以保障城市居民在其生活空间中享受高质量生活服务。然而，社区居委会的功能建设呈现相对滞后性。直到 20 世纪 90 年代，在面临协助政府实现社会管理以及协调社区居民多样化需求之间的矛盾时，社区居委会的行政化及其职能内卷化的弊端日渐凸显，社区居委会转型成为必然。因此，在民政部开展“全国社区建设实验区”试点工作时，“试图以居委会直接选举为起点，恢复居委会的社会属性，使其作为社区自治的主体组织发挥作用，以激发社区居民参与社区建设的热情”③。

另一方面，社区共同体是社区功能建设的关键目标。社区共同体不仅意味着社区是城市居民居住并生活于此的物理空间，更重要的是，城市居民将社区视为彼此交往、合作并建立信任关系的公共性社会空间，其认可社区规则与价值，并在心理上形成对社区的强烈归属感。以建构社区共同体为根本目标，社区功能建设体现在以下三方面。其一，社区功能建设应致力于形成再组织化的城市“熟人社会”。单位体制解体之后，“单位人”向“社会人”转型的直接后果即是个人自主性增强，脱离单位组织的束缚并开始成为相对独立的、原子化个体，那种在单位体制之下形成的组织化社会管理格局被打破，家长式庇护关系下形

① 参见夏建中：《从街居制到社区制：我国城市社区 30 年的变迁》，《黑龙江社会科学》2008 年第 5 期。

② 林尚立：《社区自治中的政党：对党、国家与社会关系的微观考察——以上海社区发展为考察对象》，《中国会议》2002 年第 4 期。

③ 姚华：《政策执行与权力关系重构：以 S 市 2003 年市级居委会直选政策的制订过程为个案》，《社会》2007 年第 6 期。

成的单位职工及其家属对单位组织的依附程度也大大降低。因此，对于社区功能建设而言，首要任务即重新将社区中原子化的居民组织起来，并通过社区“‘他组织’和‘自组织’复合发展的过程”①重建社区治理秩序。其二，社区功能建设应致力于增加社区发展的社会资本存量。“社会资本是一种能力，它源自某一社会或某特定社会部分中所盛行的信任。”②信任产生于城市居民的交往互动框架。市场经济发展带来城市社区空间的开放性与包容性，而社会阶层的空间流动以及商品房住宅小区的扩张则进一步加剧城市社区内部的异质性，社区居民因价值追求与利益诉求甚至是个人兴趣的差异社会交往动机不断弱化，邻里关系趋于疏离。因此，社区应创造社区居民参与社区公共事务治理的制度化渠道，使其通过相对规范的协商议事渠道表达诉求并共同寻求解决公共问题的集体行动方案，在此基础上建立居民之间的协作信任关系。其三，社区功能建设应致力于增强社区居民对社区共同规则与共享价值的认同，以此形成社区归属感。在单位体制下，单位成员对单位的高度认同形成于职业与生活的相互捆绑，其依赖于单位提供生产和生活所需的各种资源。具体而言，“工资收入来自单位，而且诸如住房、副食补贴、退休金等社会福利保障也来自单位；单位中的就业者不会失业，但也不能随意流动，他们的生老病死都依赖单位的照料；人们的社会活动也离不开单位，登记结婚、住宿旅店或够买飞机票都要出事单位工作证或介绍信，这是对个人身份和行动合法性的证明，而且出具证明的单位象(像)家长一样对被证明人负有连带责任，总之，个人‘归属于’单位”③。单位解体之后，社区居民应重新建立其对社区的认同感与归属感，这将在社区再组织化与社会资本重组的过程时实现。因此，社区应在鼓励成立居民自组织，积极吸纳引进相对成熟的社会组织，为社区居民提供优质化公共产品和公共服务的同时，实现社区治理资源的统筹优化。此外，“社会资本重组的过程，也是社区多元主体共同参与社区公共事务和社区治理的过程”④。因此，社区应进一步开放居民自治的空间，而社区居委会应在此过程中提供积极的社区资源支持，并负责协调获取街道以及地方政府的政策支持。

---

① 范逢春、谭淋丹：《城市基层治理70年：从组织化、失组织化到再组织化》，《上海行政学院学报》2019年第5期。

② [美]弗兰西斯·福山：《信任——社会道德与创造经济繁荣》，郭华译，广西师范大学出版社2016年版，第29页。

③ 路风：《单位：一种特殊的社会组织形式》，《中国社会科学》1989年第1期。

④ 唐亚林等：《社区治理的逻辑：城市社区营造的实践创新与理论模式》，复旦大学出版社2020年版，第24页。

二、党全面领导城市社区治理的战略部署

市场经济体制转型带来城市社会发展形态的变迁，城市社区逐渐取代单位社区成为城市居民新的生活场景以及服务供给的主要场域。城市社区的功能建设成为城市社会发展所面临的重要问题。一方面，社区居委会不仅要协助政府以及街道组织完成基层社会的管理任务，并且社区居委会对政府及街道组织的资源依赖也在一定程度上加剧了其向上负责的行政化困境。而社区居民对社区居委会的自治性诉求则要求社区居委会更多地承担社区自治的群众性组织角色，即从社区居民的实际需求出发，协调业委会、物业公司以及社区社会组织等多方面的主体共同服务于提升社区治理水平。实际上，社区居委会面临政府的管理要求以及居民的自治诉求之间的张力，并且在经济发展转型时期这种张力在某种程度被放大，社区居委会与基层干部陷入了“上面千把锤、下面一根钉”“上面千把刀、下面一颗头”①的困境。另一方面，城市社区的功能建设还面临将社区内部凝聚成为生活共同体、利益共同体以及价值共同体的重要任务。就其本质而言，城市社区不仅是居民的居住场所，而且是关键的基层治理场域，并作为国家治理体系和治理能力现代化的基层基础，发挥国家治理“压舱石”的重要作用。在此意义上，城市社区是解决城市基层治理问题、缓解基层群众治理矛盾以及消除城市基层治理隐患的“第一道防线”。要解决城市社区发展困境，实现城市社区功能建设的重要任务，“人们的普遍选择就是全面加强社区基层党组织的作用，使社区基层党组织成为社区组织和管理的核心力量，力求通过强有力的社区党的工作增强承担政府交付的工作的能力和化解社会矛盾和冲突的能力”②。因此，新时代以来，党领导城市社区治理的战略布局逐渐加快，形成党建引领社区治理的城市社会新型发展形态。

党建引领社区治理是中国共产党全面领导社区治理战略部署的核心要义，精髓在于将社区党建作为社区治理的政治轴心，即在社区治理中“把加强基层党的建设、巩固党的执政基础作为贯穿社会治理和基层建设的一条红线，积极探索党建引领基层治理的有效路径”③。为了落实党建引领社区治理，推进城市基层治理体系和治理能力现代化，根据党章和相关法律法规，党中央出台了一

---

① 金佳绪：《这两句“牢骚话”，为什么引起习近平高度重视？》，2019 年 7 月 31 日，http://www.xinhuanet.com/2019-07/31/c_1124819729.htm。

② 林尚立：《社区自治中的政党：对党、国家与社会关系的微观考察——以上海社区发展为考察对象》，《中国会议》2002 年第 4 期。

③ 《加强基层党的建设　巩固党的执政基础》，《解放日报》2017 年 7 月20 日。

系列相关文件，在党建引领社区治理提供制度正当性依据的同时，也进一步推动党领导城市社区治理的战略部署得以落实。

2013年，党的十八届三中全会通过《中共中央关于全面深化改革若干重大问题的决定》，首次将国家治理体系和治理能力现代化确定为全面深化改革的总目标。其中，加强基层民主发展、深化基层管理改革以及提高基层执法和服务水平等是国家治理现代化的重要内容。基层党组织作为党的组织体系的神经末梢，是贯彻落实各级党委决策的关键力量，因此“创新基层党建工作，健全党的基层组织体系，充分发挥基层党组织的战斗堡垒作用”对于提高党领导国家治理现代化的能力具有重要意义。

2017年6月，中共中央、国务院发布《关于加强和完善城乡社区治理的意见》，进一步聚焦基层治理中的城乡社区单元，并就党领导城乡社区治理体系和治理能力现代化提出相关要求和意见。其中，基层党组织建设是完善城乡社区治理体制的关键，要“充分发挥基层党组织领导核心作用。把加强基层党的建设、巩固党的执政基础作为贯穿社会治理和基层建设的主线，以改革创新精神探索加强基层党的建设引领社会治理的路径”。党建引领正式成为城乡社区治理现代化过程中必须坚持的政治轴线。将社区党组织建设嵌入城乡社区治理发展过程，强化并发挥社区党组织的政治功能和服务功能，扩大城市新兴领域党建工作覆盖面，在使社区党组织切实担负起贯彻党的主张、宣传党的思想以及管理和教育党员职责的同时，进一步发挥组织群众、凝聚群众、服务群众的基本功能，密切党与群众的关系，夯实党执政的群众基础。

2017年10月，党的十九大通过《中国共产党章程(修正案)》的决议，将关于党的十八大以来党全面领导治国理政的创新经验写入党章。其中，在基层党的建设与基层治理发展方面，党章明确规定：“街道、乡、镇党的基层委员会和村、社区党组织，领导本地区的工作和基层社会治理，支持和保证行政组织、经济组织和群众自治组织充分行使职权。”这是党章首次规定党领导基层社会治理。“党章是我们立党、治党、管党的总章程，是全党最基本、最重要、最全面的行为规范”①，其对基层党组织领导社会治理的规范不仅从根本上规定了基层党组织的职能和权限，而且对于规范基层党组织的行为、使其真正发挥党的基层战斗堡垒作用提供了制度保障，进一步推进了基层党的建设规范化、法治化。

2019年5月，中共中央办公厅印发《关于加强和改进城市基层党的建设工

① 习近平：《全面贯彻落实党的十八大精神要突出抓好六个方面工作》，《求是》2013年第1期。

作的意见》,在进一步强调城市工作的重要性与紧迫性的同时,也提供了提升党建引领社区治理水平的指导性方案。《关于加强和改进城市基层党的建设工作的意见》指出,城市工作“是各级党委工作的重要阵地”,“把城市基层党组织建设成为宣传党的主张、贯彻党的决定、领导基层治理、团结动员群众、推动改革发展的坚强战斗堡垒”是厚植党的执政基础的重要途径。

《关于加强和改进城市基层党的建设工作的意见》为城市社区实施党建引领提供了具体的方针指导。首先,党领导社区居民自治从根本上推动现代化社区营造过程,即通过充分发挥基层党组织的组织动员作用以及基层党员的垂范与服务功能,引导社区居民积极参与社区公共事务治理,深入推动社区继续向基层社会自治单元转型,最大限度地激活基层民主的发展动力。其次,党领导社区组织参与不仅能够将群团组织与社会组织的服务资源注入社区,使社区居民享受更加优质的公共产品以及更加优化的居住环境,更重要的是,社区组织的吸纳、孵化与培育功能为社区居民提供了参与公共生活的渠道,在重建居民之间交往互动关系的同时也为其提供了组织化利益表达的实际空间,以此推动社区治理的有序性发展。再次,党领导社区进行精细化治理、精准契合网格化党建与网格化治理,形成“发现问题—上报问题—解决问题—评价反馈”的逻辑链条,解决传统管理思维导致的居民诉求回应不力以及治理资源分散化等问题。此外,以网格化党建引领社区治理网格建构,在实现居民诉求相关信息有效收集的同时,也通过网格员的设置以及“网格—社区—街道—党政部门”的四级纵向治理机制的设立,大大增强基层党建的责任性。最后,党领导社区服务统筹,通过统筹建设党群服务中心,形成以基层党组织为核心、党政统筹的服务供给体系,承接服务下移的基本功能,同时辅之以必要的治理技术革新,使社区居民始终处于“15 分钟便民服务圈”。此外,通过推行“一站式”服务和“最多跑一次”改革,“以与民众生产生活最紧密的领域和事项为改革起点,以与民众的获得感、满意度为评判改革成效的核心标准,具有显著的‘需求导向’‘问题导向’‘效果导向’的特征”①,把“以人民为中心”的根本立场贯穿到党建引领城市社区治理全过程,优化社区服务流程,推进社区治理体系和治理能力现代化。

2019 年 10 月,党的十九届四中全会通过《中共中央关于坚持和完善中国特色社会主义制度 推进国家治理体系和治理能力现代化若干重大问题的决定》,明确在坚持和加强党的全面领导制度框架下,构建共建共治共享的基层社会治

① 郁建兴等:《“最多跑一次”改革:浙江经验,中国方案》,中国人民大学出版社 2019 年版,第 25 页。

理新格局。其中,城市社区党建是把党的全面领导制度优势转化为基层治理效能的必要途径,体现了党在基层治理中的核心领导地位;“共建”是建构基层社会治理新格局的实践路径,“共治”则描绘基层治理新格局的基本形态,而“共享”则明确基层社会治理新格局的成果惠及范围。在此意义上,党建引领社区治理新格局体现为党领导建立城市社区“一核多元”的治理框架,即党作为核心统筹协调多元主体,在创造多元主体治理参与渠道的同时,更通过创新性参与机制使各主体在治理过程中相互配合、相互促进,使党建与社区治理实现协同共进。这既是党面临复杂基层治理局面的必然选择,也是“中国的现代化在经济发展取得初步成效和社会自治能力得到一定加强之后共产党对制度趋向所进行的调整”①,即从关注具体改革问题上升到关注抽象的制度变革,以制度创新作为完善中国之治的精准靶点。

2020 年 10 月,党的十九届五中全会提出当前中国“社会治理特别是基层治理水平明显提高”。但不可否认的是,社会治理仍然存在弱项,需要继续以党建引领社会治理,推进基层社会治理体系和治理能力现代化,回应基层社会治理的现实复杂性,解决基层社会治理的短板。

三、城市社区党建在党的全面领导中的地位

坚持和加强党的全面领导地位承袭自党领导国家建构与国家建设的历史资源,并在党领导国家治理过程中深入推进。党的建设上坚持和加强党的全面领导地位的基本路径选择。城市社区党建属于党的建设基层领域,“是党的建设大厦的根基,是党的建设体系中最活跃、最具创新质感的部分”②,在坚持和加强党的全面领导中占据基础性地位。

首先,城市社区党建将基层党组织建成坚强战斗堡垒,实现党的全面领导制度安排与制度执行相统一。党的十九届四中全会提出,“健全党的全面领导制度”,“确保党在各级组织中发挥领导作用”。党的全面领导制度规定了党的建设基本规则,为各级党组织和党员的行为提出了规范性要求。城市基层党组织是贯彻落实党的全面领导制度的“最后一公里”。推动城市社区党建,全面提升城市基层党组织的组织力,强化政治功能,把城市基层党组织建设成为坚强战斗堡垒,是贯彻落实党的全面领导制度安排的根本保证。

其次,城市社区党建将党的建设延伸至基层,实现党的全面领导广度与深

① 虞崇胜、余扬:《制度变革与制度执行:中国“后半程”现代化的实现机制》,《江汉论坛》2017 年第 8 期。

② 张书林:《新时代基层党建创新:困境与路向》,《理论探讨》2018 年第 1 期。

度相统一。党的领导制度体系的核心特征是总揽全局、协调各方，这意味着在广度上党的领导必须扩展至全国，在深度上则必须将党的领导贯穿中央、地方、基层。城市社区是国家治理的基础单元，城市社区党建则是基层党的建设主要场域之一。推动城市社区党建，一方面实现党组织在城市社区的全面覆盖，以社区党组织、社区驻区单位党组织、辖区“两新”组织党组织等区域协同为轴心，建立城市社区联动式治理格局，巩固党在国家治理基层领域的全面领导地位；另一方面将党的建设纵延至城市社区，增强城市社区党建政治功能、组织功能与服务功能。在纵向层面，党的建设涉及中央、地方各级党委（党组）以及基层党组织三个层次。虽然各级党组织承担职责各有差异，但是均须着力推动党的建设以完成坚持和加强党的全面领导的重要使命。通过分类指导、精准施策，推动城市社区党建，形成党的中央组织、地方组织、基层组织上下贯通的严密组织体系，对于坚持和加强党的全面领导有着强基固本的根本性作用。

再次，城市社区党建引领城市社区治理现代化，实现党全面领导国家治理顶层设计与底层实践相统一。城市社区党组织在城市治理体系和治理能力现代化过程中处于领导地位，是将党领导国家治理顶层设计落于实处的核心力量。鉴于中国共产党在现代国家中的全面领导与长期执政地位，党通过各级政府以及各级党组织实现国家治理目标。其中，“当党作为政治力量被归结到国家范畴时，其通过确立于政府内部的权力组织网络实现对国家政治的领导；而其作为组织力量与社会范畴发生联系时，则通过建立于党的组织网络基础上的社会权力组织网络实现党对社会的领导”①。因此，在设有党政机构的国家范畴中，党和政府往往作为联合行动体制定并执行国家治理政策；而在群众自治的基层社会范畴内，基层党组织是负责政策执行的关键主体，并通过激活群众自治的制度资源降低政策执行成本，提高政策执行效能。具体而言，在基层社会，党一方面通过基层党组织建设强化其战斗堡垒作用，使基层党组织具有适应基层社会发展并解决基层群众诉求的强大能力，以此建立并维护其在基层社会中的领导地位；另一方面，基层党组织需要在国家制度框架内最大限度地稳固基层群众的自治基础，引领创设基层社会自组织空间并拓宽基层社会参与渠道，使群众获取自我管理、自我服务、自我教育、自我监督的实质性机会。

---

① 林尚立：《集权与分权：党、国家与社会权力关系及其变化》，《复旦政治学评论》2002年第10期。

第二节　改革开放以来城市社区党建发展的沿革

改革开放以来，计划经济体制转型带来城市单位的解体，社会自主化程度得到提升。在城市，人们一方面从体制约束的状态下解脱出来，获得个体自由；另一方面也逐渐失去单位提供的体制性保障。这种体制转型必然对城市乃至整个社会造成深刻影响，原子化、碎片化的社会形态直接带来社会再组织的新议题。在此背景下，城市社区空间建设与城市社区党建逐渐成为党和国家对城市基层社会再组织的有效途径，城市社区空间的发展为城市社区党建提供了场域，社区党建工作的推进则使得社区空间建设更加有序。随着城市社区建设的推进，社区党建问题日益突出。如何在城市基层治理中增强党的领导地位？如何发挥党对城市社区治理的政治领导和组织动员功能？如何在新的历史阶段完善党组织领导城市社区治理的体制机制？这一系列问题都突出了城市社区党建的重要性与迫切性。概括言之，改革开放以来我国城市社区党建大致历经了试点先行、全国推广与规范发展三个阶段，在实践中探索积累了大量的成功经验，涌现出诸多因地制宜、独具特色的城市社区党建模式，有效回应了城市社区发展和基层党建的现实问题。

一、城市社区党建的先试先行阶段

1996年，中共中央组织部印发了《关于加强街道党的建设工作的意见》，明确了街道党建的指导思想、组织定位和主要职责，并先后印发了上海市长宁区委华阳路街道工委、天津市河西区马场街党委、广东省广州市海珠区南华西街党委、上海市长宁区委、黑龙江省哈尔滨市道里区抚顺街党工委、福建省福州市委的街道党建工作经验材料。[①] 这些地方的党建工作是我国改革开放后城市社区党建先行试点的优秀典型，《关于加强街道党的建设工作的意见》则是对城市社区党建初步发展、试点工作认可的标志性文件。

城市社区党建的先行先试始于改革开放之后，其提出与发展的原因可以概括为三个方面：一是城市社区党建是中国共产党加强党的领导的必然途径。自建党以来，党的建设始终贯穿于中国共产党的发展历程，对于城市社区党建而言，根本目的就是通过增强基层党组织的战斗力来加强党对城市的领导；二是

① 参见时煌军：《现代化进程中的城市社区党建研究》，中共中央党校博士学位论文，2004年，第12～13页。

加强城市社区党建是中国共产党面对城市社区结构转型采取的社会再组织化的重要途径，即通过基层党组织实现社会的组织动员，一方面充分发挥党的组织动员优势，另一方面有效实现城市社会整合的目标；三是城市社区党建符合社区居民与政府对城市社区发展的共同要求。一般来说，由于政府和社区居民对城市社区建设与发展的要求存在差异，二者之间存在内在的矛盾，而城市社区党建恰可以同时满足二者的差异性要求。由此，改革开放后，随着单位体制解体以及城市街居管理（街道和居委会）向社区治理转型，城市社区党建成为城市基层治理的新议题、新抓手。

改革开放以来，上海市在单位体制改革、街居管理向社区治理转型，以及街居党建向社区党建推进等多个领域在全国保持领先地位，探索并积累了许多实践模式和优秀经验。首先，上海市率先探索了城市社区治理的新模式，为城市社区党建提供了实施空间。1986 年民政部首次将“社区”概念引入城市管理，提出在城市中开展“社区服务工作”①，以配合刚刚开始的城市经济体制改革。②“1985 年，民政部总结推广了上海市民政局创造的市、区、街道、居委会‘四个层次一条龙’的福利服务网络化经验”③，提升了城市中街道与居委会的治理能力。而民政部提出的“社区”概念随后也很快被引入上海城市管理体制改革，促进了“两级政府两级管理”向“两级政府三级管理”深化。在此背景下，1995 年上海市根据城市社区的变化和社区党建工作的实际需要，对社区党建工作进行了专题调研。随后上海市委出台了《关于加强街道、居委会建设和社区管理的政策意见》，积极推行“两级政府三级管理”的城市管理体制改革。也正是政府工作的重心开始下移，在一定程度上促进了社区党建工作的萌芽。④ 1996 年 3 月，上海市举办了城区工作会议，正式提出“两级政府三级管理”的基本思路，会议明确：第三级管理节点建立在以街道辖区为单位的社区管理层面，它以街道为核心，居民区为基础，专业管理部门同时配套相应的三级管理机构。⑤ 由此，上海市逐步构建和形成了符合上海特大城市特点的城市管理体制，探索和建立了社

① 中华人民共和国民政部基层政权和社区建设司：《科学发展 整体推进 全面加强和谐社区建设——城市社区居委会建设的现状、存在的问题及对策研究》，2008 年 10 月 13 日，http://mzzt.mca.gov.cn/article/hxsqyth/zxlw/200810/20081000020704.shtml。

② 参见《十七大报告辅导读本》，人民出版社 2007 年版，第 16～17 页。

③ 唐钧：《当前我国城市社区服务综议》，《社会学研究》1990 年第 5 期。

④ 参见何海兵：《城市社区体制改革的历程与困境分析——以上海为例》，《华东理工大学学报》（社会科学版）2012 年第 3 期。

⑤ 参见上海市党建研究会编著：《上海基层党建的探索与创新》，东方出版中心 2008 年版，第 99 页。

区管理和社区党建新体制。[①]

上海市社区党建的基本思路是:“始终把加强党对社区工作的领导和健全基层党组织作为社区工作的重中之重,要求把街道党工委建设放在重要位置,通过发挥街道党工委的领导核心作用,实施社区地区性、社会性、群众性、公益性工作的领导和协调,形成社区工作的整体合力;要求加强居民区党支部建设,并以党建带居委会建设,逐步消除居委会建设的空白点;要求采取多种形式加强新经济组织、社会中介组织、社团组织的党建工作,进一步增强党的影响力和渗透力”[②]。1997 年 6 月 14 日,上海市委下发《关于加强和改进社区党的建设工作的若干意见》,“社区党建”的概念被正式提出[③],其研究也开始受到学者和党务工作者的关注。这一方面标志着上海城市基层党建由“街居党建”开始全面转向“社区党建”,另一方面也是全国意义上城市社区党建先行试点的实践创新。

从上海市社区党建的先行先试可见,改革开放以来我国城市社区党建的提出和发展历经了一段较长的时期,在“单位体制—街居体制—社区体制”的空间转换中,城市基层党建相应地呈现出“单位党建—街居党建—社区党建”的探索脉络。在此阶段,城市社区党建积累了一系列可资借鉴与推广的经验。例如,社区党建要以服务群众为重点,心系群众、依靠群众;在居民区(社区)建强党组织,增建党小组,实现组织覆盖;针对城市中出现的新组织(“两新”组织)、新载体(商务楼宇),探索建立党建联席会议制度;等等。这些得到实践证明的党建思路为之后城市社区党建在全国的推广提供了可借鉴的框架。

二、城市社区党建的全国推广阶段

城市社区党建经过试点发展,逐渐与城市社区治理在空间、目标等方面实现了交叠与互动,走向了共同发展的新阶段。城市社区空间建设与社区党建是改革开放以来城市发展的重要方面,城市社区的空间建设为社区党建提供了场域,而社区党建工作的推进则增强了党对城市社区建设的领导作用。

在试点阶段逐渐成熟之后,城市社区治理与城市社区党建的经验模式开始被民政部、组织部所关注与认可,并开始转入全国推广阶段。2000 年前后,党中央开始密切关注上海社区党建的经验,江泽民在主持上海党建工作座谈会时明

① 参见上海市党建研究会编著:《上海基层党建的探索与创新》,东方出版中心 2008 年版,第 100 页。

② 参见上海市党建研究会编著:《上海基层党建的探索与创新》,东方出版中心 2008 年版,第 100 页。

③ 参见《中共上海市委关于加强和改进社区党的建设工作的若干意见》,《中国社区建设年鉴 2003》,中国社会出版社 2003 年版,第 296 页。

确指出:“城市社区党的建设是一个新课题。”[①]胡锦涛在天津考察时也专门调研了社区党建工作,并指出党组织是整个社区建设的核心,要在社区建设中重点加强社区党组织建设。[②] 在这一时期,中共中央组织部先后在上海、北京召开全国街道、社区党的建设工作座谈会和全国直辖市、副省级城市街道、社区党的建设工作研讨会,对街道、社区党建工作做了全面部署并实行分类指导。2000年11月,中共中央办公厅和国务院办公厅转发了《民政部关于在全国推进城市社区建设的意见》,强调要加强社区居民自治组织建设,加强社区党组织建设,逐步建立社区工作者队伍。其中对社区党组织的建立和其地位还做了明确的阐述:“要按照《中国共产党章程》的有关规定,结合社区党员的分布情况,及时建立健全社区党的组织,开展党的工作。社区党组织是社区组织的领导核心,在街道党组织的领导下开展工作。”该文件实际上就是对全国城市社区建设的指导性文件,一方面进一步推进城市社区治理,为城市社区党建奠定更为坚实的基础;另一方面通过强调社区党组织建设,直接与随后的城市社区党建联系起来。

2001年,济南会议、青岛会议标志着全国城市社区党建工作由试点转入全面铺开。民政部为此发布了《全国城市社区建设示范活动指导纲要》和《全国社区建设示范城基本标准》。2002年9月,四平会议为进一步深化和拓展社区建设指明了方向。与此同时,社区党建伴随着社区建设在21世纪逐步深化,也同步展开和向前推进。[③] 2002年11月,党的十六大党章首次规定了社区党建的内容,强调社区党组织的主要任务是领导本地区的工作,支持和保证行政组织、经济组织和群众自治组织充分行使职权。党的十六大报告更是明确提出要“高度重视社区党的建设,以服务群众为重点,构建城市社区党建工作新格局,加大在社会团体和社会中介组织中建立党组织的工作力度”的战略任务。[④] 自此,城市社区党建在全国推进的进程中进一步深化,各地方城市在中央战略、政策的指导下根据本地的实际情况探索城市社区党建新模式。城市社区党组织的覆盖率得到极大提升。据相关数据统计,截至2004年底,全国共有社区居委会77884个,抽样调查显示,93%的社区建立了党组织[⑤],全国城市社区党建的全

---

① 《江泽民文选》第3卷,人民出版社2006年版,第21～22页。

② 参见程勉中:《中央领导集体关于统筹城乡基层党建的理论探索》,《实事求是》2013年第4期。

③ 参见张书林:《以改革创新精神推进社区党建》,《探索》2009年第3期。

④ 参见时煌军:《现代化进程中的城市社区党建研究》,中共中央党校博士学位论文,2004年,第13页。

⑤ 参见中华人民共和国民政部:《关于社区建设情况的报告》,2005年12月7日,https://www.ndrc.gov.cn/fggz/tzgg/byggdt/200512/t20051207_1021702.html。

面推广迈出了坚实的一步。

2004年，中共中央办公厅印发了《中共中央组织部关于进一步加强和改进街道社区党的建设工作的意见》，进一步全面系统地对城市社区党建的全国推广工作予以指导和部署。实际上，该意见的印发本身是对前述城市社区党建工作的肯定，主要目的是深入贯彻党的十六大和十六届四中全会关于以服务群众为重点构建城市社区党建工作新格局的要求，进一步夯实党在城市基层的执政基础，增强党的执政能力，促进城市现代化建设。该意见从认识街道、社区党建工作的重要性、指导思想、目标要求，明确街道、社区党组织的主要职责、重要任务，以及下一步街道社区党建工作的主要内容等多个方面给出了指导意见。其中"五个好"目标要求[①]、坚持服务群众的重要任务、扩大党在城市工作的覆盖面、建设党建工作协调机制和加强党的领导等具体的实践指导方针，一方面指明了城市社区党建的工作方向，另一方面这些目标内容是城市社区党建全国推广基础上的"进阶"建设，不仅实现了城市社区党组织在基层的覆盖，而且寻求组织创建基础上的运行机制和功能职责的建设与完善。可以说，以服务群众为直接目标的城市社区党建终于进入到助力城市社会治理现代化的实质阶段。

2006年，党中央进一步提出要加强和改进社区服务工作的意见。[②] 2009年11月，全国街道社区党建工作会议在河南郑州举行，会议明确强调要全面推进街道、社区党组织建设，严格落实好有人管事、有钱办事、有场所议事，区域化党建格局的"三有一化"要求。[③] 至此，区域化党建模式在全国各地城市社区可以说已经基本完成，条块结合、资源共享、优势互补、共驻共建的城市社区党建工作新格局也已经基本形成。[④]

总体言之，城市社区党建的全国推广取得了从面上建设到立体综合提升的质的进步。城市基层党建工作在实践中不断开拓创新，党组织的覆盖面持续扩大，工作方法和活动方式逐步改进，对凝聚城市基层社会、提供城市社区公共服务、推进城市治理现代化发挥了不可替代的作用。需要指出，此阶段的城市基层党建也存在薄弱之处，面临诸多新问题和新挑战。例如，全国范围内的城市基层党建存在地区发展不均衡，一些后进基层党组织需要整顿，基层党建工作

① "五个好"目标要求：领导班子好、党员干部队伍好、工作机制好、工作业绩好、群众反映好。

② 参见《关于加强和改进社区服务工作的意见》，《人民日报》2006年5月8日。

③ 参见中共中央组织部：《落实"十化"措施推进城市区域化党建》，2010年9月21日，http://www.gov.cn/jrzg/2010-09/21/content_1707586.htm。

④ 参见《中组部党内统计专题新闻发布会》，2010年6月28日，http://www.scio.gov.cn/ztk/dtzt/30/9/Document/687397/687397.htm。

的物质条件比较差,等等。[①] 可以说,出现这些问题是城市社区党建全面推广阶段的正常现象,但是此类问题的实质则对城市社区党建发展提出更高要求的体现。如何促进后进地区的城市社区党建达到全国平均水平?如何使先发地区城市社区党建的优秀经验在更大范围内得以推广?如何建设标准化的城市社区党建体系机制?如何切实发挥城市社区党建的公共服务功能、社会治理功能?这一系列问题的解决正是党的十八大以后城市社区党建规范发展新阶段的任务内容。

三、城市社区党建的规范发展阶段

党的十八大以来,党中央高度重视党的建设工作,结合改革开放的新现实,大力推进新时代党的理论、实践和制度创新。城市社区党建作为基层党组织建设的重要组成部分,其重要性上升到前所未有的政治高度,进入更规范发展的时期。从党的十八大报告和十九大报告关于党的建设内容来看,党中央对新时代党的建设做了充分的系统的总结和指导,为城市社区党建的规范发展提供了明确的建设方向和清晰的任务目标。

党的十八大报告强调"全面提高党的建设科学化水平"[②],"创新基层党建工作,夯实党执政的组织基础"[③]。党的十九大报告进一步强调加强基层组织建设,认为"党的基层组织是确保党的路线方针政策和决策部署贯彻落实的基础"。在具体的指导意见方面,党的十九大报告指出:"党支部要担负好直接教育党员、管理党员、监督党员和组织群众、宣传群众、凝聚群众、服务群众的职责,引导广大党员发挥先锋模范作用"[④],"推进党的基层组织设置和活动方式创新,加强基层党组织带头人队伍建设,扩大基层党组织覆盖面,着力解决一些基层党组织弱化、虚化、边缘化问题"[⑤]。从这些具体的指导意见来看,党中央对基层党建工作的进一步规范发展做出了从宏观到微观、从顶层到基层、从基层党组织内部到基层党组织外部的系统化设计。

在上述背景下,2012 年以来我国城市社区党建发展逐渐步入规范化轨道,

---

① 参见吴美华、于红:《马克思主义党建理论在当代中国的新发展》,中国人民大学出版社 2013 年版,第 192 页。

② 《中国共产党第十八次全国代表大会文件汇编》,人民出版社 2012 年版,第 45 页。

③ 《中国共产党第十八次全国代表大会文件汇编》,人民出版社 2012 年版,第 49 页。

④ 习近平:《决胜全面建成小康社会 夺取新时代中国特色社会主义伟大胜利——在中国共产党第十九次全国代表大会上的报告》,人民出版社,2017 年版,第 65 页。

⑤ 习近平:《决胜全面建成小康社会 夺取新时代中国特色社会主义伟大胜利——在中国共产党第十九次全国代表大会上的报告》,人民出版社,2017 年版,第 65 页。

并且2012年还被中央确定为“基层组织建设年”，旨在进一步加强和改进党的基层组织建设。“规范化发展”实际上就是在前期社区党建基础上建设更加标准化、更加符合治理需求的新型党建模式。具体来说，在此阶段，城市社区党建的规范发展主要表现在三个方面。

第一，随着城市社区党建进一步发展，城市基层党组织的覆盖率不断提升。根据2019年《中国共产党党内统计公报》，中国共产党现有基层党组织468.1万个，其中8636个城市街道、105257个社区（居委会）建立了党组织，覆盖率超过99%。并且在加强社区党组织覆盖面之外，城市社区党建工作逐渐扩展至社区辖区内的机关、事业单位、企业和社会组织等机构或团体。根据相关统计数据，“全国共有机关基层党组织72.3万个，事业单位基层党组织91.3万个，企业基层党组织147.7万个，社会组织基层党组织14.2万个，基本实现应建尽建”[①]。这一高覆盖率的党组织拓建基本形成了区域化党建格局，城市基层党组织联动建设更是逐渐成为规范化的党建创新模式。

第二，在社区党组织和党员管理方面，统筹推进社区党组织职责建设与党员教育管理工作，充分发挥社区党组织和党员的引领、治理功能。2016年，以全国范围内“两学一做”教育活动为契机，社区党建工作也围绕“两学一做”教育活动如火如荼地开展起来[②]，实现了基层党组织内部党员、干部队伍的规范化建设，广大党员在精神上提升了对基层党建工作的认识。2018年7月，上海市举办了全国城市基层党建工作经验交流会，中组部对当前和未来城市基层党建工作的主要任务进行了详细的说明和规定，其中基层党组织的政治功能和服务功能被再次强调，促进了城市社区党建更加规范化地发展。

中共中央办公厅于2019年5月印发了《关于加强和改进城市基层党的建设工作的意见》，这是党中央第一份专门强调城市基层党建的文件，系统地明确了城市基层党建的思想规范、组织规范、功能规范和协调规范。思想上，将城市基层党组织界定为“宣传党的主张、贯彻党的决定、领导基层治理、团结动员群众、推动改革发展的坚强战斗堡垒”；组织上，“按照重心下移、权责一致的原则，赋予街道党（工）委相应职责职权”；功能上，突出政治功能和群众服务功能；协调合作方面，强调“增强城市基层党建整体效应”[③]。这一系列指导意见为城市

① 中共中央组织部：《2019年中国共产党党内统计公报》，2020年6月30日，http://www.xinhuanet.com/politics/2020-06/30/c_1126178928.htm。

② 参见《关于在全体党员中开展“学党章党规、学系列讲话，做合格党员”学习教育方案》，2016年2月24日，http://news.12371.cn/2018/10/31/ARTI1540951433320527.shtml。

③ 《关于加强和改进城市基层党的建设工作的意见》，人民出版社2019年版，第7页。

社区党建的规范化发展提供了基本的框架规范和操作标准,并且在很大程度上为各地的独特性和创新性留出了弹性空间,从而在全国范围内具有普遍的规范化意义。

第三,城市社区党建逐渐突破“就党建谈党建”的传统路径,党建工作的重点开始向引领社区治理转变。整体而言,这一规范意义上的外延突破使得城市社区党建的内涵、功能获得了系统性的拓展。首先,与传统党建注重党内建设不同,新阶段的党建工作重心与人民群众切实关心的社区治理直接联系起来,既更好地满足了居民对社区公共服务的需求,又切实建立起党在城市基层治理中的权威和引领地位;其次,规范发展阶段的城市社区党建形态更加定型,从指导思想、观念构建到实践落实,都充分地落定在基层党员干部和社区群众心里;最后,城市社区党建的功能创新成为规范发展阶段的重要目标,以“引领”为核心功能,城市社区党建开始致力于在社区治理中发挥多元化的创新功能。

总之,城市社区党建一路走来,取得了长足进步,虽然在取得成绩的同时也面临许多新的问题和挑战,但从历史发展沿革的角度而言,问题的存在是常态,只有以问题为导向不断寻求创新才能实现城市社区党建的持续发展。

第三节　新时代城市社区党建创新发展的价值意蕴

新时代以来,城市社区党建迈入规范化发展阶段。在党建工作覆盖面不断拓展的基础上,形成党建引领社区治理的新格局。通过城市社区党建,加强党的基层组织与基层党员管理,强化社区党组织的领导力、统筹力、凝聚力、战斗力,全面增强基层党组织的战斗堡垒作用,筑牢党的全面领导与长期执政根基,以城市社区基层党组织与基层党员为支点调动社区治理发展动力;通过城市社区党建,从根本上永葆党的先进性,以领导创新社区治理方式方法,探索联动社区治理主体、整合社区治理资源、激活社区共治效能的更有效方法,增强基层社会的组织凝聚;通过城市社区党建,充分发挥基层党组织深入联系组织群众功能,精准了解群众服务需求,在针对不同服务对象定制精细化服务的同时增强基层群众对党组织的认同与拥护,增强基层社会的组织凝聚力,最大范围内吸纳基层社会治理力量,激活基层社会治理动能,致力于推进城市社区治理体系和治理能力现代化。

一、激活城市社区治理的内源性动力

在规范意义上,城市社区治理建立于基层社会自治基础之上。基层社会自

治是以中国共产党基层组织为领导、以基层群众自治组织为依托、基层群众广泛参与并民主决策基层公共事务的治理体制。改革开放以来，城市中市场经济要素的快速积累带来城市社会阶层的多元化以及社会结构的异质性，这客观上要求一个强有力的领导核心整合基层社会资源，同时推动基层群众自治组织从行政化特征回归自治属性，协调建立基层社会的合作式治理结构，充分尊重基层群众的自治要求。随着城市社区居民相对独立的主体意识和权利意识觉醒，其不再仅仅作为被动的服务接受者，而是“要求分享对社会资源和社会空间的支配，也要求直接参与社区发展的价值分配和目标定向，并通过各种形式影响政府政策的利益取向和价值取向”①。在此意义上，强调控制与服从的传统管理思维不再适应于城市社区的发展需要，而通过城市社区党建创新，引领社区居民参与社区公共事务，为其创造持续规范的参与空间成为城市社区治理效能增长的内源性动力。

首先，通过城市社区党建创新增强社区党组织的政治领导，激活社区治理的规则性动力。社区治理规则包括社区治理主体共同认可的正式治理制度以及非正式治理惯习所构成的约束性原则，不仅能够对所有社区治理主体行为产生规制，更重要的是能够通过正当渠道维护其合法权益。改革开放以来，基层社会空间解构转型产生重构治理规则的压力。具体而言，经济空间与社会空间的分离解构了单位体制下的基层总体性空间格局。在后单位体制时代，基层社会体制外力量生长并生发大量个体诉求，同时以追求竞争和效率为核心的市场经济观念进一步改变着社会公众的交往方式。社会中大量独立生长的体制外治理力量要求重新建构公共治理规则，使新兴社会阶层能够在制度框架内寻求影响治理政策的实质性平等机会。在治理实践中，治理规则的缺失导致的策略性治理行为会剥夺了部分基层社会成员的利益，造成群体性抗争的治理危机。“当前城镇化的基层治理场域属于自主性较弱的组织场域，规则的权威性和影响力明显不足，难以有效地规制或消抵那些争夺对自身最有利的利益较量。”②

党组织是城市社区治理的领导性治理主体，负有引领重塑社区治理规则之责。新时代以来，在社区党建工作创新过程中，社区党组织通过创设社区居民等治理主体的规范化参与平台，使其通过协商共同制定具有集体约束力的治理规则。在解决社区治理问题的过程中，社区党组织引导社区居民不仅在规则框架内理性表达其利益诉求，更重要的是，可利用规则监督其他治理主体的行为，

① 周庆智：《中国基层社会自治》，中国社会科学出版社 2017 年版，第 98 页。

② 林雪霏：《从利益政治到规则政治：城镇化过程中基层治理转型》，《湖北社会科学》2017 年第 3 期。

特别是监督社区党组织与社区居委会等传统“强势”治理主体，避免单纯基于“治理绩效”的问题解决方式，以促使后者转变治理思维，以群众利益为中心思考其行为。基层治理规则相对规范且得到有效执行，有利于将治理问题化解于基层，这对于提高社区居民治理参与效能感、降低社区治理成本、稳定社区治理秩序具有至关重要的作用。

其次，通过城市社区党建创新增强社区党组织的组织领导，激活社区治理的主体性动力。城市社区党建是凝聚碎片化社会主体并激活其共同参与社区治理的必然选择，并使社区党组织成为承担城市社会治理功能的最核心组织载体。“作为国家最主要的政党组织，中国共产党最根本的功能是联系和动员社会。”①一方面，基于党的根本组织制度与领导制度，中国共产党建立起从中央延伸至基层的严密组织体系，通过党委、党支部等机构设置实现对基层社会的再组织。另一方面，超越单位党建的思维局限，在社区全域内统筹设置党的基层党组织，以党建联席会议为载体、以在职党员“双报到”机制为抓手吸纳社区与驻区单位、企业的党员参与社区治理。同时，在该过程中发挥党组织与党员联系并凝聚基层群众的主体优势，创建基层协商平台以最大限度地包容并激活基层治理主体的治理功能。

最后，通过城市社区党建创新加强社区党组织的思想领导，激活社区治理的价值性动力。党的十九届四中全会提出“建设人人有责、人人尽责、人人享有的社会治理共同体”。社区是社会治理的基本单元，社会治理的基础亦产生于城市社区，打造“社区治理共同体”成为激发社会治理活力、增强社会治理效能的主要目标之一。社区治理共同体是在社区空间内基于治理主体社会交往关系所塑造的整体性治理形态，该共同体“既是一个共时态的社会治理现实，更是一个历时态的价值取向，展现了中国从社会管控到社会治理的动态过程”②。从本质上讲，打造并维持社区治理共同体不仅需要创造社区治理主体共同参与的社会空间以建构紧密的社会交往关系，更重要的是需要以共同价值为导向赋予社区作为价值共同体的基础。在实践中，社区治理共同体的塑造有赖于城市社区党建创新的引领作用。对于社区治理共同体而言，依赖社区居民等治理主体形成共同的社区发展信念，必然筑基于共同的社会价值体系。党的十八大提出社会主义核心价值观。党的十八大以来，践行社会主义核心价值观，弘扬“撸起袖子加油干”的奋斗精神，是新时代党的思想引领的重要内容。通过城市社区

---

① 李威利：《城市基层党建指导手册》，格致出版社2019年版，第20页。

② 郁建兴、仁杰：《社会治理共同体及其实现机制》，《政治学研究》2020年第1期。

党建创新，加强社区党组织的思想领导，引领社区居民等治理主体自觉践行社会主义核心价值观，最终形成治理主体之间共同的价值性纽带，形成其对参与社区治理并提高社区治理效能的价值性认同，才能推动迈向人人有责、人人尽责、人人享有的社区治理共同体。

二、健全城市社区治理的统筹性组织

在本质上，中国共产党是政治组织，而“作为一个政治组织，组织动员是政党在基层社会中最首要、最基本的功能”①。通过城市社区党建创新，不仅能够把党的组织体系延伸到社会最基层，并以其为核心实现对社区内多元化主体的再组织，而且能够通过党的组织动员功能应对社区转型导致的分散化、碎片化以及原子化等治理压力。

城市社区党建创新是凝聚社区治理主体并建构社区多元共治格局的必然选择。社区多元共治格局以社区党组织领导为核心特征，在党组织领导下将多元社区治理主体有序组织凝聚起来，形成社区居委会服务协调、业委会监督、物业公司供给、社会组织参与、居民共享服务成果的整体性框架。

首先，以党建引领物业公司增强服务供给责任。通过在物业公司设立党组织，并由社区党组织选派企业党建指导员或引领企业党员成为党建指导员，推动党建工作落实，并帮助企业找到党建工作与其业务工作的结合点，实现物业服务供给的双轮驱动。

其次，在业委会中设立党组织，并在社区“两委”、业委会与物业公司中实行“双向进入，交叉入职”，共同发现物业服务管理问题并实现“三位一体”齐抓共管；此外，在社区党组织领导下，建立居委会、业委会与物业公司的三方协商议事机制，在增强居委会服务协调能力的同时，也增强业委会对企业服务供给过程的监督，实现三方在社区物业服务管理中的同向发力。

再次，发挥社区党组织联系服务群众功能，引领社区居民自主设置物业服务需求清单，并采用“用脚投票”机制倒逼物业公司提高服务供给质量。

最后，社区党组织充分发挥社会组织在社区物业服务管理过程中的参与功能。在引进较为成熟的社区组织之外，创造社区社会组织孵化空间，积极培育居民自组织团体，进一步优化社区服务资源，为解决居民需求提供高质量的组织性支持。

① 李威利：《城市基层党建指导手册》，格致出版社 2019 年版，第 44 页。

三、完善城市社区治理的精细化服务

习近平总书记指出："人民对美好生活的向往，就是我们的奋斗目标。"党的十九届五中全会再次重申："坚持把实现好、维护好、发展好最广大人民根本利益作为发展的出发点和落脚点，尽力而为、量力而行，健全基本公共服务体系，完善共建共治共享的社会治理制度。"坚持以人民为中心，始终全心全意为人民服务，既是规范党建工作的基本原则，也是党建功能的最终体现。从根本上讲，服务群众重在基层，而基层党组织服务群众的能力与质量也将直接决定群众对其认同与信任程度。对于党的建设而言，"不论其组织建设还是其思想建设和政治建设，都将人民群众作为自身力量的源泉"①。因此，城市社区党建创新落脚于激发社区党组织发挥服务群众的基本功能。

一是建立社区党建服务群众空间。城市社区党建以党群服务中心为空间阵地，下沉社区服务资源，优化社区服务流程。近年来，党群服务中心标准化建设成为城市社区党建工作的重要方面，"集合了党建展示空间、业务办理空间、公共服务空间、学习交流空间等多样化空间功能"②。作为城市社区党建阵地平台，党群服务中心将基层党组织与社区居委会的服务资源进行统筹整合，为居民提供"一站式"服务，优化基层服务流程，推动社区服务职能真实下沉。

二是完善社区党建服务群众网络。社区网格化党建工作的推进加快完善党建服务群众的网络化体系。将社区治理细化至网格楼栋，充分发挥网格党员与党员中心户联系群众的作用，精准获取群众服务需求；在推进社区在职党员"双岗双责双报到"基础上将在职党员下沉网格，实现服务进网格、考核进网格，充分发挥党建服务群众的资源优势；科学评估网格成本，划定网格单元，明确网格党组织和党员责任，为社区居民提供全天候、全场域、立体化社区服务，提高党建服务群众的效能。

三是创新社区党建服务群众机制。习近平总书记指出："要推动社会治理重心向基层下移，把更多资源、服务、管理放到社区，更好为社区居民提供精准化、精细化服务。"近年来，城市社区治理创新建立"三张清单"服务机制，增强治理问题解决的精准性和公共服务供给的精细化水平。具体而言，"三张清单"即"需求清单""资源清单"与"服务清单"。其中，需求清单反映社区基础设置建

---

① 林尚立、赵宇峰：《政治建设的中国范式：论党建在中国发展中的重要政治作用》，《社会科学战线》2014年第1期。

② 张振、陆卫明：《城市基层党建创新的空间逻辑与党组织组织力的提升——基于全国城市基层党建创新案例的分析》，《北京行政学院学报》2020年第6期。

设、环境整治、公共安全、法律援助、心理资源、日常服务等各方面治理诉求，其数据通过党建网格员入户走访与调研、党群服务中心集中收集、在线党建平台实时反馈以及居民通过居民代表会议、百姓议事会等多种渠道公开表达等途径获取；资源清单是基层党组织所建立的关于驻区企事业单位等能够提供社区公共产品和公共服务的类别、供给方式以及供给效率等诸方面的数据库。在拿到社区居民“需求清单”后，根据相关数据的分析，基层党组织能够合理预测公共产品与公共服务的供给质量及其所导向的治理效能，以此选择相应治理资源实现其统筹式、精准化运用；项目清单的主体是基层党组织、社区居民以及驻区单位与“两新”组织等组织共同参与建立的且相对规范运作的服务供给合同。在实践中，社区党组织往往利用区域化党建资源探索多主体合作供给公共产品与公共服务，以最大限度地统筹区域服务资源，形成服务项目，明确驻区单位与经济组织所能够承担服务项目类别，规定项目执行人并明确其责任，实行居民与项目提供者双向选择机制，确保服务项目落实到位。

第二章 新时代城市社区党建创新的理论与依据

新时代加强城市社区党建创新，是巩固中国共产党全面领导和长期执政的基础环节。中国共产党历来重视基层组织建设工作，并在将马克思主义政党建设理论应用到实践的过程中探索马克思主义理论中国化，更好回应基层党建引领发展的现实需求。从马克思主义经典作家关于城市发展与基层党建的理论溯源出发，探析中国共产党城市社区党建思想来源，并以新中国成立以来城市党建思想的形成、改革开放新时期城市社区党建理论与政策的深化、新时代城市社区党建理论与政策的创新作为历时性线索，本章分析城市社区党建的学理依据与政策根据，为新时代城市社区党建创新提供坚实的理论根基。

第一节　城市社区党建的理论依据

城市是现代社会人类进行物质生存与价值实现的主要空间。近年来，伴随新型城镇化战略的实施，中国现代城市发展已经走向产业化、生态化、人文化、智慧化的高质量发展阶段，城市治理体制也随之进行适应性改革，并通过实施开放、平等、包容的治理机制以更好回应城市居民日益增长的美好生活需要。当前，党建引领治理成为城市社区发展的根本政治逻辑。统筹推进城市社区党建工作，加强党对城市社区的全面领导，是将基层治理制度更好地转化为治理效能的政治保障，也是推进城市社区治理现代化、夯实现代化国家治理体系根基的基本路径。中国共产党是在马克思主义政党理论的指导下建立的政党，其城市发展观及其对城市基层组织建设的探索和实践无疑受到马克思主义城市发展与基层党建思想的直接影响。对马克思主义经典作家关于城市发展的理论进行回溯，对无产阶级政党基层党建理论予以探析，有利于进一步拓展对城市社区党建的理论认知，为城市社区党建创新提供深厚的学理基础。

一、马克思主义经典作家的城市发展理论

城市发展理论是马克思主义经典作家思想理论的重要组成部分。其中，城市的起源、城乡关系变迁以及城市功能发挥等方面是其重点关注的领域。

首先，从历史发展的视角来看，城市并非天然存在的社会空间。根据马克思主义经典作家的论述，城市的产生与大工业生产密切相关。城市是资本主义现代生产的直接产物，如马克思所指出："大工业应当首先创造出必要的手段，即大工业城市和廉价而便利的交通。"[①]此外，他强调，大工业"建立了现代的大工业城市——它们的出现如雨后春笋——来代替自然形成的城市"[②]。在大工业的发展中，机器的使用导致资本主义社会生产方式的变迁。工业生产的规模扩大以及工厂制度的建立进一步剥夺乡村原有的生存空间，使得农业具有"营业"的性质。而"只有大工业才用机器为资本主义农业提供了牢固的基础，彻底地剥夺了极大多数农村居民，使农业和农村家庭手工业完全分离，消除了农村家庭手工业的根基——纺纱和织布"[③]。生产方式的变迁促使土地所有制向"大土地所有制"变革，"使农业人口减少到一个不断下降的最低限量，而同他们相对立，又造成一个不断增长的拥挤在大城市的工业人口"[④]。随着农业生产方式的资本主义化，对农业人口的需求将进一步降低，"一部分农村人口经常准备着转入城市无产阶级或制造业无产阶级的队伍"[⑤]。城乡之间的人口流动以及人口的身份变化进一步推动了城市化进程。

其次，城市的初始发展造成城乡间对立，但伴随生产力水平的提升，城乡将走向融合的状态。如上所述，城市与大工业生产相伴生，大工业生产则促进社会生产方式的变迁。而社会生产方式的变迁又将导致社会分工的形成，分工的程度则进一步决定生产力的提升水平："一个民族的生产力发展的水平，最明显地表现于该民族分工的发展程度。任何新的生产力，只要它不是迄今已知的生产力单纯的量的扩大（例如，开垦土地），都会引起分工的进一步发展。"[⑥]在马克思看来，真正的社会分工形成于物质劳动与精神劳动的分离，而"物质劳动和精

① 《马克思恩格斯选集》第1卷，人民出版社2012年版，第196页。
② 《马克思恩格斯文集》第5卷，人民出版社2012年版，第194页。
③ 《马克思恩格斯全集》第23卷，人民出版社1972年版，第817页。
④ 《马克思恩格斯全集》第46卷，人民出版社2003年版，第918页。
⑤ 《马克思恩格斯全集》第23卷，人民出版社1972年版，第704页。
⑥ 《马克思恩格斯文集》第1卷，人民出版社2009年版，第520页。

神劳动的最大的一次分工,就是城市和乡村的分离。城乡之间的对立是随着野蛮向文明的过渡、部落制度向国家的过渡、地域局限性向民族的过渡而开始的,它贯穿着文明的全部历史直至现在"①。在现代意义上,城乡之间的对立可被视为"资本和地产的分离,看做是资本不依赖于地产而存在和发展的开始,也就是仅仅以劳动和交换为基础的所有制的开始"②。此后,马克思多次强调从社会分工的视角考察城乡之间的对立关系,并且认为"一切发达的、以商品交换为中介的分工的基础,都是城乡的分离。可以说,社会的全部经济史,都概括为这种对立的运动"③。

城乡对立是城市早期发展的产物,特别是伴随现代资本主义生产,城乡之间的对立将进一步扩散,最终产生"农村屈服于城市"或"乡村城市化"的现象。马克思认为,中世纪城市发展即体现乡村城市化进程,它"是从乡村这个历史的舞台出发的,然后,它的进一步发展是在城市和乡村的对立中进行的;现代的[历史]是乡村城市化,而不是像在古代那样,是城市乡村化"④。然而,城乡之间的分离与对立并不是城市发展的终结状态,"仅仅适用于工农业发展水平还不够高的阶段",伴随生产力水平的提升,城乡将走向融合的状态。⑤ 如《共产党宣言》所提到的,"把农业和工业结合起来;通过把人口更平均地分布于全国的办法逐步消灭城乡差别"⑥。实现城乡融合的根本路径是促进现代生产。马克思主义经典作家认为,当生产力急剧提升,进入共产主义社会时,"城市和乡村之间的对立也将消失。从事农业和工业的将是同一些人,而不再是两个不同的阶级"⑦。城乡融合是"把城市和农村生活方式的优点结合起来",其将有利于解决城市发展中出现的弊端,即"只有通过城市和乡村的融合,现在的空气、水和土地的污染才能排除,只有通过这种融合,才能使目前城市中病弱群众的粪便不致引起疾病,而被用做植物的肥料"⑧。

再次,城市发展的功能体现在两方面。一方面,基于生产分工,不同城市具有不同的生产优势,特别是"生产和交往之间的分工随即引起了各城市之间在

---

① 《马克思恩格斯文集》第1卷,人民出版社2009年版,第556页。
② 《马克思恩格斯文集》第1卷,人民出版社2009年版,第557页。
③ 《马克思恩格斯文集》第5卷,人民出版社2009年版,第408页。
④ 《马克思恩格斯文集》第8卷,人民出版社2009年版,第131页。
⑤ 参见《马克思恩格斯选集》第1卷,人民出版社2012年版,第308页。
⑥ [德]马克思、[德]恩格斯:《共产党宣言》,人民出版社2018年版,第50页。
⑦ 《马克思恩格斯文集》第1卷,人民出版社2009年版,第689页。
⑧ 《马克思恩格斯文集》第9卷,人民出版社2009年版,第313页。

生产上的新的分工，不久每一个城市都设立一个占优势的工业部门"[①]。城市之间的联系不仅将会形成优势互补的局面，而且"不同城市之间的分工的直接结果就是工场手工业的产生，即超出行会制度范围的生产部门的产生"[②]。随着工场手工业的发展，资本主义的雇佣关系将逐渐取代封建社会的宗法关系，以促进资本主义所有制的发展。另一方面，城市的发展也将促使农村居民生活方式发生变迁。正如《共产党宣言》所指出的："资产阶级使农村屈服于城市的统治。它创立了巨大的城市，使城市人口比农村人口大大增加起来，因而使很大一部分居民脱离了农村生活的愚昧状态。"[③]

二、无产阶级政党基层组织建设的相关理论

无产阶级政党历来重视组织建设。马克思、恩格斯指出，"在阶级反对阶级的政治斗争中，组织是最重要的武器"[④]；列宁也强调，"无产阶级在争取政权的斗争中，除了组织，没有别的武器"[⑤]。严密的组织体系是确保无产阶级政党成为无产阶级革命事业领导者和组织者的基本前提，而组织建设也是无产阶级政党领导地位的重要保障。

支部建设是实现无产阶级政党领导并争取无产阶级革命胜利的重要保障。在共产主义者同盟建设过程中，马克思、恩格斯高度重视并参与支部建设，并强调无产阶级政党作为一个整体组织的重要性。他们进一步指出："为了保证革命的成功，必须有思想和行动的统一。"[⑥]组织建设是实现思想和行动统一的基础前提，没有支部、区部、中央委员会、代表大会构成严密的组织系统，则难以保证该政党能够在思想和行动上实现统一。

1847 年世界第一个无产阶级政党——共产主义者同盟诞生。1850 年 3 月，马克思、恩格斯在《共产主义者同盟中央委员会告同盟书》中明确指出支部的重要作用，认为"应该谋求在正式的民主派旁边建立一个秘密的和公开的独立工人政党组织，并且应该使自己的每一个支部都成为工人协会的中心和核心"[⑦]。该规定首次明确支部在政党组织体系中的重要作用，并且确立党在工人阶级斗争中的领导核心地位。同时，马克思、恩格斯也指出彼时支部工作存在

---

① 《马克思恩格斯文集》第 1 卷，人民出版社 2009 年版，第 559 页。
② 《马克思恩格斯文集》第 1 卷，人民出版社 2009 年版，第 560 页。
③ [德]马克思、[德]恩格斯：《共产党宣言》，人民出版社 2018 年版，第 32 页。
④ 《马克思恩格斯全集》第 19 卷，人民出版社 1963 年版，第 284 页。
⑤ 《列宁全集》第 8 卷，人民出版社 1986 年版，第 415 页。
⑥ 《马克思恩格斯全集》第 18 卷，人民出版社 1964 年版，第 385 页。
⑦ 《马克思恩格斯选集》第 1 卷，人民出版社 2012 年版，第 558 页。

的一个严重问题，即“个别的区部和支部开始放松了，甚至渐渐地中止自己同中央委员会的联系”[①]，中央委员会需要理解“这种状况必须结束”的必要性[②]。1850年12月，修改后《共产主义者同盟章程》对支部的地位、建立、功能等做进一步规范[③]。首先，支部是同盟的基层组织，其与区部、中央委员会、代表大会共同构成同盟的组织系统。其中，“支部只直接跟区部发生关系”，并“至少一个月向区部书面报告一次”。在一定程度上，这消除了支部与区部脱离联系的弊病，使党的组织体系更加严密；其次，支部有明确的建立流程，并通过民主选举确定支部领导。新章程规定：“支部至少须有居住同一地区的三个人组成。每个支部选举一名主席主持会议，一名副主席管理出纳”，“主席和副主席每年改选一次，选举人可以随时罢免他们。”该规定确定了无产阶级政党民主制组织原则的雏形，表明该“组织本身是完全民主的，它的各级委员会由选举产生并随时可以罢免，仅这一点就已堵塞了任何要求独裁的密谋狂的道路”[④]。再次，支部需要履行相应的政党职责，包括派代表参加区域会议讨论区组织事务、解决支部内部盟员争端、负责接收新盟员并管理盟员迁居等事务。

列宁继承马克思、恩格斯关于无产阶级政党的组织建设思想，并进一步指出，无产阶级政党是有组织的，并且“党应当是组织的总和（并且并不是什么简单的算术式的总和，而是一个整体）。那么，这是不是说我把党和组织这两个概念‘混淆了’呢？当然不是。我只是以此来十分明确地表示自己的愿望，自己的要求，使作为阶级的先进部队的党成为尽量有组织的，使党只吸收至少能接受最低限度组织性的分子”[⑤]。其中，小组是无产阶级政党初期的基层组织。列宁从俄国无产阶级革命实践出发，认为需要积极建立俄国无产阶级政党的基层组织，强调“社会主义工人政党只能由小组发展而来”[⑥]。社会主义民主主义小组是俄国共产党的早期基层组织，在工人阶级中进行意识形态宣传等工作，以最大限度地实现工人阶级的联合。直至1905年，列宁认为“如果我们不能够大胆主动地建立新的组织，那我们就应该放弃起先锋队作用的空洞抱负”[⑦]。此后，列宁提出以支部代替党小组的论断，以更有效地适应无产阶级斗争的发展需求。

---

① 《马克思恩格斯选集》第1卷，人民出版社2012年版，第554页。
② 参见《马克思恩格斯选集》第1卷，人民出版社2012年版，第554页。
③ 参见《马克思恩格斯全集》第7卷，人民出版社1959年版，第626～629页。
④ 《马克思恩格斯选集》第4卷，人民出版社2012年版，第207页。
⑤ 《列宁选集》第1卷，人民出版社2012年版，第471页。
⑥ 《列宁全集》第16卷，人民出版社1988年版，第97页。
⑦ 《列宁全集》第9卷，人民出版社1987年版，第287页。

在俄国工人运动中，列宁始终强调无产阶级政党作为统一整体的重要性，认为无产阶级政党是由中央组织、地方组织和基层组织构成的整体性组织，该组织须遵守"铁的纪律"，以时刻保证政党统一，维护其无产阶级革命领导权。政党在组织上保持统一是无产阶级革命取得胜利的重要保障，在列宁看来，无产阶级"所以能够成为而且必然会成为不可战胜的力量，就是因为它根据马克思主义原则形成的思想一致是用组织的物质统一来巩固的"①。政党思想统一和物质统一是组织统一的必要条件，而组织统一将进一步巩固政党在思想和物质上实现的统一。

三、无产阶级政党执政后的基层党建理论

列宁认为，建立政党组织是无产阶级取得政权的根本保障，无产阶级政党要始终加强组织工作，在工厂、公民、部队等建立并巩固党的基层组织。他强调，"要使工人和贫困农民取得政权，要保持并巧妙地运用这一政权，就必须组织、组织、再组织"②。在无产阶级取得革命胜利之后，无产阶级政党成为执政党，身份和任务发生巨大转变，即由革命领导党转变为领导国家建设的执政党，如何维持政权并正确处理党同人民的关系以巩固政权是无产阶级政党需要重新思考的重大问题。对于党的基层组织而言，在贯彻落实党中央决策的同时，必须加强与群众之间的联系，凭借其强大的组织力量化解新生政权面临的诸多挑战。

一方面，民主集中制是无产阶级政党的组织原则，也是革命胜利后维持无产阶级专政的重要保障。基层党组织要始终维护中央委员会的权力，维护中央委员会作为"实际领导者"的角色。同时，基层党组织和中央委员会必须上下贯通，确保"中央和党的最遥远、最偏僻的部分之间没有任何壁障……我们的中央有直接掌握每一个党员的绝对权力"③。列宁在强调"集中"的同时，也重视"民主"的关键作用，认为必须把"集中制和无产阶级民主真正融为一体"④，这要求党的中央委员会应避免对党的地方组织与基层组织的僵化控制，以此"不仅使地方的特点，而且使地方的首创性、主动精神和达到总目标的各种不同途径、方式和方法，都能充分地顺利地发展"⑤。在国家建设初期，在民主集中制原则指

---

① 《列宁选集》第1卷，人民出版社2012年版，第526页。

② 《列宁全集》第29卷，人民出版社1985年版，第449页。

③ 《列宁全集》第7卷，人民出版社1986年版，第249页。

④ [匈]贝拉·库恩编：《共产国际文件汇编》第1分册，中国人民大学编译室译，三联书店1965年版，第202页。

⑤ 《列宁全集》第34卷，人民出版社1985年版，第140页。

导下，党的基层组织始终维护党的中央委员会的权威，在维护无产阶级政党凝聚力与战斗力的前提下，充分激发政党活力，为党领导国家建设、应对国家建立初期所面临的极端考验奠定组织基础。

另一方面，无产阶级政党成为执政党之后，党的基层组织必须始终保持与人民群众的密切关系，组织群众并服务群众。1921年，列宁在《关于工会在新经济政策条件下的作用和任务的提纲草案》中指出："对于一个人数不多的共产党来说，对于一个作为工人阶级的先锋队来领导一个大国在暂时没有得到较先进国家的直接援助的情况下向社会主义过渡的共产党来说，最严重最可怕的危险之一，就是脱离群众，就是先锋队往前跑得太远，没有'保持排面整齐'，没有同全体劳动大军即同大多数工农群众保持牢固的联系。"[①]依靠群众、动员群众、组织群众是无产阶级政党取得革命胜利的重要武器，也是其稳定国内秩序、巩固无产阶级专政的重要保障。在面临国内战乱的情况下，布尔什维克组织并领导群众粉碎国内战乱危机，"先进工人成百上千地参加了革命工作，磨炼出了进行革命斗争的坚强意志，没有这种坚强意志，没有同群众的牢固联系，俄国无产阶级革命是不可能胜利的"[②]。此外，在无产阶级专政建立之初，列宁主张工人进入国家机关，"以便考察群众的情绪，接近群众，答复群众的要求，从群众当中提拔优秀的人才来担任公职等等"[③]，在达到监督新政府所雇佣的旧政府官吏的目的之外，也使工人群众能够学会自我管理。与此同时，列宁肯定了基层组织在联系群众、表达群众诉求方面的典型做法，认为"好倾向就是：有成效地与官僚主义作斗争，非常注重工人和农民的需要，非常关心经济的振兴，提高劳动生产率，发展地方上农业和工业间的流转"[④]。

为了加强党与群众的联系，列宁主张建立一系列行之有效的工作机制。其中，在党的宣传教育工作中，宣传教育材料"应当做到可供当众宣讲，也可供家庭阅读，可以单篇翻印，也可以稍加补充译成其他语言"[⑤]；在党员监督工作中，党的基层组织必须广泛倾听人民群众对党员和党组织的意见与建议，允许人民群众评论党员，列宁强调，"使苏维埃变得生气勃勃，吸收党外群众来参加工作，由党外群众来检查党员的工作——这是绝对正确的"[⑥]；此外，基层党组织、党员

① 《列宁全集》第42卷，人民出版社1987年版，第372页。

② 《列宁选集》第3卷，人民出版社2012年版，第711页。

③ 列宁：《共产主义运动中的"左派"幼稚病》，人民出版社2016年版，第30～31页。

④ 《列宁全集》第41卷，人民出版社1986年版，第223页。

⑤ 《列宁全集》第35卷，人民出版社1985年版，第396页。

⑥ 《列宁选集》第4卷，人民出版社2012年版，第549页。

干部和党员必须建立与人民群众“活的联系”的工作机制，“经常走访他们的家庭”，“在日常生活中帮助他们”等。①

除此之外，在无产阶级执政后的基层党组织建设过程中，列宁还强调提高入党条件以优化党员发展质量，同时指出基层党组织之间应加强互动，即“彼此之间有密切联系、并同党中央也有密切联系的支部，应该相互交流经验”②，以促进城乡均衡发展。这为无产阶级政党执政后的政党建设留下宝贵遗产。

第二节 中华人民共和国成立后城市党建思想的探索

1949年3月毛泽东在中共七届二中全会上指出，“从一九二七年到现在，我们的工作重点是在乡村，在乡村聚集力量，用乡村包围城市，然后取得城市。采取这样一种工作方式的时期现在已经完结。从现在起，开始了由城市到乡村并由城市领导乡村的时期”③。但重视城市并不意味着摒弃农村，需要在兼顾城乡的前提下，“党和军队的工作重心必须放在城市，必须用极大的努力去学会管理城市和建设城市”④。同时，毛泽东明确强调恢复和发展城市生产工作的重要性，他强调“只有将城市的生产恢复起来和发展起来了，将消费的城市变成生产的城市了，人民政权才能巩固起来”⑤。在党取得革命全面胜利的前提下，城市成为党的工作重心，生产建设则是城市工作的中心，城市中的其他一切工作将围绕生产建设这个中心任务展开。毛泽东所适时提出党的工作重心发生转移的论断，为中华人民共和国成立之后党管理城市并建设城市奠定思想基础。

一、建设城市与管理城市的思想

中华人民共和国成立后，中国共产党的任务由领导革命建构现代国家向领导经济社会发展建设现代国家变迁。在“人口众多、经济文化十分落后的大国，如何进行社会主义现代化建设，是一个全新的课题”⑥。城市是开展社会主义现代化建设的主要场域之一，加快城市建设并加强对城市工作的领导也是中华人民共和国成立初期中国共产党关注的重要问题。其中，1952年2月《中共中央

---

① 参见《列宁全集》第41卷，人民出版社1986年版，第244页。

② 《列宁选集》第4卷，人民出版社2012年版，第241页。

③ 毛泽东：《在中国共产党第七届中央委员会第二次全体会议上的报告》，人民出版社2004年版，第5页。

④ 《毛泽东选集》第4卷，人民出版社1991年版，第1427页。

⑤ 《毛泽东选集》第4卷，人民出版社1991年版，第1428页。

⑥ 高新民、张希贤：《中国共产党建设史》，中共中央党校出版社2009年版，第69页。

政治局扩大会议决议要点》指出，加强党委对城市工作的领导，实施中共七届二中全会决议，同时必须召开两次城市工作会议并向中央做专题报告，并且城市建设计划须为生产、为工人阶级服务。

发展工业生产是中华人民共和国成立后经济建设的中心任务，也是工人阶级的核心工作。自 1953 年开启大规模工业生产以来，城市建设开始伴随社会主义工业化进程有步骤、有重点地开展，以回应当时社会主义建设中出现的资源短缺、物资短缺问题。正如周恩来所强调的，在“城市建设上要反对分散主义”，“应当是根据工业的发展需要有重点有步骤地进行”[①]。在 1954 年建筑工程部召开第一次城市建设会议，再次明确城市建设应适应工业建设，要采取“重点建设、稳步推进”的方针。在该方针指导下，有重要工业建设的新工业城市、扩建城市、局部扩建的城市和一般中小城市等不同城市的建设分类推进。截至 1960 年，中国“城镇人口从 9950 万增长至 13707 万，城市化率由 15.39％增长至 19.75％，一定程度上出现了‘过度城市化’现象。为减轻城市供给负担，国家于 1960 年至 1963 年实施了压缩城镇人口的调整方针”[②]。需要指出的是，虽然在中华人民共和国成立初期，国家领导人秉持城乡统筹发展的建设思想，但相较于农村和农业发展，城市发展仍然处于相对弱势，并表现为工业反哺农业，城市帮助农村的现状。如毛泽东指出，“全党一定要重视农业”，并且“要说服工业部门面向农村，支援农业”[③]。

中国共产党的城市管理思想起源于党取得革命全面胜利时期。随着中国共产党接管城市，要维持革命胜利成果，恢复城市秩序稳定，中国共产党进行一系列努力。首先，要完成对城市的顺利接管，需要培养掌握工商技术和具备相应管理职能的干部，因此“必须从一切解放区的产业工人和职员中，立即训练、培养和提拔大批的干部，以便能够派遣他们和老干部一起去接管新解放的大城市及大的工商业，并参加党政军民各方面的工作。在一切可能的地方，大批的培养、训练和提拔产业工人和职员干部，已成为目前全党性的迫切的中心任务之一”[④]。其次，在顺利接管城市并进入城市之后，维持城市秩序成为党的工作的重点，因此必须“保护各城市全体人民的生命财产”；同时规定维持城市秩序的责任主体，即“城内一切市民及各界人士，均须共同负责，维持全城秩序，免遭

---

① 中共中央文献研究室编：《周恩来年谱（1949～1976）》上卷，中央文献出版社 1997 年版，第 307 页。

② 王黎锋：《中国共产党历史上召开的历次城市工作会议》，《党史博采》（纪实）2016 年第 7 期。

③ 《毛泽东选集》第 5 卷，人民出版社 1977 年版，第 360～361 页。

④ 中央档案馆编：《中共中央文件选集（一九四八）》第 17 册，中共中央党校出版社 1992 年版，第 609 页。

破坏。凡保护有功者奖，阴谋破坏者罚”①。再次，针对入城后城市管理干部出现的右倾偏向，如“重视商人超过重视工人阶级，入城后只注意到在资本家、绅士、上层人士中进行宣传，而不在工人群众中进行很好的工作”②，中共中央认为这并非某地的特殊现象，而是“在目前走向全国胜利连续地解放大城市当中是一个最严重的现象”③，甚至会使中国共产党忘记其作为工人阶级政党的本质，削弱工人阶级的领导权，因此“在进入城市后，首先应对工人阶级寄以无限同情，只有依靠工人阶级才能把城市工作做好”，“应进行‘归队工作’”④。基于此，中国共产党积累了行之有效的接收城市并管理城市的成功经验，并将城市资源转化为建立中华人民共和国的支撑性资源。

中华人民共和国成立后，中国共产党在继承接管城市的成功经验的同时，根据城市建设的需要及时调整城市管理思想。在该过程中，中国共产党克服过去农村革命经验的惯性，进一步认识到城市与农村工作的差异性，“因此严格区别城市与乡村的不同，区别城市与乡村在政策上工作方法与组织方式上的不同，反对混淆城市与乡村政策上的区别，反对把乡村中的政策和一套经验搬到城市中来，这是城市工作的重要出发点之一，城市工作要根据城市情况办事”。⑤在此基础上，中国共产党解决了城市管理的诸多问题，包括“认识城市性质、地位的问题；建立城市民众参政机构的组织形式问题；探索和建立城市行政层级的管理体制问题，以及在保障工人阶级领导前提下的劳资两利问题等等”⑥，成功巩固了党在城市的执政基础。

二、城市建党建团的思想

中华人民共和国成立后，中国共产党由革命党转变为国家的领导党与执政党，进一步重视城市建设和管理。政党身份及其领导国家建设任务的双重转变要求中国共产党重新思考政党建设。一方面，党需要在城市建立组织体系，以

① 中央档案馆编：《中共中央文件选集（一九四八）》第17册，中共中央党校出版社1992年版，第613～614页。

② 中央档案馆编：《中共中央文件选集（一九四八）》第17册，中共中央党校出版社1992年版，第616页。

③ 中央档案馆编：《中共中央文件选集（一九四八）》第17册，中共中央党校出版社1992年版，第615页。

④ 中央档案馆编：《中共中央文件选集（一九四八）》第17册，中共中央党校出版社1992年版，第617页。

⑤ 《王稼祥选集》，人民出版社1989年版，第368～370页。

⑥ 王海光、李国芳：《走向城市：中共从农村到城市的历史转折》，《东岳论丛》2014年第7期。

将党的路线方针政策贯彻并落实到城市。在该过程中，城市党员应当发挥示范带头作用。这对城市党员队伍建设提出新的要求；另一方面，城市建设和城市管理需要有才能的党的领导干部，不仅能够克服长期农村工作形成的经验性惯性，而且能够迅速适应城市发展需要并积累全国性社会主义建设经验，以快速推进社会主义工业化，扭转中华人民共和国成立初期积贫积弱的现状。因此，在中华人民共和国成立初期，中国共产党加快城市建党建团步伐，巩固党在城市的执政秩序，夯实党领导城市发展的基础。这主要表现在两方面。

首先，重视发展城市党员，提高工人阶级党员的比例。在革命时期，鉴于适应“农村包围城市”的革命路线以及取得革命胜利的需求，中国共产党多在农村中发展党员，工人阶级比例相对较低。这不仅影响党员队伍的质量，在一定程度上也会削弱工人阶级政党的基础。中华人民共和国成立后，党的工作重心从农村转移到城市，革命年代党员发展中存在的问题逐渐显露，如何在城市中发展工人阶级党员并加强党员队伍建设成为中国共产党不得不面临的重要问题。

1950 年，中共中央发布《关于发展和巩固党的组织的指示》，明确提出限制农民党员的发展，城市将成为党员发展的重点区域，并且应着重在工人阶级中发展党员，“在三年到五年内要从产业工人中接收三分之一的人入党”。在此，要“加强职工会及新民主主义青年团的组织与教育工作”，提高工人阶级的政治觉悟①。1951 年，刘少奇在中国共产党第一次全国组织工作会议上的报告中指出，“为了扩大和加强与劳动人民群众的联系，扩大和加强我们党对于人民群众的领导作用，也需要在城市和新区以及其他许多没有党的组织的地方发展我们党的组织。这已经是我们党目前的一项重要政治任务和组织任务”②。为了克服过去党员发展工作中存在的问题，在城市中审慎建党，必须“有计划、有准备、有领导地去实现城市与新区建党的任务，各级党委必须选择与训练大批可靠的组织工作人员，并建立有能力的管理党员的各级机构，以便保证接收党员与管理党员的工作成为党的各级组织之经常的重要工作之一”③。此外，此次会议通过《关于发展新党员的决议》，针对性地解决党的组织和党员分布不平衡的问题，认为“老区党的组织已经发展得很大，新区党的组织却还很小；农村党员数

① 参见中共中央文献研究室编：《建国以来重要文件选编》第 1 册，中央中央文献出版社 1992 年版，第 243 页。

② 中央档案馆、中共中央文献研究室编：《中共中央文件选集（一九四九年十月～一九六六年五月）》第 6 册，人民出版社 2013 年版，第35 页。

③ 中央档案馆、中共中央文献研究室编：《中共中央文件选集（一九四九年十月～一九六六年五月）》第 6 册，人民出版社 2013 年版，第35 页。

量很大，产业工人党员数量很小”。因此，“除老区目前以整党为重点外，在已经完成土地改革的新区农村和工厂、矿山、企业、机关和专科以上学校中，党的组织必须有领导有计划地采取慎重的方针来发展党员。目前首先应该着重在产业工人中吸收新党员与建立党的组织。这是党在城市中的重要任务之一”①。

其次，注重党员教育和管理，纠正党员中存在的享乐主义与官僚主义作风。中华人民共和国成立后，大批党员干部和党员进入城市工作。随着工作、生活环境的改善，部分党员干部滋生享乐主义与官僚主义作风。1950 年，邓小平在《检查与纠正享乐思想以担负艰巨的任务》中指出：“我们部队干部中有些以为革命胜利了，该享福了，什么艰巨的建设任务并未想到，广大的基本群众与下级干部战士的生活并未见到，这是何等危险而最可怕的现象！”②因此，整党任务被提上日程。除加强入党审查之外，中国共产党在提高党员素质和质量方面做了多重努力。1951 年，中共中央发布《中央政治局扩大会议决议要点》，提出以三年时间实现整党任务。整党与建党“均必须在中央及各中央局实行严格控制下”进行。要提高党员条件，在“城市及新区建党必须采取慎重的方针。城市着重在产业工人中建立党的组织”。③ 同年，中国共产党第一次全国组织工作会议通过《关于整顿党的基层组织的决议》再次明确要对党员进行一次普遍的关于“怎样做一个共产党员的教育，使所有的党员都明白做一个共产党员的标准”。其中，中国共产党是代表工人阶级的政党，需要明确的是“党员是人民的勤务员，不是人民的‘老爷’”。入党积极分子必须“一、成分好、历史基本清楚；二、响应党的号召，在生产、工作及各种运动中表现积极，并能起带头作用；三、向党靠拢，愿意学习，要求进步”④。通过建立党员基本标准并进行整党运动，城市党员队伍中存在的享乐主义与官僚主义倾向得到极大纠正，在很大程度上提高党员基本素质，使其回归全心全意为人民服务的本质。

第三节　改革开放新时期城市社区党建理论与政策的深化

1978 年，党的十一届三中全会作出把党的工作重心重新转移到社会主义现

---

① 中央档案馆、中共中央文献研究室编：《中共中央文件选集（一九四九年十月～一九六六年五月）》第 6 册，人民出版社 2013 年版，第65 页。

② 中共中央文献研究室、中共重庆市委员会编：《邓小平西南工作文集》，中央文献出版社、重庆出版社 2006 年版，第 64 页。

③ 参见中共中央党校研究室编：《建国以来重要文献选编》第 2 册，中央文献出版社 1992 年版，第41～42 页。

④ 《在建党工作中必须认真教育和考察积极分子》，《人民日报》1952 年 9 月 6 日。

代化建设上来的重要决定。中国进入改革开放新的历史时期。市场化改革激活了城市发展新动力,城市逐渐成为经济的新增长点。然而,随着市场经济的发展,城市中开始分化出新的社会阶层,其多元化利益诉求不断挑战传统城市管理体制。特别是到“20 世纪 90 年代末期以后,随着市场经济的社会和政治后果日益彰显以及各种中国版本的社会自我保护运动逐步兴起,社会领域的各种利益诉求正在快速地凝聚,要求国家治理予以回应”①。早在 1980 年邓小平在主持制定《关于党内政治生活的若干准则》时就明确指出:“党是领导全国人民实现四个现代化的核心力量。”②改革开放以来,城市是社会主义现代化建设的核心场域,中国共产党正在面临诸多前所未有的城市发展改革的新问题与新挑战,这对城市党的建设提出新要求。

一、改革城市政策,全面整顿党的作风与组织

改革开放以来,城市党的建设与城市发展密不可分。为了破除城市发展的体制性障碍,激活城市市场经济活力,邓小平提出调整城市经济发展思路,认为“有些地方养三只鸭子就是社会主义,养五只鸭子就是资本主义,怪得很!农民一点回旋余地没有,怎么能行?农村政策、城市政策,中央要清理,各地也要清理一下,自己范围内能解决的,先解决一些。总要给地方一些机动”③。从根本上讲,改革开放不仅是经济层面的体制性变革,更重要的是解放思想,破除把计划经济等同于社会主义而把市场经济等同于资本主义的基本制度范畴上的思想壁垒。在城市,解放思想的工作应由党来开展,邓小平指出,“干革命、搞建设,都要有一批勇于思考、勇于探索、勇于创新的闯将……我们希望各级党委和每个党支部,都来鼓励、支持党员和群众勇于思考、勇于探索、勇于创新,都来做促进群众解放思想、开动脑筋的工作”④。这为基层党组织指明了工作方向,党支部不仅是党联系群众服务群众的重要支点,也是党推进群众思想工作的重要力量。

基层党组织的重要性决定基层党的建设工作必须坚持不懈,特别是在城市区域中的基层党组织,所处的城市改革环境是翻天覆地的变化,并且“城市改革实际上是整个经济体制的改革,这是要冒很大风险的”⑤。如何进一步增强党对

---

① 马骏:《经济、社会变迁与国家重建:改革以来的中国》,《公共行政评论》2010 年第 1 期。

② 中共中央文献研究室编:《三中全会以来重要文献选编》(上),人民出版社 1982 年版,第 417 页。

③ 中共中央文献研究室编:《邓小平思想年谱(1975～1997)》,中央文献出版社 1998 年版,第 54 页。

④ 《邓小平文选》第 2 卷,人民出版社 1994 年版,第 143～144 页。

⑤ 《邓小平文选》第 3 卷,人民出版社 1993 年版,第 130 页。

城市改革的领导能力以顺利推进城市持续、稳定、协调发展对党的建设提出进一步要求。特别是随着市场经济体制改革的推进，城市发展能力大大提升，城市党员所处的生活环境与工作环境也发生重大改变。在面对西方社会思想渗透、生活条件改善时，一些党员干部经受不住内、外部环境的考验，逐渐出现政治堕落、经济腐化、生活奢靡等腐败现象。针对于此，邓小平指出，腐败“这股风来得猛，如果我们党不严重注意，不坚决刹住这股风，那末，我们的党和国家确实要发生会不会‘改变面貌’的问题。这不是危言耸听”[①]。因此，要加强党风廉政建设，坚决反对党内滋生的腐败现象。“在整个改革开放过程中都要反对腐败。对干部和共产党员来说，廉政建设要作为大事来抓。”[②]

从整体来看，邓小平向来重视基层党的建设，认为“党的基层组织是党联系广大群众的基本纽带，经常检查和改进基层组织的工作，是党的领导机关的重要政治任务”[③]。同时，邓小平鲜明地指出党的基层组织的重要性，认为“党是依靠全体党员和全党的各个组织，来联系广大的人民群众的。为了从人民群众中收集他们的意见和经验，为了向人民群众宣传党的主张，把它变为人民群众自己的主张，并且组织人民群众加以执行，一般地都必须经过党员的努力，经过党的下级组织的努力”[④]。鉴于基层党组织在执行党的决议、宣传党的主张、联系服务群众等方面发挥关键作用，因此党的基层组织建设应当成为党的建设工作的重点之一。1989 年中共中央进一步明确指出，“党的基层组织是党的基础，在实现党对国家和社会生活的领导中起着十分重要的作用”，“平时忽视党的基层组织建设，削弱党组织的作用，是多么危险”。[⑤]

二、建立街道社区党组织，筑牢党在城市工作的社会基础

20 世纪 90 年代以来，改革开放稳步推进，在带来经济持续高速增长的同时也在基层产生诸多治理问题。加强党的思想、组织和作风建设，解决党内存在的诸多问题，提高党拒腐防变和抵御风险的能力，提升党的领导水平和执政水平，是抓住市场经济发展机遇、应对市场经济体制改革所衍生挑战的根本政治保障。2001 年中共十五届六中全会通过《中共中央关于加强和改进党的作风建设的决定》，指出党内作风建设方面存在一些突出问题，“有些问题相当顽固，已

---

① 《邓小平文选》第 2 卷，人民出版社 1994 年版，第 403 页。
② 《邓小平文选》第 3 卷，人民出版社 1993 年版，第 379 页。
③ 《邓小平文选》第 1 卷，人民出版社 1994 年版，第 253 页。
④ 《邓小平文选》第 1 卷，人民出版社 1994 年版，第 225 页。
⑤ 中共中央文献研究室编：《十三大以来重要文献选编》(中)，人民出版社 1991 年版，第 594 页。

有的问题解决了，新的问题还在产生”。因此，必须深入推进党的建设的伟大工程，改进党在市场经济发展新形势下的领导方式和执政方式，实现长期执政。

对城市而言，市场经济体制改革带来单位体制的解体，党对城市建设和管理的载体由单位转移至社区。面对新的城市社会结构和城市管理体制，“党在未来社会发展中，要有效地整合社会并赢得雄厚的社会基础，党的建设就必须实现战略性转移，即将自身的生长和活动的主要空间从单位转向社区，即以社区为主要空间，组织党员、发展党员、动员社会和整合社会”①。社区党建应运而生。从根本上来说，社区党建是社区建设的重点，只有以社区党的建设为支点撬动社区社会性空间发育和自治性功能培育，才能在稳定城市基层社会秩序的同时增强社区的公共性与自主性，社区居民亦能够在党的领导下实现有效的群体组织动员，使社区真正成为巩固党执政的基础单元。

作为基层党建的新兴领域，城市社区党建经历长时间的探索过程，逐步筑牢党在城市工作的社会基础。

1992 年，党的十四大明确街道等各级基层党的组织要根据自身特点加强和改进党的建设，在此过程中密切党同群众的关系。虽然这一时期党的基层组织建设重点仍然集中于农村和国企，但城市街道社区党建进程已然开启。

1994 年，中共十四届四中全会通过《中共中央关于加强党的建设几个重大问题的决定》，明确了基层党建的四项指导方针，包括基层党组织的工作要紧紧围绕党的基本路线，为党的中心任务服务；要以改革的精神改进基层党组织的活动内容和工作方式；要始终保持党员队伍的先进性和纯洁性，增强基层党组织解决自身矛盾的能力；要立足于经常性工作，对基层党组织建设常抓不懈。②作为基层党组织建设的重要领域，社区党建在该方针指导下有序进行。

1996 年，中共中央组织部印发《关于加强街道党的建设工作的意见》，开启全面推进城市街道社区党的建设新征程。党的十五大以来，基层党组织建设统筹推进，街道社区党建步伐加快。基层党组织作为坚强战斗堡垒的作用被进一步明确：“党的基层组织是党的全部工作和战斗力的基础……党的基层组织都要从各自的特点出发，认真履行党章规定的职责，努力成为贯彻党的路线方针政策、团结和带领群众完成本单位任务的坚强战斗堡垒。”③

伴随市场经济体制改革的不断深入，计划经济体制下相对固化的人口分布结构进一步消解，这对城市街道社区的管理秩序与服务效能提出新的挑战。针

① 林尚立：《社区党建：中国政治发展的新生长点》，《上海党史与党建》2001 年第 3 期。
② 参见《中共中央关于加强党的建设几个重大问题决定》，《人民日报》1994 年 10 月 7 日。
③ 《中国共产党第十五次全国代表大会文件汇编》，人民出版社 1997 年版，第 49 页。

对于此，江泽民提出："全党同志要坚持从新的实际出发，以改革的精神研究和解决党的建设面临的重大理论和现实问题，使党始终保持先进性和纯洁性，充满创造力、凝聚力和战斗力。"[①]对于街道社区的基层党组织而言，作为"党的细胞"[②]，必须加强自身建设，有效解决社会矛盾，维持基层秩序稳定。在该阶段，从城市街道社区自身的发展特点出发，街道社区党建的工作重点围绕"精神文明建设、群众思想政治工作、社会治安综合治理、社区服务、密切党同群众的联系、提高市民素质和城市文明程度等"[③]展开。

三、以服务群众为重点构建城市社区党建新格局

党的基层组织和党员是中国共产党肌体的重要构成，胡锦涛深刻认识到基层党建的重要性，认为"我们党是一个拥有370多万个基层组织、7500多万名党员的大党，建设好这样一个大党任务十分艰巨"，"全党必须居安思危，增强忧患意识，常怀忧党之心，恪尽兴党之责，抓紧解决党内存在的突出问题，始终保持党的肌体健康，始终保持和发展党的先进性"。[④]

社区党组织是党的基层组织的重要组成部分，社区党建与社区建设密不可分。21世纪以来，持续的现代化建设使中国在政治、经济等领域取得诸多成就，但同时也显著地改变了中国的社会结构，社会阶层、观念、利益等方面的分化程度不断加深。社区行政化发展、公共资源稀缺、利益主体矛盾与冲突等问题对中国共产党的领导与执政提出新的要求，需要通过完善党的自身建设加强对社区的政治领导，保证社区的公共性与自治性发展方向；加强对社区多元利益主体的组织动员，优化社区社会结构；增强服务群众功能，夯实党的执政基础。因此，党的十六大首次明确对社区党建提出要求。会议指出，"党的基层组织是党的全部工作和战斗力的基础，应该成为贯彻'三个代表'重要思想的组织者、推动者和实践者"，要"高度重视社区党的建设，以服务群众为重点，构建城市社区党建工作新格局"。[⑤]

一是扩大城市社区党建覆盖面，特别是要将基层党组织建设延伸到社区全域内的各类组织中。2009年《中共中央关于加强和改进新形势下党的建设若干重大问题的决定》指出，"全面推进各领域党的基层组织建设，实现党组织和党

---

① 江泽民：《论"三个代表"》，中央文献出版社2001年版，164～165。

② 江泽民：《论党的建设》，中央文献出版社2001年版，第376页。

③ 《江泽民文选》第3卷，人民出版社2006年版，第22页。

④ 胡锦涛：《努力开创新形势下党的建设新局面》，《求是》2010年第1期。

⑤ 参见《中国共产党第十六次全国代表大会文件汇编》，人民出版社2002年版，第52页。

的工作全社会覆盖，做到哪里有群众哪里就有党的工作、哪里有党员哪里就有党组织、哪里有党组织哪里就有健全的组织生活和党组织作用的充分发挥”，因此应“抓紧在非公有制经济组织建立党组织，加大在中介机构、协会、学会以及各类新社会组织中建立党组织力度”。[①] 在实践中，各地以街道、社区党组织为依托，从街道、社区向“两新”组织选派党建工作指导员，推动区域内“两新”组织党建工作。

二是进一步优化党员队伍结构，整顿软弱涣散的党组织。中共中央先后出台一系列文件建立推进基层党建工作的长效机制。其中，《关于建立健全地方党委、部门党组（党委）抓基层党建工作责任制的意见》确定地方党委、部门党组（党委）等抓基层党建的主要原则、责任和工作措施，明确指出要在基层扩大党的工作覆盖面的同时，加强基层党组织领导班子建设，选优配强基层党组织书记，及时整顿软弱涣散、不起作用的基层党组织，此外，要加强党员队伍建设，重点提高基层党组织带头人的素质。自 2010 年起，全国基层党组织开启创先争优活动，努力做到“五个好”“五带头”。在基层党组织和党员中开展创先争优活动，增强基层党组织的战斗力，提升基层党员的素质，有利于增强基层党组织的组织凝聚力和基层党员的示范带头作用，促进党密切联系服务群众，进一步巩固党的执政基础。

三是以服务群众为重点，增强基层社区党建服务意识。胡锦涛指出：“我们党的执政能力和执政地位从根本上说都来自人民。人民群众的拥护和支持，是党执政最牢固的政治基础和最深厚的力量源泉。离开人民群众的拥护和支持，党的执政能力和执政地位就会成为无源之水、无本之木。能否始终保持党同人民群众的血肉联系，是对党的执政能力和执政地位最根本的考验。得民心者得天下，失民心者失天下，这是为人类社会发展所反复证明了的真理。”[②]保持党同人民的血肉联系、全心全意为人民服务直接体现即在基层，因此“要牢固树立群众观点和公仆意识，把群众呼声作为第一信号，把群众需要作为第一选择，把群众满意作为第一标准”[③]。这成为城市社区党建的指导性原则。

四是构建统筹性城乡党建格局，发挥城市基层党建带动优势。《中共中央

① 参见《中共中央关于加强和改进新形势下党的建设若干重大问题的决定》，人民出版社 2009 年版，第 25～26 页。

② 中共中央文献研究室编：《十六大以来重要文献选编》（中），中央文献出版社 2006 年版，第 593～594 页。

③ 中共中央文献研究室编：《十七大以来重要文献选编》（上），中央文献出版社 2009 年版，第 851 页。

关于加强和改进新形势下党的建设若干重大问题的决定》提出："统筹城乡基层党建工作，促进以城带乡、资源共享、优势互补、协调发展。"[①]此后，胡锦涛再次强调，"要进一步构建城乡统筹的基层党建新格局，推进城乡基层党建工作双向开放、资源共享、优势互补、相互促进，发挥城市基层党建带动优势，加强对革命老区、民族地区、边疆地区、贫困地区基层党建工作的支持，推动城乡、区域基层党建工作协调发展"[②]。

第四节　新时代城市社区党建思想、理论与政策的创新发展

新时代坚持和加强党的全面领导，必须深入推进党的建设的伟大工程。基层党建是党的建设的基础环节，基层党建质量事关党全面领导的实现效度。党的十八大以来，社区党建取得了较好成绩，然而"党的基层组织建设由于社会基层组织的组织性质、组织形式、活动方式、组织结构等方面发生的重大变化而遇到了大量新的问题和新的情况"[③]。其中，部分社区党组织软弱涣散，党员管理和教育活动流于形式，党建活动浮于表面，特别是对社区治理过程中产生的问题回应性较差，无法及时有效解决群众所急、所需、所盼，因此削弱社区党组织的凝聚力与战斗力。因此，新时代以来，城市社区党建的理论与政策不断创新发展，将城市社区党建工程推向系统性发展新阶段。

一、党建引领社区治理的指导思想

新时代以来，城市社区党建克服"自转"倾向，在探索联动社区治理主体、整合社区治理资源、激活社区共治效能方面发挥多重功能。针对社区党建引领社区治理，习近平总书记提出两个"最后一公里"的重要论断。

其一，社区是城市治理的"最后一公里"。一方面，城市社区是国家治理的基本单元，社区治理现代化则是国家治理现代化的基础。习近平总书记强调："推进国家治理体系和治理能力现代化，社区治理只能加强、不能削弱。要加强党的领导，推动党组织向最基层延伸，健全基层党组织工作体系，为城乡社区治

① 《中共中央关于加强和改进新形势下党的建设若干重大问题的决定》，人民出版社2009年版，第29页。

② 《胡锦涛在中共中央政治局第二十一次集体学习时强调　充分认识加强党的基层组织建设重大意义　不断提高党的基层组织建设科学化水平》，《人民日报》2010年6月23日。

③ 杨志超：《中国共产党科学化建设问题研究》，中国社会科学出版社2018年版，第158页。

理提供坚强保证。”[①]党的十八届三中全会提出将推进国家治理体系和治理能力现代化建设作为全面深化改革的总目标。社区治理是国家治理的基础部分，关系国家治理根基的稳定。对于社区党组织而言，在负责将党的政策贯彻落实到社区基层之外，也必须不断创新社区党建工作，密切社区党组织与群众之间的联系，发挥党服务群众的功能。正如习近平总书记所强调的："要推动社会治理重心向基层下移，把更多资源、服务、管理放到社区，更好为社区居民提供精准化、精细化服务。"[②]

另一方面，新时代以来，城市化进程进一步加快，大量人口涌入城市，如何使其融入城市生活并参与城市社会治理是城市管理者面临的重要问题；同时，在全面深化改革的背景中，城市需要不断创新治理体制，以解决城市社会在治理资源整合、治理主体协作、治理机制协同等方面遭遇的障碍，以满足城市居民日益增长的对美好生活的需要。社区是城市治理的基础单元，是承接社会治理职能的主要载体，需要进一步下放资源、服务、管理，为社区居民提供精准化、精细化服务。正如习近平总书记指出："社会治理的重心必须落到城乡社区，社区服务和管理能力强了，社会治理的基础就实了。要深入调研治理体制问题，深化拓展网格化管理，尽可能把资源、服务、管理放到基层，使基层有职有权有物，更好为群众提供精准有效的服务和管理。"[③]

其二，基层党组织是贯彻落实党中央决策部署的"最后一公里"。根据《中国共产党章程》，"党的基层组织是党在社会基层组织中的战斗堡垒，是党的全部工作和战斗力的基础"。它的基本任务之一是"宣传和执行党的路线、方针、政策，宣传和执行党中央、上级组织和本组织的决议"。习近平总书记多次强调基层党组织在贯彻执行党的决议过程中的关键作用，并强调："基层党组织是贯彻落实党中央决策部署的'最后一公里'，要坚持大抓基层的鲜明导向，抓紧补齐基层党组织领导基层治理的各种短板，把各领域基层党组织建设成为实现党的领导的坚强战斗堡垒，充分发挥广大党员在改革发展稳定中的先锋模范作用。"[④]该重要论述突出新时代基层党组织的根基作用，强调只有加强基层党组

① 《习近平在吉林考察时强调　坚持新发展理念深入实施东北振兴战略　加快推动新时代吉林全面振兴全方位振兴》，《人民日报》2020年7月25日。

② 《习近平在山东考察时强调　切实把新发展理念落到实处　不断增强经济社会发展创新力》，《人民日报》2018年6月15日。

③ 《习近平在参加上海代表团审议时强调　推进中国上海自由贸易试验区建设　加强和创新特大城市社会治理》，《人民日报》2014年3月6日。

④ 《习近平在中央政治局第二十一次集体学习时强调　贯彻落实好新时代党的组织路线　不断把党建设得更加坚强有力》，《人民日报》2020年7月1日。

织建设使其切实发挥领导基层治理的各项功能，才能不断夯实党领导国家治理的基础。针对于此，习近平总书记也多次强调，“党的基层组织是党的肌体的‘神经末梢’，要发挥好战斗堡垒作用。落地才能生根，根深才能叶茂”[①]，而“推动党组织向基层延伸，每一层都不能‘挂空档’，特别是要把社区、乡村、企业车间等最基层的工作做好，这样才能‘任凭风浪起，稳坐钓鱼台’”[②]。

二、城市社区全面从严治党的政治要求

习近平总书记强调：“贯彻党要管党、从严治党方针，必须扎实做好抓基层、打基础的工作，使每个基层党组织都成为坚强战斗堡垒。”[③]全面从严治党是坚持和加强党的全面领导、巩固党的长期执政地位的必然要求。推动全面从严治党向基层社区延伸，解决部分社区党组织存在的“党性认识不深、理念信仰淡化、组织职能不明晰、决策缺乏长效性等问题”[④]，强化社区党组织的战斗堡垒作用，对于巩固党的执政基础具有关键意义。

从宏观层面来看，全面从严治党向基层延伸是全面从严治党战略部署的基础组成部分，是实现从严治党领域全覆盖、主体全吸纳、监督全方位、责任全落实的基本路径。习近平总书记在十九届中央纪委三次全会上系统总结了从严管党治党的成功经验，即“必须坚决维护党中央权威和集中统一领导，确保全党步调一致、行动统一；必须坚持治国必先治党、治党务必从严，确保党成为中国特色社会主义事业的中流砥柱；必须坚持以人民为中心，确保立党为公、执政为民；必须坚持改革创新、艰苦奋斗作用，确保党始终走在时代前列；必须坚决同消极腐败现象作斗争，确保党永葆清正廉洁的政治本色”[⑤]。强调全面从严治党的正确导向，也将成为继续推进全面从严治党、继续推进党风廉政建设和反腐败斗争的指导性原则，对全面从严治党向基层延伸提出新的时代要求。

从中观层面看，全面从严治党向基层延伸契合党的根本组织原则，是夯实基层党组织战斗堡垒作用的根本保障。在党的组织体系中，基层党组织位于底层，是党的组织体系的“神经末梢”。一方面，民主集中制是党的根本组织原则。

① 习近平：《在全国组织工作会议上的讲话》，人民出版社2018年版，第13页。

② 张晓松、朱基钗等：《充满希望的田野　大有可为的热土——习近平总书记考察吉林纪实》，《人民日报》2020年7月26日。

③ 《习近平在全国组织工作会议上强调　建设一支宏大高素质干部队伍　确保党始终成为坚强领导核心》，《人民日报》2013年6月30日。

④ 徐光超：《全面从严治党，如何在基层落地》，《人民论坛》2017年第3期。

⑤ 《习近平在十九届中央纪委三次全会上发表重要讲话强调　取得全面从严治党更大战略性成果　巩固发展反腐败斗争压倒性胜利》，《人民日报》2019年1月12日。

根据该原则,基层党组织作为下级组织,必须服从上级组织的指示和决定并予以坚决执行;同时,作为党的组织,基层党组织则也必须服从中央,与党中央在思想、政治与行动等各方面保持一致。因此,基层党组织必须严明纪律、规矩,以严格标准要求自己,时刻检视自身行为,坚决树立政治意识、大局意识、核心意识、看齐意识,自觉与以习近平同志为核心的党中央保持高度一致。另一方面,作为党的组织体系的末端,基层党组织是发挥党领导功能的基础组织,也是“政党功能发挥的基础载体……若是没有根基性基层组织的植入社会土壤,整个政党组织的有效运行是不可想象的,政党组织的宗旨、奋斗目标的实现也是极无可能的”[①]。因此,只有将全面从严治党的相关制度和政策落实到基层,解决部分基层党组织存在的理想信念淡化、脱离群众、责任虚置等问题,保持基层党组织的先进性和纯洁性,增强政治领导力、组织覆盖力、群众凝聚力、社会号召力、发展推动力和自我革新力,才能从根基上增强中国共产党的战斗力,夯实中国共产党全面领导与长期执政的基础。

从微观层面看,全面从严治党向基层延伸回应解决基层党组织的存量腐败与增量腐败问题的迫切需要,以开启基层党的建设新局面。一方面,根据《中国共产党章程》,“党政军民学,东西南北中,党是领导一切的”。其中,“街道、乡、镇党的基层委员会和村、社区党组织,领导本地区的工作和基层社会治理,支持和保证行政组织、经济组织和群众自治组织充分行使职权”。党的领导地位决定党必须保持其先进性和纯洁性,而作为“使命型”政党,中国共产党具有“服务与引领功能(即服务于各类组织和人民,引领国家和社会发展),且这种服务与引领功能充分体现了政党的先进性与奉献性的有机结合特质”[②]。要发挥基层党组织在村、社区中的领导功能,实现其对基层治理的服务与引领,则首先应保证基层党组织始终保持先进性和纯洁性,并严格落实基层党组织的主体责任,这需要进一步将全面从严治党“落实”到基层。

另一方面,当前,基层反腐形势依然严峻。习近平总书记指出:“一些基层党组织软弱涣散甚至瘫痪,一些基层党组织形同虚设,必须加以整顿。不去整顿,只是下个文件让他搞‘两学一做’,能做得起来吗?所以,整顿不合格基层党组织的工作要跟着上,这是一套‘组合拳’。‘火车跑得快,全靠车头带。’必须激活基层党组织,增强基层组织力。”[③]基层党员干部与基层党员处于联系服务群

① 马明冲:《全面从严治党向基层延伸:缘起、维度和路径》,《理论与改革》2016年第4期。

② 唐亚林:《“使命型政党”的六大特质》,《北京日报》2020年9月21日。

③ 《在中央政治局常委会就会审议“两学一做”学习教育方案时的讲话(节选)》,2016年2月4日,http://news.12371.cn/2017/01/22/ARTI1485056442898787.shtml。

众的最前沿，其工作作风与生活作风等将直接影响群众对党的判断。“如果管党不力、治党不严，人民群众反映强烈的党内突出问题得不到解决，那我们党迟早会失去执政资格，不可避免被历史淘汰。这决不是危言耸听。”[①]因此，部分基层党员干部和党员中存在的形式主义、官僚主义、享乐之风、奢靡之风时，不仅直接损害群众的切身利益，更对党群关系造成严重的负面效应。因此，“党要管好治好9000多万名党员、460多万个基层党组织，必须坚持对着问题去、跟着问题走，什么问题突出就着力解决什么问题，以问题整改注入动力、以问题整改赢得民心”[②]。正如习近平总书记所强调的，“相对于‘远在天边’的‘老虎’，群众对‘近在眼前’嗡嗡乱叫的‘蝇贪’感受更为真切。‘微腐败’也可能成为‘大祸害’，它损害的是老百姓切身利益，啃食的是群众获得感，挥霍的是基层群众对党的信任。对基层贪腐以及执法不公等问题，要认真纠正和严肃查处，维护群众切身利益，让群众更多感受到反腐倡廉的实际成果。”[③]基层党组织要始终以人民为中心，必须时刻践行联系群众服务群众的根本路线，“把基层党组织的工作重心移到服务发展、服务民生、服务群众、服务党员上来，使基层党组织领导方式、工作方式、活动方式更加符合服务群众的需要”[④]。因此，在实践中，应当进一步将基层党建工作重点持续放在了解群众所想、解决群众所需、回应群众所盼等方面，并以群众满意度作为工作评价的最高标准。

三、深化城市社区党建的方针政策

党的十八大以来，中国共产党开启党的建设新的伟大工程，在横向层面全面推进党的政治建设、思想建设、组织建设、作风建设、纪律建设，把制度建设贯穿其中，深入推进反腐败斗争；在纵向层面，统筹党中央、地方各级党委以及基层党组织建设。其中，基层党建是新时代党的建设新的伟大工程的基础领域，推进城市基层党建对于巩固党在城市的领导基础与执政基础具有重要意义。习近平总书记指出：“基层是党的执政之基、力量之源。只有基层党组织坚强有

---

① 中共中央文献研究室编：《习近平关于全面从严治党论述摘编》，中央文献出版社2016年版，第5页。

② 中共中央党校（国家行政学院）：《习近平新时代中国特色社会主义思想基本问题》，人民出版社、中共中央党校出版社2020年版，第403页。

③ 习近平：《在第十八届中央纪律检查委员会第六次全体会议上的讲话》，人民出版社2016年版，第17～18页。

④ 中共中央文献研究室编：《十八大以来重要文献选编》（上），中央文献出版社2014年版，第352页。

力，党员发挥应有作用，党的根基才能牢固，党才能有战斗力。”①

当前，为推进党的建设工作，提高党的建设质量，中共中央出台了一系列政策。其中，《关于加强和改进城市基层党的建设工作的意见》指出：“充分认识加强和改进城市基层党建工作的重要性紧迫性，认真落实新时代党的建设总要求和新时代党的组织路线，突出政治功能和组织力，严密组织体系，强化系统建设和整体建设，充分发挥街道社区党组织领导作用，有机联结单位、行业及各领域党组织，构建区域统筹、条块协同、上下联动、共建共享的城市基层党建工作新格局。”②这为城市社区党建指明了方向。在实践中，城市社区“以社区服务型党组织建设为统领，以服务群众为重点，以改革创新为动力，以党组织的网格化设置为支撑，构建条块结合、资源共享、优势互补、共驻共建的城市基层区域化党建工作新格局”③。当前，依据城市社区党建相关政策，城市社区党建工作新格局主要体现为：

一方面，完善城市社区党建体系。习近平总书记指出：“党的政策再好，也靠大家去落实。要把基层党组织建设成为坚强战斗堡垒，把党中央提出的重大任务转化为基层的具体工作，抓牢、抓实、抓出成效。”④2017 年，中共中央、国务院《关于加强和完善城乡社区治理的意见》提出：“继续推进街道（乡镇）、城乡社区与驻社区单位共建互补，深入拓展区域化党建。扩大城市新兴领域党建工作覆盖，推进商务楼宇、各类园区、商圈市场、网络媒体等的党建覆盖。”此外，党的十九届四中全会亦强调：“健全维护党的集中统一的组织制度，形成党的中央组织、地方组织、基层组织上下贯通、执行有力的严密体系，实现党的组织和党的工作全覆盖。”近年来，各地遵循扩大党的工作覆盖面的要求，逐步推进区域化党建工作格局。在该过程中，各城市落实“条块结合、资源共享、优势互补、共驻共建”的原则，以街道党组织为领导核心，以社区党组织为组织基础，统筹推动区域内驻区企事业单位、“两新”组织等的党建协调工作。同时，各地通过区域化党建联席会议等工作机制，吸纳驻区单位、市场组织、社会组织等参与社区治理，使区域内党建资源实现有机整合，切实发挥区域化党建资源优势。

另一方面，健全城市社区党建功能。党的十九大报告指出：“党支部要担负好直接教育党员、管理党员、监督党员和组织群众、宣传群众、凝聚群众、服务群众的职责，引导广大党员发挥先锋模范作用。”在实践中，城市社区积极贯彻该

---

① 《习近平对开展“两学一做”学习教育作出重要指示强调　突出问题导向确保取得实际成效　把全面从严治党落实到每一个支部》，《人民日报》2016 年 4 月 7 日。

② 《关于加强和改进城市基层党的建设工作的意见》，人民出版社 2019 年版，第 3～4 页。

③ 沈小平：《新时代党的基层组织建设》，中共党史出版社 2018 年版，第 50 页。

④ 《习近平在河南考察时强调　坚定信心埋头苦干奋勇争先　谱写新时代中原更加出彩的绚丽篇章》，《人民日报》2019 年 9 月 19 日。

要求并履行相关政策。首先,就前者而言,社区党组织加强对《中国共产党党员教育管理工作条例》的执行,将"三会一课"制度、主题党日活动、组织生活会、民主评议等党员教育方式切实落到实处。同时,依托各级党校(行政学院)等教育资源,定期对基层党员进行集中轮训,创新理论学习形式,加强党性教育和政治理论教育,提高基层党员的政治觉悟和政治能力,以始终做到"两个维护""四个服从"。同时,社区党组织创新党员管理方式,特别加强对"流动党员""口袋党员"的日常管理。通过推行基层党员"双报到"、成立流动党员党组织等工作机制,社区党组织不仅实现对这部分党员的教育管理,增强社区党组织的组织力,更在很大程度上激发这部分党员参与社区治理,发挥其示范作用,增强社区治理的效能。此外,在党员监督方面,切实落实全面从严治党的相关政策,遵循党内监督与群众监督相结合、奖惩兼容的监督原则,切实提高党员干部队伍与普通党员的素质和能力。其次,就后者而言,社区党组织遵循将其建设成为"宣传党的主张、贯彻党的决定、领导基层治理、团结动员群众、推动改革发展的坚强战斗堡垒"的基本要求,深入挖掘社区党建的服务功能。习近平总书记指出:"基层党组织担负着领导社区治理的重要职责,要把党的惠民政策宣传好,把社区居民和单位组织好,打造共建共治共享的社区治理格局。"①在实践中,城市社区以服务型党组织建设为核心,以服务群众为重点,加快党群服务中心标准化建设,基于网格化管理机制创新服务模式,拓展服务群众范围,加强党组织与基层群众的紧密互动。服务型党组织建设是新时代城市社区党建工作的重要方面。转变传统党建模式,在党建过程中有效回应基层群众的利益诉求,增强基层群众的获得感、幸福感、安全感,对于集聚社区治理资源、增强社区治理资本、稳定社区治理秩序具有关键意义,因此对于巩固党长期执政的群众基础亦具有基础性作用。正如习近平总书记所强调的:"社区虽小,但连着千家万户,做好社区工作十分重要。社区的党组织和党员干部天天同居民群众打交道,要多想想如何让群众生活和办事更方便一些,如何让群众表达诉求的渠道更畅通一些,如何让群众感觉更平安、更幸福一些,真正使千家万户切身感受到党和政府的温暖。"②因此,"要加强党的基层组织建设,把资源、服务、管理下沉基层、做实基层,把每个基层党组织建设成为坚强战斗堡垒"③。

---

① 《习近平在湖北考察时强调　坚持新发展理念打好"三大攻坚战"　奋力谱写新时代湖北发展新篇章》,《人民日报》2018 年 4 月 29 日。

② 《习近平在福建调研时强调　全面深化改革全面推进依法治国　为全面建成小康社会提供动力和保障》,《人民日报》2014 年 11 月 3 日。

③ 《习近平在上海考察时强调　坚定改革开放再出发信心和决心　加快提升城市能级和核心竞争力》,《人民日报》2018 年 11 月 8 日。

第三章　城市社区传统党建的实践困境与根源

新时代以来，伴随城市社区党建思想、理论与政策的整体性完善，城市社区党建开始走向创新发展的新阶段，党建引领治理成为城市社区治理体系和治理能力现代化的重要引擎。然而，在改革开放后很长一段时间内，城市社区党建处于探索阶段。社区功能建设与社区管理体制改革相较于城市经济发展具有相对滞后性，城市管理科层化与单位体制转型中的路径依赖等问题对城市社区党建造成影响，因而处于累积性困境，导致党建工作与社区治理呈现“脱嵌”状态。对改革开放后传统社区党建的困境与根源进行回顾性分析，不仅在理论层面有助于对新时代推进城市社区党建创新的前瞻性研究起到重要作用，而且在经验层面也能规避社区党建的实践困境，为进一步创新城市社区党建工作、完善社区党建引领治理的体制机制、增强社区党建引领治理的实际效能提供参考借鉴。

第一节　党建的科层化惯性影响城市社区治理主体认知

从中国共产党的组织史来看，党的“中央组织”到“地方组织”再到“基层组织”的衍生路径，呈现出中国共产党作为一个严密的政党组织在规模扩展和体系完善方面的成长历程。而这种层级式的组织生长历程也使得中国共产党自成立之时，就具备了一种科层化的组织生成结构，形成了比较完备的科层体系，并对基层党的建设形成深远影响。

各级党组织以民主集中制为基本原则，通过严密的科层化组织体系拥有极强的凝聚力和领导力，在党的革命阶段和中华人民共和国成立后的计划体制阶段发挥了重要作用。因此，党的科层化特性对各级党组织建设具有深远影响。

在单位体制时期的城市基层社会管理中，传统的科层化党建模式基本能够履行城市基层管理的职责。然而，随着单位体制解体，城市基层管理进入社区治理时代，党建的科层化惯性却一时无法适应城市社区治理的新要求，从而影响城市社区治理主体的身份、职责与功能认知。

一、影响党作为城市社区领导性治理主体的身份认知

"党建引领城市社区治理"的一个关键核心是塑造城市社区党组织在社区治理中的领导性治理主体身份。这是党中央全面从严治党、加强基层党组织建设、构建党建引领社区治理的战略规划的内在要求。但是理念和政策层面的规划要求落实到实践层面，首先要被相关主体正确理解和认知。传统上，由于党建的科层化惯性影响，城市社区党组织对自身的领导性治理主体身份存在认知偏差。

党作为城市社区领导性治理主体的身份定位是新时代基层党建的内在规定。党的十八大首次将"社区治理"写入大会报告，此后"社区建设"被"社区治理"取代①。这标志着城市社区党建的背景发生了较大变化，面临许多新情况：一是市场经济的进一步发展使得"'集体化社会'日渐萎缩，'个体化社会'不断兴起"②，传统的社区共同体意识日趋淡化，社区公共性认同缺失③；二是城市社区治理日趋复杂，特别是城市社会关系、人口结构、空间布局、组织形式、生活方式、利益格局的深刻变革④，为城市基层治理埋下了高度不确定性的治理风险。在此情形下，执政党认识到仅仅依靠传统的行政资源已经难以维持基层社会的稳定与发展⑤，需要将社区治理重心下移，依靠社区党组织重新整合碎片化、复杂化、多元化的社区治理主体，构建社区治理共同体。党的十八大报告强调加强社会管理和服务体系建设，增强城乡社区服务功能，充分发挥群众参与社会管理的基础作用⑥。党的十九大报告继续深入强调加强社区治理体系建设，推动社会治理重心向基层下移，把街道社区、社会组织等基层党组织建设成为宣

---

① 吴晓林：《党建引领与治理体系建设：十八大以来城乡社区治理的实践走向》，《上海行政学院学报》2020 年第 3 期。

② 郑杭生、黄家亮：《当前我国社会管理和社区治理的新趋势》，《甘肃社会科学》2012 年第 6 期。

③ 参见李增元：《协同治理及其在当代农村社区治理中的应用》，《学习与实践》2013 年第 12 期。

④ 参见王东杰、谢川豫：《多重嵌入：党建引领城市社区治理的实践机制——以 A 省 T 社区为例》，《天津行政学院学报》2020 年第 6 期。

⑤ 参见黄六招、顾丽梅：《超越"科层制"：党建何以促进超大社区的有效治理——基于上海 Z 镇的案例研究》，《经济社会体制比较》2019 年第 6 期。

⑥ 参见《中国共产党第十八次全国代表大会文件汇编》，人民出版社 2012 年版，第 35 页。

传党的主张、贯彻党的决定、领导基层治理、团结动员群众、推动改革发展的坚强战斗堡垒①。

可以看出,党中央对城市基层党建提出了两方面的要求:一是城市社区党组织作为党的组织体系的“神经末梢”,必须履行好执行上级任务、政策、指令的体制性职责;二是城市社区党组织作为领导基层社会治理的主体,必须发挥引领城市社区治理、整合治理资源、协调治理主体的功能,为社区治理提供领导性和协调性支持。这两方面的要求都基于一个共同目的,即进一步增强党在城市基层的领导力。换言之,城市社区党建引领社区治理的一切行动,都要以增强党在基层社会中的领导能力和执政水平为依归,城市社区党组织必须准确认知自身的领导性治理主体身份。

然而,从传统的党建实践来看,因袭于科层化惯性,城市社区党组织对自身身份的传统认知和定位仍与新时代的党建要求存在一定距离。

第一,传统城市社区党建侧重党组织内部建设,职责功能是贯彻执行上级政策指令。作为党的组织体系的“神经末梢”,社区党组织承担贯彻执行党中央与各级党委政策的重要功能。这一“执行主体”的自我认知和定位,将传统的党建工作重心放在了党组织内部建设方面。规范党内组织设置、优化组织运行机制、提高党员干部工作素质成为党建工作的核心内容。这些工作内容都属于组织内党建范畴,对提高党内政令执行效率具有积极作用,是确保党组织上下贯通、执行有效的主要方式。改革开放前,这种党建模式与城市单位体制相适应,实现了高度组织化的城市管理。但问题在于,随着单位体制解体和城市社区治理情境生成,偏重政策执行的社区党建主体定位在一定程度上使社区党组织无法有效回应社区治理的现实需求。进入新时代,城市社区党组织面临的主要任务是实现党建与社区治理的相互嵌合,即城市基层党组织必须依靠自身的主动性和组织力量重新建立党建引领社区治理的结构,并在社区治理中发挥政治领导、组织动员和服务供给等功能。在这个意义上,以党内组织建设为重点,将自身定位为执行主体、将职责功能局限在传达贯彻上级政令方面,实际上体现了城市社区党组织在身份认知方面的不清晰。这进而可能影响党组织在社区治理中领导性身份的塑造。传统的“执行主体”认知会使社区党组织偏重党内行政性的工作事务,而不是将更多的时间精力投放在党建下沉社区、引领社区治理方面。显然,这与党的十八大以来执政党所期望的以党建引领基层治理的指

① 参见习近平:《决胜全面建成小康社会 夺取新时代中国特色社会主义伟大胜利——在中国共产党第十九次全国代表大会上的报告》,人民出版社2017年版,第83页。

导思想存在一定距离，不利于城市社区党建与社区治理的同步建设和相互促进。

第二，传统的城市社区党组织将自身作为直接提供社区服务的执行主体，职责功能是承担社区服务工作。

该身份认知在一定程度上与领导性治理主体的定位存在差距。虽然社区党组织在这一认知思维下进入了社区并开展服务工作，但是“社区服务直接提供者”的角色与党组织“执行主体”的角色在本质上异曲同工，难以有效地塑造党在社区治理中的领导权威。如果说“执行主体”的身份认知是社区党组织过度依附于党的科层组织体系而产生的一种依附性认知困境，那么“社区服务直接提供者”的身份认知实际上意味着社区党建陷入了繁杂的社区治理细节，同样不利于塑造党在社区治理中的领导性治理主体身份。因为事无巨细、直接参与服务供给的社区党建，尽管从行动上似乎消除了科层化党建与社区治理之间的疏离感，实现了党建下沉社区治理，但实质上这种党建下沉并未能有效动员社区多元力量参与社区自治。与此同时，社区党组织的领导力建设更多地表现为党组织内部建设和行政事务的效率提升，而不是党组织引领社区治理的实质推进。由此而言，这在一定程度上可以视为一种偏离领导性治理主体身份认知的表现。

基于上述分析，在党建的科层化惯性影响下，传统的城市社区党建一方面在党组织内部建设路径上进行组织体系建设与调整，虽然在特定阶段（如单位体制时期）取得一定成效，但也逐渐显现出一些负面效应。与此相对，一些城市社区党建不再遵循传统的党建路径，而是全力转向党建下沉社区治理，期望通过承担诸多繁杂的社区服务供给任务来实现社区党组织嵌入社区治理的目标。从理论上来看，后一进路具有一定的合理性，因为在城市社区治理中党组织面对的往往是多元而又“碎片化”的治理主体。党建直接下沉社区治理并提供服务有利于促进“社区党建的社会功能开发”，加强党组织与社会组织、社会成员之间的横向联系[①]。与此同时，采用这种参与式的、服务型的管理模式[②]，有助于回归政党的社会化，在一定程度上有助于塑造社区党组织的领导力。

改革开放后，社区建设向社区治理的转型要求在党的领导下建构新的社区公共秩序，要求社区治理主体有序参与，以合作的方式共同解决社区治理问题。

① 参见梁妍慧：《从“行政化”到“社会化”——创新城市社区党建领导方式》，《理论视野》2012年第12期。

② 参见李友梅：《全面建设小康社会与社区党建创新——以迈向现代化国际大都市的上海城市基层社区为例》，《毛泽东邓小平理论研究》2003年第1期。

因此，在基层社会组织发育不足的情况下，社区党组织实际上承担了构建公共秩序的全部责任。然而，在社区党组织资源相对有限、社区公共服务需求激增的非平衡状态下，社区党建越是承担过多的职责，越会埋下引领治理失灵的隐患。例如，一旦某些服务事项不能达到社区群众的满意度，就会削弱党组织在社区治理中的权威和领导力。在这个意义上，以服务下沉为导向的城市社区党建尽管在直接提供社区服务的行动中与科层化党建进路拉开了距离，但本质上仍然很难确立党在社区治理中的引领地位。

综合而言，影响城市社区党组织身份认知的根源就是传统党建的科层化惯性。由于社区党组织将自身认知为社区治理中的“执行主体”而不是“领导主体”，从而导致城市社区党建实践与新时代“党建引领社区治理”的要求存在一定的偏差。具体来说，党建的科层化惯性影响党组织身份认知的原理如下：以马克思·韦伯为代表的社会学家将科层制视为在大型组织中对工作进行协调与控制的组织原则，其中“专业化、权力等级、规章制度和非人格化”是科层制的基本特征。[①] 科层制解决的不仅是单个雇佣者的生产效率，而且是组织方面的特殊问题——如何最大限度地进行合作与控制，并由此提高组织的效率。[②] 尽管从科层制的理论内涵来看，将中国共产党的组织体系完全等同于韦伯理想型的科层制具有一定的偏差，但是科层化对组织体系的影响依然具有共通性，因此我们可以从借鉴启示的角度来观察我国城市社区党组织的科层化特性及其影响。

首先，党建的科层化体系确保了党组织自上而下的管理权威，各级党组织和党员干部能够高效率地执行上级政令，并使党组织体系的内部运行高效有序。只是层级分明、职责明确的科层分工体系也让作为科层末梢的社区党组织在一定程度上缺少自主性和独立性，日常运行往往趋向于对上负责而不是对社区成员负责。在此情境下，社区党组织显然会将党建的工作重心放在贯彻执行上级政策指令方面，而不是下沉到社区并形成“党建引领社区治理”的格局；其次，社区党建的科层化惯性虽然有利于实现党组织内部的高效运行，但对于组织外部的社区治理需求则很少关注，很难建立二者之间的链接；最后，科层化党建与党的社会化本质之间具有一定的张力。中国共产党作为群众性政党，其先进性与领导力都来源于与群众的互动，而社区党建的科层化惯性使党组织的日

① 参见[美]彼得·布劳、[美]马歇尔·梅耶：《现代社会中的科层制》，马戎等译，学林出版社 2001 年版，第 17～19 页。

② 参见[美]彼得·布劳、[美]马歇尔·梅耶：《现代社会中的科层制》，马戎等译，学林出版社 2001 年版，第 19 页。

常工作局限于组织体系内部，组织边界的封闭性制约了党的社会化程度，最终导致党组织引领社区治理的职能相对弱化。

总之，传统城市社区党建的科层化惯性塑造了城市社区党组织较为稳固的行为模式和工作惯例，一定程度上限制了党组织与时俱进的自我更新能力，并在一定程度上影响其作为城市社区领导性治理主体的身份认知。

二、影响党作为城市社区枢纽性治理主体的职责认知

在当前党建引领社区治理的发展阶段，社区党组织被定位为领导性治理主体，这实际上说明社区党组织作为执政党的基层组织，在社区治理中应扮演领导性的主体角色。从治理理论来看，现代社区治理强调“多元主体”“协同参与”“合作治理”等治理理念，期望基层社会中的党组织、政府、群众、社会组织、企业等主体协同参与社区治理。只是在社区治理实践中，多元主体如何达成合作并产生集体行动是一个现实难题。解决这一难题的有效方式是找到一个“元治理主体”并让其担负领导、协调和控制多元主体间关系的“枢纽性”职责。显然，社区党组织正是符合上述条件的“元治理主体”。因此，城市社区党组织除了被赋予“领导性治理主体”的身份，还被赋予了“枢纽性治理主体”的职责。该职责的核心内容是为社区多元治理主体之间的合作提供支持，担当社区治理主体、资源、关系的协调“枢纽”。换言之，可以将“枢纽性治理主体”理解为“领导性治理主体”的具体化表达，因为在一个组织中发挥“枢纽”功能的主体往往是该组织的领导主体。然而，囿于传统党建的科层化惯性，社区党组织对“枢纽性治理主体”的职责认知存在一定问题。

第一，从规范角度来看，城市社区党组织对“枢纽性治理主体”的职责认知有待明确。

所谓“枢纽”，就是在不同主体、不同组织或不同领域间建立纽带式的链接。就党建引领社区治理而言，城市社区党组织应当建立的“枢纽”链接大致包括以下几类：一是建立社区党组织与社区治理的链接。这是党作为城市社区“枢纽性治理主体”的核心内容。“在社区发展过程中，党的领导始终是社区治理的总抓手，贯穿社区治理过程的始终。”[1]要实现社区治理的现代化转型首先需要将社区党建嵌合进社区治理之中，也就是建立社区党组织与社区治理的链接。在此基础上才能进一步开展以党建为引领、以党组织为“枢纽”的现代化社区治

① 郭圣莉、尹露：《城市基层社区体制的构建与变革：上海社区治理40年》，上海交通大学出版社2019年版，第135页。

理。二是建立以社区党组织为“枢纽”的社区多元治理主体间的链接。如社区成员之间、社区群团组织之间、社区党员与社区居民之间的链接。这些治理主体基本都是特定社区内主要的在场主体，只有将它们链接起来才能充分激活社区治理的公共空间。三是建立以社区党组织为“纽带”的社区与外部主体间的链接。包括社区与社区之间、社区与基层政府之间、社区与社会组织之间、社区与企业之间、社区与相关职能部门之间的链接。这些区域内的链接有助于城市基层治理资源的有效动员、分配和使用，对于提升社区治理质量至关重要。然而，在传统的党建实践中，城市社区党组织对上述“枢纽性”职责的理论认知还不够充分。传统的城市社区党建往往局限在一个社区的物理边界内，缺乏与社区相关的区域性治理主体的沟通协作。即使在社区内党建的主要内容仍偏重于党组织内部建设方面，或者是社区党组织作为一般的治理主体直接参与社区治理的微观事项。在此情况下，社区党组织很难动员社区内的多元在场主体，并担负合作治理的“枢纽性”职责。

第二，从现实角度来看，城市社区党组织作为“枢纽性治理主体”的职责承担有待增强。

纵观党建发展的历史，党作为城市基层“枢纽性治理主体”的职责并不是一成不变的，而是随着社会发展出现了内容的增叠、扩展。党组织从一个阶段的职责认知转向另一个阶段的职责认知需要一段较长时期的适应性调整，这就在客观上使许多旧时的党建惯例能够在城市社区党建中延续。从“单位体制党建”到“街居党建”，再到“社区党建”，城市基层党组织的枢纽性职责实际上越来越凸显，这对党组织形成清晰、规范的职责认知提出了更高要求。换言之，因城市基层党组织的“枢纽性职责”一直在扩展，城市社区党建的具体内容也应在党建整体性原则框架内根据现实发展做出适应性调整。然而，传统的基层党组织建设往往倾向于传统的惯例做法，对于“枢纽性”的职责认知是“新瓶装旧酒”。

进入新时代，党作为城市社区“枢纽性治理主体”的职责体现为政党与社会建设，即通过增强党与社会之间的联系来发挥社区党建在社会建设中的作用[①]，从而实现城市社区党建在社区中的领导性主体建构。该项职责的内涵本应是政党与社会之间的相互作用，并体现“中国社会主义的一些特征，包括应对问题、自上而下的控制、服务导向的发展和规范的参与”，这些通常被概括为党组

① 参见陈向群:《充分发挥社区党建在社会建设中的作用》,《党建研究》2012 年第 11 期。

织的社会创制。但现实中该职责的内涵“被简单地窄化为对单位制社会功能的替代”[①]。可以说,传统城市社区党组织对自身“枢纽性”职责的认知具有保守倾向,它所体现的是传统党建的科层化惯性,以及这一“惯性”对党建职责的持续影响。随着城市社区治理发展,这种落后的职责认知和定位会影响社区党组织对新时代党建职责的准确理解。

总而言之,城市社区党组织作为“枢纽性治理主体”的职责认知,与前述作为“领导性治理主体”的身份认知相互关联,都受到传统党建的科层化惯性影响。一方面,社区党组织对什么是“枢纽性治理主体”的理解决定了社区党建的职责内容,因此如果在理念层面不能充分准确地认知“枢纽”的内涵,自然会影响社区党组织对自身主体身份及其职责的认知;另一方面,“枢纽性治理主体”的职责内容随着时代变迁而扩展,在客观上导致传统城市社区党组织难以及时认知职责的“新内涵”。归根结底,影响城市社区党组织职责认知的根源仍是党建的科层化惯性,长期的科层化党建传统塑造了城市基层党组织及党员干部理解党建职责的固有思维,当“枢纽性治理主体”的职责内容更迭、扩展时,社区党组织囿于传统的思维模式很难实现观念和认知的更新。

三、影响党作为城市社区回应性治理主体的功能认知

随着城市社区治理从“单位体制时代”转向“治理时代”,对社区治理的理论定位也逐渐从原来偏重于服务基层政权建设转向服务社区自治。后一种社区治理倾向与滕尼斯所强调的社区治理的“社会性”密切相关,即期望在国家与社会分离的视野中寻找一个社会自我发育和社会自治的空间[②]。由此,社区治理中多元主体的需求表达就具有了被重视的合理性与正当性,但是当需求表达成为社区治理的常态时,就需要对这些需求予以回应。

然而,自改革开放单位体制解体以来,城市基层社会结构逐渐由制度化的整合状态向原子化的分离状态转型,加之城市化迅速发展,由陌生人组成的城市社区逐渐呈现为复杂的碎片化状况。由于社区中的普通群众、群团组织、社会组织、企业组织等社会性主体公共参与意识相对薄弱,很难构建起守望相助的社区自治共同体来回应彼此的需求。也正是在这种缺乏“回应性治理主体”

---

① Miu Chung Yan and Jian Guo Gao, “Social Engineering of Community Building:Examination of Policy Process and Characteristics of Community Construction in China”, *Community Development Journal*, Vol.42, No.2(April 2007).

② 参见吴晓林:《中国城市社区建设研究述评(2000—2010)——以CSSCI检索论文为主要研究对象》,《公共管理学报》2012年第1期。

的背景下,20世纪90年代国家重新将城市社区作为城市基层治理的靶向和抓手,将政府和政党的力量重新下沉至社区①,目的就是为社区中多元主体的需求提供一个可靠的"回应性治理主体"。特别是党的十八大以来,党通过城市社区党建主动嵌入社区治理,实际上承担了"回应性治理主体"的相关功能。然而,在改革开放后至党的十八大之前的长时期历史发展阶段中,社区党组织在党建实践中对"回应性治理主体"的功能认知受到传统党建的科层化惯性影响。

一般而言,党作为城市社区"回应性治理主体",应该回应以下几类主体的需求。

第一,对社区党员干部的需求回应。社区党建在社区治理中直接面对的是基层党员,如何对他们的需求予以回应,既关系到社区党组织的凝聚力建设,也关系到社区党员干部参与社区党建的积极性和有效性。只有在满足社区党员相关需求、帮助解决困难党员日常问题的基础上,社区党组织才能拥有一支有效回应社区治理需求的党员队伍。例如,在现代城市社区中存在许多脱离党组织的"口袋党员",他们虽然具有党员身份,但因诸多复杂原因与党组织脱离了联系,无法参加日常的党组织生活。这些"口袋党员"是社区党建的潜在建设力量,有效回应这部分党员的相关需求,将其动员吸纳到社区党组织之中,将有助于扩大社区党建治理主体的规模,为更好地回应社区治理需求奠定基础。

第二,对社区普通群众和社区自治组织的需求回应。社区群众是社区治理的核心主体,也是社区党组织参与社区治理的主要服务对象,有效回应社区群众的相关需求是社区党组织作为"回应性治理主体"的核心工作。首先,社区党组织应为社区中有生活困难的社区成员提供基本的生活帮助,回应相对弱势成员的基本生活需求;其次,社区党组织要从社区群众的整体需求出发,满足其基本的公共服务需求,提供诸如安全、卫生、管理等基本的公共服务事项;最后,社区党组织要发挥引领动员社区自治团体建设的作用,以满足社区居民对参与公共生活的载体需求。

第三,对城市社区之间合作治理的需求回应。面对城市社区治理需求日益多元化、复杂化的状况,社区党组织应跳出单一社区,通过社区党组织之间的联结或街道党工委的协调来实现多个社区之间的合作治理,从而更好地满足单一社区治理的相关需求。在社区党建实践中,由于城市基层社区所处地域复杂,单一社区往往需要与其他社区或街道进行合作治理,以共享某些基本的公共服

① 参见李宁、罗梁波:《国家的高地、社会的篱笆和社区的围墙——基于社区治理资源配置的一项学术史梳理》,《甘肃行政学院学报》2020年第4期。

务，这就要求社区党组织在其中作为链接的纽带，对各种不同的社区治理需求予以有效回应。

理论上，当城市社区党组织发挥上述“回应性功能”时，城市社区党建在很大程度上就能够实现与社区治理的融合嵌入，并有助于实现党组织在社区治理中的领导性、枢纽性身份建构。但是在传统党建的科层化惯性影响下，社区党组织很难准确认知上述“回应性功能”。具体来说，在党建的科层化惯性影响下，城市社区党组织更加倾向于回应上级的任务要求，而相对忽视社区群众、党员、自治组织等主体的需求。即使对社区中的主体需求做出回应，很大程度上也是作为回应上级政令的一种工具化手段。从本质上来说，这种“对上负责”的传统意义上的科层化党建惯性导致社区党组织主要以完成上级任务作为行动目标，上级党组织成为社区党组织回应性功能的首要对象。

根本而言，这一社区党组织回应对象错位问题的根源，主要是传统党建的科层化惯性影响。受传统科层化党建影响，基层党组织贯彻执行上级政令指示是基本的行动原则，能否切实、高效地完成上级交付的任务是评价基层党组织绩效的核心指标。实际上，这种将上级作为首要回应对象的传统党建模式与传统的单位体制党建是相辅相成的。在上下一体的单位体制中，基层党组织不需要过多考虑组织之外的单位成员的需求，更多的是将上级指示和任务传达贯彻到基层。但是在今天的“治理时代”，无论是在自上而下的上级党组织的任务指示中，还是在自下而上的社区多主体的服务需求中，重视并回应社区成员、社区党员、社区群团组织等多元主体的利益诉求和服务需求，已经成为城市社区党建和社区治理共同关注的重叠内容。所以，社区党组织作为“回应性治理主体”实际上面临回应功能的内涵转向，需要将回应的对象从原来单一的上级党组织转向社区治理中的多元主体。需要指出的是，在这一转向中，社区党组织也不能完全脱离上级党组织的领导指示。简言之，在多元化的回应对象中，城市社区党组织由于党建的科层化惯性影响，一定程度上无法有效发挥自身的回应性功能。

综合来说，党建的科层化惯性是影响城市社区治理主体认知的传统根源。党的十八大以来，城市社区党建与社区治理的嵌合要求越来越高，社区党组织在社区治理中要实现日常运行、职责重构、功能再造、服务下沉等多方面的身份、职责和功能转向，这不可避免地与党建的科层化特性产生矛盾和张力，由此造成了城市社区党组织作为领导性治理主体、枢纽性治理主体和回应性治理主体在身份认知、职责认知和功能认知方面的偏差。新时代城市社区党建的创新实践正是对党建的科层化惯性传统的突破。

第二节　党建的单位体制传统影响城市社区治理资源整合

改革开放前，我国城市主要依托高度组织起来的单位体制进行组织和管理。“所有的个人都归属于一定的组织单位；所有的单位都以党的组织为其组织和领导核心；所有的单位都成为党和政府管理国家、组织社会的实际行动主体。在这样的组织化社会建构中，个体的解放被阶级的解放所替代；个体的社会存在被个体的组织存在所替代；组织的社会特性被组织的政党特性所替代。”[①]“单位社会”[②]中城市基层党组织镶嵌于一个个单位中，担负着对特定单位的领导、管理、组织和动员等职责。组织结构垂直化、组织管理封闭化以及组织运行行政化是单位体制党组织的主要特征。单位体制党建就是依托于单位体制进行党组织建设的一种“组织内党建”模式。[③]

可以说，单位体制党建模式与当时高度集中的城市社会管理模式相辅相成，重塑了城市的人际关系、生活方式和组织结构，使城市共同体的日常运转呈现出高度统一、秩序井然的组织化风貌。但是伴随单位体制解体和“社区治理”时代来临，单位体制党建传统仍然在一定程度上影响着新时代城市社区治理，特别是在资源整合方面，城市社区的自治发展、社区治理的群团协作以及社区间的资源协同都受到一定制约，影响着城市社区党建和社区治理的匹配融合、转型升级。

一、组织结构垂直化滞后于城市社区自治发展

改革开放以后城市单位体制逐步解体，城市中除了少数国有企业仍然延续单位体制之外，“社区”成为城市基层治理的主要单元。在此情况下，原来的单位体制党建也就需要转型为城市社区党建。尽管新型的城市社区不同于以往的单位社区，但是城市社区党建仍然在实践中保有诸多单位体制党建的传统特征。垂直化的组织结构就是单位体制党建传统延续的旧有特征之一，该特征与现代城市社区自治发展的要求存在内在张力，相对滞后于城市社区自治发展。

第一，传统城市社区党建的日常运转依托垂直化的组织结构，社区党组织参与社区治理、推动社区自治发展的主观能动性较弱。社区自治的本质含义是

① 林尚立：《两种社会建构：中国共产党与非政府组织》，《中国非营利评论》2007 年第 1 期。

② 潘乃谷、马戎：《社区研究与社会发展》，天津人民出版社 1996 年版。

③ 参见唐文玉：《从单位制党建到区域化党建——区域化党建的生成逻辑与理论内涵》，《浙江社会科学》2014 年第 4 期。

社区中的多元主体都能从自身的合法利益出发，理性地考虑问题并提出意见建议，然后在规范有序的协商框架中进行表达、商讨，最终达成共识。在此过程中，各参与主体应当具有较强的主观能动性，积极参与社区共同体的营造。在此意义上，社区党组织作为社区自治主体之一，也就需要具有参与社区自治的主观能动性。但是在垂直化的党组织结构设计中，城市社区党组织参与社区自治的驱动力并不源于自身的主观能动性，而是来自上级党组织的政策指令，这就产生了党建引领社区自治的悖论：党组织参与社区自治的"主动性"本质上是上级党组织通过政策命令塑造的一种"被动状态"。可以说，社区党组织的垂直化结构天然地与社区自治发展存在内在张力，既在一定程度上压抑了党组织的主观能动性，又影响着城市社区的自治发展。

第二，传统城市社区党建的垂直化组织结构难以充分满足社区自治平台的建设需求。城市社区自治的发展除了需要各主体积极参与外，还需要一系列规范的协商平台来组织、容纳社区自治行动。当前，我国城市社区自治能力仍需提高，社区多元主体应突破集体行动困境，建立协商自治平台。因此，社区党组织实际上担负着引领社区自治、组织构建社区自治平台的职责。在城市社区中，自治平台一般包括商讨治理事务的协商议事会以及社区自治团体、群众团体、社会组织等建立的共同行动联盟等。这些带有较强自治色彩的合作平台往往需要党组织来担当组织、动员的领导角色，并在其后续发展中提供相应的保障服务。但是囿于自身组织结构的垂直化，社区党组织很难突破执行上级政令的运转模式主动参与社区自治。可以说，城市社区党组织的垂直化结构制约了自身的组织拓展，抑制了为多元治理主体构建自治平台的职责。

第三，传统城市社区党建的垂直化组织结构难以广泛动员治理资源助力社区自治。在垂直化的组织结构制约下，社区党组织的日常行动基本局限在组织内部，进而导致社区党建的推进也趋向行政化。由此，社区党组织进行社区自治建设的资源就很难从组织外获得，治理资源主要依靠上级的支持。但是，现代社区治理已经不同于传统的单位治理，单位体制内的资源配置和供给很难满足社区自治的资源需求。党组织必须以"领导性治理主体"的身份动员体制外的社会主体和社会资源积极参与社区自治。也就是说，城市社区党组织在资源动员和筹集方面需要突破垂直化的组织结构的限制，在整个社区内乃至社区之外寻求更多的治理资源。简言之，传统上单位体制党建的垂直化组织结构在社区自治建设的资源筹集方面是滞后的。如上所述，垂直化的党组织结构确实滞后于城市社区自治发展，并且在动员参与、资源整合等许多方面都难以充分满足社区自治的需求。

中国共产党垂直化的组织结构实际上是在革命实践中逐渐形成的。在这一结构基础上，党的建设原则集中体现为“支部建在连上”。该原则增强了党组织的凝聚力和动员力，使整个党组织体系能够自上而下高效率地协调运行，从而为中国共产党的革命成功提供坚实的组织基础。正如毛泽东深刻指出：“党的组织，现分连支部、营委、团委、军委四级。连有支部，班有小组。红军所以艰难奋战而不溃散，‘支部建在连上’是一个重要原因。”[①]由此而言，这一为中国革命成功发挥重要作用的党建原则，在建国之后也继续作为党领导国家、重组社会、管理社会的基本原则。

在城市单位体制时期，党的垂直化组织结构发挥了重要的组织管理功能。国家通过“单位党建”对社会进行政治组织化改造，“在目标理念上，单位制党建服务于革命后中国共产党对于社会的政治组织化而形成的以党的组织系统为中枢的人为规划的‘机械团结’”[②]。基层党组织（包括党总支、基层党委、党组）作为整个党组织垂直系统的基础层级，本身也是以层级式的组织结构嵌入“单位”之中，实现了对“单位”的组织化管理。在此基础上，单位体制党建的组织结构也就明显地具有垂直化的特征：从党总支到基层党委，到党组，到党员，到单位职工，整个城市被垂直化的组织体系严密整合起来，严格按照上级的政令指示统一行动。从历史发展的现实来看，改革开放前单位体制党建与单位体制二者的结合对城市社会管理具有重要意义。但是，这种以垂直化的组织结构为重要特征的党建模式与严密的城市管理体制共同塑造的“传统”，对新时代城市社区党建转型、社区自治发展造成了一定影响。党的十八大以来，城市社区党建引领社区治理的重要目标之一，那就是期望在社区党组织的领导下构建起较高水平的社区治理共同体。社区中的党员干部、普通群众、群众团体、社会组织、物业组织等多元主体都能积极地以合作方式共同参与社区治理。在此过程中，社区党建需要跳出以党内组织建设为核心的传统党建模式，将党组织的日常工作与社区治理的现实需求相结合，探索出新型的社区党建形态，服务于社区自治发展。这也就对传统的单位体制党建的垂直化组织结构提出了要求：一是社区党组织要打破固化的垂直化组织结构，对党组织内部复杂的条块关系予以调整，形成更加紧密、灵活的协同治理结构；二是社区党组织要在更大的范围内进行区域化党建，打破社区党组织之间的分割状态，从各自与上级的垂直化链接

---

① 《毛泽东选集》第1卷，人民出版社，1991年版，第65～66页。

② 唐文玉：《从单位制党建到区域化党建——区域化党建的生成逻辑与理论内涵》，《浙江社会科学》2014年第4期。

转向"垂直化链接＋横向链接"的扁平化组织形态。只有在这种党组织内外都趋向链接式、开放式的结构中，才能充分调动起各方面的力量共同参与城市社区自治。

二、组织管理封闭化阻碍城市社区群团协作

组织管理封闭化是单位体制党建的另一传统特征。改革开放后单位体制基本解体，社区治理体系也日趋完善，但是组织管理的封闭化特征在一定意义上仍然存在于城市社区党建的实践中，对社区治理产生一定影响，特别是对城市社区的群团协作造成一定障碍。

党组织体系的封闭化管理主要源于改革开放前城市单位体制的封闭属性。在"单位社会"中，"作为整体的城市"并不是一个完美的彼此联系紧密、沟通广泛的生活系统，而是由一个个相对独立的单位通过正式的党组织系统和政府系统机械组成的政治共同体。每一个独立的单位"集行政权力和财政权力于一体，不仅具有执行党和国家的指令、履行专业性业务的功能，同时还具有西方社会中属于社区的功能"[①]。作为这样一种担负多功能的"单位共同体"，它类似中国传统时代的宗族共同体，具有独立生存、运转的整全性特点。尽管身处城市这一大共同体之内，但是作为其组成部分的小共同体——单位，在很大程度上可以涵盖一个人生老病死及其全部社会关系。由此而言，单位实际上塑造了中国城市社会的两种关系维度。在政治维度上，单位与单位之间主要是通过正式的制度渠道建立链接关系；在生活维度上，个人基本在单位体制内构建自己的社会关系网络，而很少发生与单位之外个人的非正式关系。在这个意义上，我们可以说城市单位是一个非常封闭的小共同体，它为"城市人"提供了基本的保障性服务和低程度的社会交往，同时又为国家实现对城市的全面管理提供了比较容易控制的组织基础。正是在这种既受到正式组织系统的垂直化管控又在横向上相对分离、闭合的单位内，传统上的城市基层党建形成了比较封闭的管理传统。这种封闭化的单位体制党建传统与现代城市社区治理中的群团协作之间存在内在张力，组织管理的封闭化在一定程度上阻碍着城市社区的群团协作。

第一，传统社区党组织管理的封闭化不利于激发社区群团协作的活力，不利于促进社区群团组织建设。在城市社区治理中，"群团协作"是社区群众基于

① 唐文玉：《从单位制党建到区域化党建——区域化党建的生成逻辑与理论内涵》，《浙江社会科学》2014 年第 4 期。

自身利益、兴趣或共同利益建立的自发性的团体合作,它与单位体制党建的封闭化管理具有内在的冲突性。单位体制党建的封闭化运作方式主要存在于党组织体系内部,并且其运转主要依靠上级政策指令的外在驱动,缺乏自发内在动力。对于改革开放初期的城市社区而言,社区中的群团协作水平相对较低。一是社区中常态化的、经常运转的群众团体比较少。社区成员除了参与仅有的几种社区组织(如业委会)之外,很少有其他的团体组织可以加入。这与社区公共空间的营造和发育不足密切相关,社区群众普遍缺乏参与社区治理的动力和热情;二是社区中已经成立的群众团体往往是一种缺少自治精神的“工具化”组织,它们的功能主要是帮助社区党组织、基层政府完成上级的任务,或者是帮助物业等企业组织完成工作。这些群团组织很难吸引社区成员积极参与。换言之,城市社区传统群众团体缺乏社区群众的参与基础,很难融入社区成员的生活之中。

在此情况下,社区党组织的作用本应是引领社区群众建立多种形式的团体组织,如以业缘、趣缘为核心的群众团体。在封闭化的组织管理影响下,社区党建即使下沉到社区治理中,社区党组织也大多是通过组建党小组的形式嵌入既有的群众团体,而没有通过发挥更大的引领作用来组织、动员、构建更多的社区群团组织。另外,党组织管理的封闭化特性对于本就不活跃的社区群众团体来说,并没有激发其参与社区治理的积极性。总之,在党组织封闭化管理的约束下,城市社区的群团协作水平较低,仅仅是在形式上扩大了党组织在社区中的覆盖面,还远未达到党建引领社区治理的内在要求。

第二,传统社区党组织的封闭化管理不利于群团组织间的协作关系构建。尽管社区党组织通过党员干部组成的党小组有效地嵌入社区既有的群众团体,扩大了党组织覆盖面,但是仅依靠党组织的链接所形成的群团关系仍然较为单薄,缺乏组织间自发协作的自主性。特别是在党组织管理本身较为封闭的背景下,社区群团组织在社区治理中并不活跃,大多数活动基本是在党组织的主导下开展的。从长远来看,这种被动性的群团协作或许能够塑造一种良好的参与模式,从而引发持续的良性循环,使更多的社区群众参与社区合作治理。但不能忽视的是,面对党建引领社区治理的发展需求,社区党组织能够做的事情实际上还可以更多更好。例如,社区党组织不仅可以以党员干部为抓手嵌入既有的社区群团组织,还可以鼓励党员干部乃至普通的社区群众组建自己感兴趣的群众团体,无论是业缘、地缘还是趣缘,都可以增加社区群团组织的丰富化和多元化。只有真正符合社区成员利益需求、生活需求、娱乐需求、精神需求的社区团体才能激发广大社区群众的参与热情,实现常态化的群团协作。

通过上述对社区党组织管理封闭化特性的考察和对现代城市社区党建应该承担的工作内容的分析，传统的单位体制党建仍然对当前社区党建有影响。党组织管理的封闭化抑制了社区党组织及其党员干部的工作空间，并且将党员干部的许多精力锁定在组织内部管理方面，这与现代城市社区党建、社区治理应当承担的工作职责存在偏差，抑制了社区群团协作发展的更大可能性。城市社区群团组织作为一种集群众、关系、组织、参与主体等诸多功能性标签于一体的重要治理主体，是社区自治建设的重要资源。总而言之，社区党组织管理的封闭化特性在很大程度上阻碍了社区治理中的群团协作。因此，城市社区党组织应该做好两个方面的工作来助推社区群团组织的自发建立和积极协作，一是社区党组织应秉持开放式党建思维，通过引领功能来营造社区公共空间；二是社区党组织应推进区域化党建工作，提高党组织覆盖率，通过区域联动机制促进社区党组织、群团组织等之间的合作。

三、组织运行行政化制约城市社区资源协同

在单位体制党建传统中，城市社区党组织结构的垂直化和组织管理的封闭化对社区治理的自治发展和群团协作都产生了深刻影响。与此同时，该传统也塑造了基层党建的行政化运行模式。单位体制时期，城市基层党建依托单位组织以自上而下的行政手段开展党的工作和组织动员群众，建立起一种行政化的社会管理模式。在这种社会管理模式中，“各级党组织不仅在强调党的一元化领导的条件下直接行使行政管理权，并且通过组织群众而成为使社会凝聚起来的政治粘合剂”[①]。可以说，行政化是传统的单位体制党建的一大特点，即使发展到后单位体制时期这种行政化运行模式仍然在一定程度上发挥着影响作用。问题在于，这种适用于单位体制党建时期的行政运作模式与现代城市社区党建的运行规范并不十分匹配，它很难与复杂化、多元化的社区治理相融合，从而在一定程度上制约着城市社区治理的资源协同。

在改革开放前的计划经济体制时期，资源都是由国家统一调整、分配，并主要依靠各级党组织和政府行政层级进行具体运作。城市中的“单位配给制”就是国家资源配置行政化的一个缩影。生活、工作在单位体制中的人们在党组织的领导下对特定数量的生产生活资源进行有计划的分配，整个过程在行政化的规范秩序下有条不紊地进行。在此过程中，单位党组织的运行也以行政化的方式与之相配合，展现出组织内高效运行的特点。实际上，对单位体制内成员的

① 路风:《单位:一种特殊的社会组织形式》,《中国社会科学》1989 年第 1 期。

生产生活等资源进行分配是一件十分复杂的事情,单位党组织能够以行政化运行的方式完成该任务,在一定程度上确实体现了行政化运作模式的某种优越性。但这种优越性能够成功展现的关键在于,这种以行政化运行进行资源配置的方式并不是一种按需分配,而是一种自上而下控制式的定额分配,这实际上是以牺牲分配合理性来降低分配难度,从而使单位党组织的行政化运行模式能够胜任城市单位资源协同的任务。

然而,在单位体制解体,国家进入市场经济体制建设时期后,城市基层治理单元由"单位"转变为"社区",城市社区群众的基本需求就不再依靠"单位配给"。新型的社区党组织所能提供的服务主要是领导社区治理、协调治理资源以及提供社区公共服务。在此背景下,如果城市社区党组织延续行政化运行模式就很难与社区治理的资源协同需求相适应。相较于单位体制时期党组织并不担负资源整合的职能而是承担资源分配的任务,现代城市社区治理则要求社区党组织既要承担治理资源整合的责任又要担负引领社区自治发展的使命。由此而言,传统城市社区党组织的行政化运行在很大程度上无法达到社区治理的需求,特别是在资源协同方面,行政化的运行传统对社区党组织造成了一定影响。

首先,传统城市社区党组织的行政化运行不利于党组织下沉基层协同社区治理资源。长期以来受单位体制党建传统的影响,传统社区党组织运行的行政化色彩较为浓厚,资源配置方式较为粗放。所谓"资源粗放式分配",就是指单位体制社会中基层党组织负责将上级分配的资源分配给单位成员,这种分配方式基本以固定的工资或福利进行配给,并不注重单位成员的需求差异。同时,由于社区党组织成员在行政化运行中基本以组织内工作为重点,客观上与社区群众缺乏直接联系,很难掌握社区群众的实际需求。基于此,社区党建实际上难以及时改变自身传统的资源配置方式,从而影响社区治理的资源协同。

其次,传统城市社区党组织的行政化运行不能有效整合党组织之外的社区治理资源。城市社区治理的资源类型多样,既有通过行政手段调配的国家资源,也有存在于社区中的个体资源、团体资源、企业资源以及各种人力、物力、社会关系等社会资源,并且在总体上呈碎片化的分布状态,需要特定的治理主体进行资源协同。城市社区党组织作为合适的资源协同主体,理论上能够助力处于低自治水平的城市社区实现资源协同,推进治理转型。但是受单位体制党建传统影响,党组织的行政化运行模式限制了党组织与社区治理主体和治理资源的直接联系,由此影响社区党组织对社区资源的动员、筹集和协同。

最后,传统城市社区党组织的行政化运行不利于体制内资源与社会资源的协同对接。对于社区党建和社区治理来说，无论是党建下沉还是社区自治都不可避免地要与治理资源的整合、协同相联系，城市社区党组织只有将自身的组织内资源与社区中的社会性资源整合、协同使用，才能有效促进社区治理发展。但是在传统党组织行政化运行的影响下，城市社区党建很难实现组织内资源和组织外资源的灵活对接从而达到治理资源的高效协同。一方面，传统社区党组织习惯于依靠自身的资源开展党建活动，并且活动的实施主要以行政化的运行方式为主，这实际上决定了社区党组织的工作内容大多局限于组织内部；另一方面，对于社区治理中更为广泛的潜在社会资源，行政化党建运行模式很难将其纳入党建实践。另外，即使党组织通过扩大组织覆盖面嵌入既有的社区组织，也很难将社会性的资源充分调动起来并持续地参与社区治理，因为这些资源本质上归属于社区内非官方的群团组织，它们对于官方主导的党建活动和社区治理在一定程度上缺乏充足的兴趣和积极参与的热情，这就决定了传统上行政化色彩、官方色彩较浓厚的党建模式，很难将自身的组织资源和社区自治资源协同起来。

总之，组织运行行政化对社区党组织的资源协同产生了一定影响。一是影响社区党建嵌入社区治理；二是影响党建在社区中的资源筹集和协调；三是影响党组织内部资源和组织外社区社会资源的对接。尽管当前基层党建的空间已经由“单位”变为“街道—社区”，但是上述党建的传统惯例仍然以诸多形式或明显或隐秘地存在于城市社区党建的方方面面，深刻地影响着城市社区的自治发展、群团协作、资源整合和资源协同。

第三节　党建的“悬浮化”状况影响城市社区治理质量转型

传统上城市社区党建的“悬浮化”状况是影响党建引领社区治理的根源之一，它在一定程度上阻碍了城市社区治理质量的提升。所谓党建“悬浮化”，简单来说就是指城市社区党建脱离社区治理空间，处于相对独立运行的状态。从党建引领社区治理的角度来看，“悬浮化”状态表明党建实践没有成功下沉嵌入社区，并在一定程度上存在行政化“空转”的问题。换言之，尽管社区党组织的日常工作依然繁重，但是对社区治理转型和质量提升并没有发挥应有的积极效用。

在单位体制党建时期，以行政化运作方式开展党建活动是当时基层党建的规范形式，能够切实服务于“单位”管理。但是随着单位体制解体以及社会自由度提升，城市基层社会治理逐渐脱离单位体制的控制和管理，获得了更多的自主性。在这个过程中“社会日益呈现流动化、多元化、碎片化的状态”[①]，而在这种“高度开放、流动的新型社会背景下，传统基层治理网络的‘盲区’愈发显著”[②]。可以说，这些“盲区”的出现实际上指出城市社区党建的传统控制模式已经越来越无法应对日益复杂的社会治理。换言之，常规的党建工作越来越趋于“悬浮化”，影响社区党建与城市社区治理的嵌合。总的来说，城市社区党建的“悬浮化”主要表现在党建工作“文牍化”、党建落实“形式化”和党建评价“政绩化”等方面，其造成的直接影响是城市社区群众工作空间被压缩，党建与社区党群共同体相对疏离，并且群众对党建工作的评价没有发挥更重要的影响作用。最终，这些问题共同影响着城市社区治理质量的提升。

一、党建推进文牍化压缩城市社区群众工作空间

城市社区党建推进的“文牍化”作为党建“悬浮化”的表现形式之一，本质上仍然与党组织的垂直化结构、封闭化管理、行政化运行等特征有着内在关联。“文牍化”的具体表现实际上是一些带有行政化色彩的形式主义工作。例如，在执行上级政策指令时，过度依赖会议传达和文件落实等方式。这些工作方式实际上将社区党建工作视为一般意义上的行政工作，如基层政府通过各种文件、会议来理解和传达上级政府的政策指令。然而，城市社区党组织毕竟不同于政府组织，而是具有社会性的群众组织，与群众关系密切。“文牍化”的党建推进形式将社区党组织混同于政府组织，造成了社区党组织在工作方式方面的过度行政化和形式化。有学者指出：“实践中往往存在把社区居委会当作政府的延伸，把党组织混同于居委会，二者承担了太多的政府职能，成为了政府及部门工作的承受层、操作层、落实层，工作不堪重负，疲于应付。”[③]这也使得城市社区党组织将大量精力和时间花费在“文牍化”的党建工作中。

一是党建工作目标以传达上级政策指令为主。由于城市社区党建具有科层化特征，党组织不自觉地将自身作为传达上级政令的执行主体，认为党建工作的重心是下达上级的任务。这一定程度上与党建引领社区治理的规范内涵不相符合。党建引领社区治理是要求党组织的日常工作重心下沉到社区治理的具体实践中，要以社区群众的需求为目标导向，推进党建工作。但是以传达、

① 陈亮、李元：《去“悬浮化”与有效治理：新时期党建引领基层社会治理的创新逻辑与类型学分析》，《探索》2018 年第 6 期。

② 李友梅、汪丹等：《改善民生　创新治理：社会发展活力的源泉》，上海人民出版社 2014 年版，第 134 页。

③ 周多刚、马宜生：《城市社区党建的发展趋势与机制创新》，天津人民出版社 2014 年版，第 97 页。

执行上级政令为主要内容的党建工作模式，往往偏向行政化的工作方式，相对而言比较单调、机械，并且距离群众生活较远，难以让社区党建工作扎根于群众生活，做到“想群众之所想，做群众之所需”。

二是党建工作内容以召开会议、学习文件精神为主。“文牍化”党建工作模式除了以传达、执行上级任务为主要目标，党建工作的具体开展也主要依赖会议形式进行落实。虽然召开会议可以高效地传达上级政策精神，帮助具体执行工作任务的党员干部从思想上更加了解上级的精神，但问题在于有些社区党组织直接将“会议开展”作为执行上级政策指令，完成党建工作的主要工作内容。在这个意义上，社区党建实际上具有脱离社区治理实践的“形式主义”特征。

三是党建工作以“工作留痕”证实工作开展。“文牍化”党建的另一问题是注重形式化的“工作留痕”，也就是将党建工作以各种文件、记录等载体作为工作开展的“痕迹”证明。这一方面便于上级对党建工作的评估，另一方面则是以“文牍化”的工作开展来完成上级交付的工作任务。这种“留痕”的党建工作与上述党建工作偏重执行上级政令和会议落实的工作内容相互关联，共同塑造了城市社区党建“文牍化”的工作模式。

显然，如果传统的“文牍化”党建工作方式持续推进，必然会影响党建引领社区治理的实际建设。现代城市社区治理追求的一个重要目标是实现城市社区自治，即在社区党组织的引领下动员更多的社区群众参与社区自治工作。单位体制党建时期，由于整个城市社会基本被行政化的管理体制吸纳，单位中并没有多少公共空间和公共事务需要社区群众参与，甚至可以说单位体制党建时期并不需要社区群众参与单位管理。但是当前城市社区治理不同于传统的单位体制党建和单位体制管理，社区群众参与社区治理具有十分重要的现实意义和作用，需要社区党组织在党建活动中有意识地为社区群众创设更多的参与空间和机会。但是城市社区党建的“文牍化”在一定程度上压缩了社区群众参与社区治理的空间。

首先，以传达上级政令为主要目标的党建工作不利于社区群众参与。党组织自中央至基层形成严密的组织体系，政策执行遵循自上而下的层级传达，各级党组织在传达执行中各安其位。这一过程几乎不需要组织体系之外的人员参与其中。因此，对于城市社区党组织而言，如果将党建工作仅仅限定在传达执行上级政策指令方面，那么社区群众就会失去很多参与党建工作的机会和可能性。特别是在当前城市社区自治空间并不发达的背景下，参与社区治理机会较少的社区群众，很可能被传统社区党建“文牍化”的工作方式进一步压缩参与空间。

其次，党建工作“留痕”在一定程度上抑制了社区群众的参与积极性。从党建工作的具体内容来看，会议化、留痕化是当前较为普遍的现象。尽管这种党建工作形式会让一部分社区群众参与到会议中，但是这种参与也仅限于出席会议，并将社区群众的“在场”视为一种“准自治工作”的“痕迹”。至于在参与过程中社区群众获得的参与感是否足以激发其持续的参与热情则大可质疑。实际上，对于社区群众来说，当从这种参与形式中得不到参与感、获得感时，就很可能逐渐丧失参与热情。

最后，“文牍化”的党建工作未能充分发掘党组织在社区治理中的运行空间。城市社区党组织囿于单位体制党建传统影响，大部分工作内容都集中在党组织内的行政性工作，从而造成党建的“悬浮化”现状。而这些“悬浮化”的党建工作一方面很少需要社区群众参与，另一方面也使得党建与社区治理陷于“脱嵌”的状态。从长期来看，党建工作者会形成了“悬浮化”的工作方式，对于上级政策任务的贯彻落实，更倾向于以党内组织的会议形式进行传达落实。这种本质上属于形式主义的党建工作模式实际上限定了党建工作的开展范围和可能空间。特别是当需要适应“党建引领社区治理”的发展要求时，“文牍化”“形式主义”“留痕”等工作形式往往会阻滞党建下沉社区治理的步伐，使得社区党建不能在引领社区治理的实践中迅速完成自身转型，推动社区治理发展。

总之，党建推进的“文牍化”压缩了社区群众在党建与社区治理实践中的参与空间，对社区党建的下沉转型和社区自治发展造成了一定阻碍。

二、党建落实形式化疏离城市社区党群共同体

党建落实“形式化”也是城市社区党建工作“悬浮化”的具体表现，主要指党建落实偏离“党建引领社区治理”的内在要求，从而影响党建与社区治理的转型发展。就本质而言，“文牍化”党建就是一种形式化党建。在“形式化”党建实践中，社区治理与党建无法形成有效的嵌合关系，因为社区党组织将党建工作限定在党组织内部，从而不能与社区党群共同体建立链接，达到相辅相成、相互促进的效果。具体来说，当前城市社区党建落实“形式化”及其对党群共同体的疏离主要体现在以下几个方面。

第一，城市社区党建工作的落实缺少与社区党群共同体成员的互动合作。在党建“悬浮化”的现状下，社区党组织在社区治理中的日常活动开展和党建工作推进偏重于党内运行，工作主体主要依赖党员干部。例如，传统社区党建工作基本都是从党内组织部门调整、党员干部队伍建设、党内工作考评等几个方面着手。这些工作的关涉主体基本限于党内成员，很少涉及党组织之外的党群

团体、社区群众。具体来说，首先，党组织内的部门调整主要是通过精简或增设相关部门来提高党内组织运行效率。这类组织调整工作很难与社区群众、党群团体产生直接联系，党建的"形式化"程度较高。其次，党员干部队伍建设对于社区党建而言是十分重要的工作内容，特别是现代社区治理需要党员干部在思想上、专业上以及工作开展的方式方法上要有充分的认知和了解，但是培训工作往往集中在理论、思想等方面，很难与社区治理的具体实践产生直接联系。并且培训的对象也主要是党员干部而不是广大的普通成员。最后，对党内工作的考评，虽然在一定程度上涉及社区群众和党群团体，但是他们的建议在考核中权重相对较低。由此可见，当前城市社区党建的主要工作内容基本都难以与社区群众建立有效的联系和协同合作，呈现出党建的"形式化"特征。

第二，党建在社区党群团体中的"活动开展"没有构建起有效的关系。党建活动的开展是链接城市社区党组织与社区党群团体的核心纽带。社区党建活动的性质决定着党建与党群团体的有机结合程度。随着"党建引领社区治理"的发展，党建逐渐下沉社区并且初步形成了党组织在城市社区中的组织覆盖。党员干部以"组织嵌入"的方式进入社区群众团体，构建起诸多"党群共同体"。然而，从党建与党群共同体的实践互动来看，城市社区党建仍然具有一定程度的"形式化"特性。在党建引领下多元治理主体开展了一系列"党建＋社区治理"的实践活动，但"这一现象，表面上看是多元主体共同探索的结果，实际上是党政主导下行政吸纳社会力量的'动员式参与''非均衡式参与'，社会力量的参与积极性和参与度还相对较低"[①]。因此，尽管社区党组织通过主动开展党建活动，扩大了党组织在社区群团组织中的覆盖面，构建了"党群共同体"，但是由于这种主动嵌入是一种基于权力主导的自上而下的硬性嵌入，因而在一定程度上并不能有效动员党群共同体主动、自发地参与社区治理。在这个意义上，城市社区党组织与党群团体的"活动开展"没有构建起有效的关系。

第三，社区党组织与党群共同体不能维持长久的链接关系。在党和政府共同推进"党建引领社区治理"的背景下，社区党组织开展了一些实质性的党建活动，党群共同体在其中发挥一定作用。只是这些活动仅仅是在上级要求下开展的"象征性"活动，而不是由党组织和党群共同体自主发起的党建活动。长期来看，这种被动性的、缺乏内驱力的党建具有较大的"形式化"特征。在这个意义上，这种形式化的党建一方面不能建立起党建与社区党群团体的良性互动，另

① 陈亮、李元：《去"悬浮化"与有效治理：新时期党建引领基层社会治理的创新逻辑与类型学分析》，《探索》2018 年第 6 期。

一方面还可能逐渐疏离党群共同体,因为在缺少持久的实践互动的情况下,党群共同体与社区党建的联系会逐渐淡化。

总之,在传统党建的“形式化”影响下,尽管社区党组织与社区群众团体建立起了党群关系,但是该“关系”能否长期维系并且实现党建引领社区治理的高质量转型,与社区党建能否跳出“形式化”密切相关。

三、党建评价政绩化忽视城市社区群众参与

无论是改革开放前的单位体制党建还是改革开放以来的城市社区党建,如何评价党建的实际效果都是一个不可忽视的问题。长期以来,对基层党组织工作的考核、评价工作基本是由上级党组织承担,这与我国自上而下的科层化党组织体系相匹配。上级对下级的考核、评价往往决定了下级工作的政绩,并继而决定对下级党员干部的奖惩。简言之,党建工作是各级党建执行人员政绩内容的核心部分,并且这种党建评价自单位体制党建时期延续至今。不同之处在于,改革开放前,党建的政绩评价主体较为单一,一般由上级党组织对下级党组织进行考核,“单位”中的职工群众对于党员干部的考核则缺少足够的话语权。

改革开放以来,随着单位体制解体和城市社区治理的兴起,城市社区党建越来越与社区治理相融合。党和国家也十分希望现代社区治理中的党组织能够建立与社区群众的“鱼水关系”,增强中国共产党在基层的社会性和权威性,切实做到“从群众中来到群众中去”。由此,在党建评价中也就越来越意识到群众参与评价的重要性。尽管在思想意识上开始重视社区群众的意见建议,但是长久以来党建评价的“政绩化”传统仍然在很大程度上忽视了社区群众的参与。

首先,在城市社区党建“悬浮化”状况下,由于许多党建实践并未涉及社区群众,因此社区群众普遍缺少参与党建评价的机会。城市社区党组织下沉到社区后,鉴于对党建传统的路径依赖,社区党建对某些特定的社区治理活动具有更大的倾向性。例如,对上级下达的政治任务及其相关活动往往更加积极主动,因为这直接关系到上级对其党建工作的评价。但是对于许多涉及广大社区群众参与的社区活动,如文体活动、公益活动等,社区党组织则相对缺乏热情。在此背景下,党组织与社区群众缺乏足够的互动。这对于广大社区群众而言,一方面由于没有直接参与相关的社区党建实践,从而无法对党建工作进行评价;另一方面,由于党建实践与他们的利益关联度较低,因此对党建评价的积极性也较低。最终,在社区党建评价中自然缺少了社区群众的参与。

其次,城市社区党建评价体系的设计缺少社区群众参与评价的专门渠道。将社区群众的评价意见纳入党建工作评价体系,需要为其建立切实可行的参与

渠道。但在现实实践中，群众对于社区党建的看法、意见或建议并没有常态化的渠道进行表达。尽管在特定的党建评价阶段，相关考核人员会选择一部分社区群众对党建工作提出意见或建议，但是这种方式具有较大的随意性和偶然性，没有为社区中广大的群众团体提供平等参与、常态参与的机会。在此意义上，参与渠道的不完善实际上限制了社区群众对社区党建工作评价的话语权。另外，由于参与评价的社区群众相对较少，在一定程度上降低了群众评价的客观性、科学性和有效性，从而不能为社区党建的政绩评价提供有意义的参考。

最后，在城市社区党建评价体系中社区群众的评价、意见和建议的权重偏低。因为参与机会不足、参与渠道不完善，即使有一部分社区群众确实对社区党建做出了评价，但是由于这些评价在政绩化的评价体系中占有的权重较低，并不能对社区党建工作的进一步改进产生实质性影响。特别是社区群众对社区党建的负面评价很难被纳入考评体系中。因为社区党建的政绩考核结果关系到基层党员干部的升迁、绩效、奖惩，关系到他们的切身利益，因此在考核实践中，来自社区群众的意见或建议往往是正面的积极的容易被采用，而负面的消极的意见评价则不被重视甚至会被刻意忽略。在此背景下，城市社区党建的政绩考核评价体系无论是在客观上还是在社区党组织的主观意愿上，都存在忽视城市社区群众参与的问题。而以满足群众需求、推进城市社区治理体系现代化转型为目标的社区党建，在没有纳入社区群众参与的前提下也很难达到预期目标。

综上所述，传统城市社区党建存在诸多问题。首先，受科层化惯性影响，城市社区党组织作为社区治理主体的认知有待明确；其次，单位体制传统也在一定程度上影响着社区党组织对治理资源的整合功能；最后，党建“悬浮化”使城市社区治理质量转型处于相对滞后的状态。针对于此，党的十八大以来，从党对城市社区党建的战略部署到城市社区党建的基层实践，均对传统城市社区党建的困境进行了有效回应。通过持续创新城市社区党建组织体系、工作机制、资源支持与功能整合，新时代城市社区党建将逐渐突破传统党建的桎梏，提高党建工作质量，增强党建引领社区治理的效能。

第四章 新时代城市社区党建组织体系的创新形态

党的基层组织是确保党的路线方针政策和决策部署贯彻落实的基础。党的十九大报告提出:“要以提升组织力为重点,突出政治功能,把企业、农村、机关、学校、科研院所、街道社区、社会组织等基层党组织建设成为宣传党的主张、贯彻党的决定、领导基层治理、团结动员群众、推动改革发展的坚强战斗堡垒。”[①]新时代以来,城市社区探索党建组织体系创新,为扩大基层党组织覆盖面、提升党建工作质量奠定坚实的组织基础。其中,在横向层面,城市社区创新区域化党建组织体系,打破了城市社区不同领域的党建合作壁垒,以联席决策机制实现区域化党建资源整合,以推进服务共治为目标推动区域化党建工作协调;在纵向层面,城市社区创新联动式党建层级结构,在城市党建主体架构上建立四级联动体系,推动多层级多部门党建职能对接,并通过双向评议等机制促进党建责任落实;在社区网格化层面,城市社区创新精细化党建网格系统,与城市网格化治理相融合,建立网格化党建工作体系,提升网格化党建质量,引领构建共建共治共享的城市社区治理新格局。

第一节 城市社区区域化党建组织形态创新

城市社区治理是社区党组织、社区群众性自治组织、市场组织、社会组织以及社区居民等治理主体以合作方式解决社区治理问题的过程。创新城市社区区域化党建组织形态,以区域化党建联建为切入点,扩大基层党组织在社区、市场组织以及社会组织中的覆盖面,凝聚城市社区不同领域党建主体优势,是有

---

① 习近平:《决胜全面建成小康社会 夺取新时代中国特色社会主义伟大胜利——在中国共产党第十九次全国代表大会上的报告》,人民出版社2017年版,第65页。

效组织动员社区治理主体资源、凝聚社区治理主体优势、建立社区治理主体合作关系的根本前提。

一、基于合作治理的区域化党组织共建

随着市场经济蓬勃发展，新时代中国基层社会呈现自主化与个体化相融合的发展趋势。社区自治即在党的领导下实现社区居民自我教育、自我管理、自我服务和自我约束，是新时代社区发展的基本方向，任何有关社区的制度设计都不能违背这一基本原则。因此，城市社区党建也应在自治的范围内寻找一定的空间去扩大自身影响，基于合作治理的区域性党组织共建作为社区党建的新探索，也是在城市社区治理的目标导向中，通过连接各驻区单位、党组织与个人，促进各方的沟通与联系，推动城市社区治理有序迈向新阶段。

区域化党建以党组织合作共建为纽带，规范党建流程。合作能够形成的最大原因主要在于区域化党建协议内容的恰适性。城市社区党组织在了解各驻区单位的详细情况之后，应确定可签约单位，并召开协商会议，商讨和明确合作协议的精神与内容。合作协议的提出基于签订双方的利益共同关注点，同时签订双方可以自主选择是否签订协议。在城市社区党建的实践中，协议内容很多都以社区服务为切入点，能够准确找到社区党组织与驻区单位的利益契合点，双方都能积极互动与反馈，推进党建工作平稳运行。

以服务项目为合作形式。区域化党建中党建主体的合作形式通常体现为"菜单"模式，首先由社区党组织列出包括生态保护、志愿公益等服务项目，与社区党组织合作的驻区单位结合自身优势与特点，从中选取适合自身的服务项目，实现双向互动。湖南省长沙市开福区王家垅社区便以契约形式固化双方互助关系，结合驻区单位实际情况，通过"一联"（联席会议）"三双"（双方服务、双向监督、双向评价）"五共"（社区自治事务共管、社会治安共防、公益事业共办、精神文明共创）的工作模式，实现了社区党组织和辖区单位党组织、社区党员和单位在职党员的融合互动。[①] 陕西省西安市高陵区全区 76 个区级部门 216 个基层党支部与 17 个社区 249 个居民小区签订"结对包联"协议，在学习教育、社区治理、服务群众等方面共建共治共享。[②] 甘肃省酒泉市有 21 个城市社区与 154 个共建单位全覆盖签订共建协议，与 109 个共建单位签订"契约化"共建备

① 参见《长沙市开福区王家垅社区："党建联盟" 激发区域化党建新活力》，2018 年 9 月 10 日，http://www.hxw.gov.cn/content/2018/09/10/4118757.html。

② 参见《高陵区"三网融合"提升党建引领城市基层治理水平》，2020 年 6 月 10 日，http://www.sxdj.gov.cn/a/csdj/20200610/27565.shtml。

忘录。在此基础上，社区与共建单位协商制定资源清单、需求清单、项目清单，深度挖掘党建共建契合点，在政策宣传、环境卫生、访贫帮困等方面开展共建活动，充分激活区域化党建效能。①

以自律机制为合作底线。守约是合作协议的底线。城市社区党组织根据协议内容有序开展党建活动，并分派各单位各阶段的任务目标。它们之间的合作蕴含着守约的自律机制，它意味着双方同时对某一方面的内容达成了共识，并必须在某个范围内完成这些任务，达成对方对自身的期望。因此，双方的合作更多起到的是行为推动作用，促使其主动完成共治服务的目标任务，也能实现双方共同利益。湖南省吉首市推行“五进小区”城市基层治理模式，通过积极推动机关事业单位与社区开展契约式的一对一或多对一共建行动，30 名州市级领导、100 个州市直单位组团服务 29 个城市社区，开展共建共治，并倡导小区制定文明公约，评选了一批美丽小区、最美家庭、最美婆媳、最美邻居等典型。② 广西壮族自治区贵港市全面推进小区党建“红色一家”工程建设，紧紧围绕“我们都是一家人”理念，组建小区各类党群服务队，开展正能一家、管服一家、互助一家、平安一家、健康一家、和谐一家“六个一家”活动。“红色一家”在社区党组织的引领下，整合社区业委会、监委会、物业企业、社会组织，社区居民合作参与社区治理，形成“党员同管、活动联办、资源共享的小区共治工作格局”③。甘肃省兰州市城关区酒泉路街道畅家巷社区与辖区 26 个单位党组织开展区域化共建，打造了以“畅学共议、畅翔少年、畅谈客厅、畅行公益”为主要内容的“畅享社区”服务品牌，有效解决了小区停车、课后托管、健身娱乐、矛盾调处等民生难题，深受群众欢迎。④

以他律机制为合作支点。除了自律机制，履行合作协议还需他律机制的加持。通过党组织内部以及社会方面的监督舆论将压力转移给合作双方，不仅能够防止出现违背合作协议的情况，也能将主体行为纳入责任标准之中，在设限的框架内实现社区共治服务。在确定的具体时间内履行契约之后，也需召开议

---

① 参见《肃州区：全面推行“契约化共建”助力城市党建提质增效》，2020 年 5 月 27 日，https://www.gsdj.gov.cn/detialsMain.html? title=urbanCommunity&nodeId=127&childNodeId=115& nodeIdFlag=39751&state=1。

② 参见《湖南吉首 “五进小区”解城市治理难题》，2020 年 5 月 11 日，http://www.hxw.gov.cn/content/2020/05/11/11949896.html。

③ 《贵港重磅推出小区党建“红色一家”》，2018 年 5 月 2 日，http://www.bgxf.gov.cn/staticpages/20180502/newgx5ae90ec1-11533.shtml。

④ 参见《兰州市城市基层党建工作纪实》，2019 年 8 月 5 日，https://www.gsdj.gov.cn/detialsMain.html? title=urbanCommunity&nodeId=127&childNodeId=115&nodeIdFlag=4080&state=1。

事协商会议，交流合作双方各自的工作情况，并适当进行奖励与评优。贵州省清镇市百花社区的驻区单位在与社区党组织签订双向服务协议后，自觉接受社区共治委员会的指导、协调与监督，积极参与综治平安、文明创建、市容环境、群防群治、安全生产等服务群众的工作。[①] 青海省西宁市推进以自愿协商、"菜单式"服务、"契约化"管理为基本内容的区域化党建共建工作，推动城市基层党建条块结合、统筹联动、共建共享。规范五个流程，通过"谈约、签约、亮约、履约、评约"五个步骤有序开展区域化党建共建，凝聚辖区共建合力，着力解决了各领域党建"各自为政""各抓各的"问题。[②]

二、基于联席决策的区域化党建制度整合

联席决策是推动区域化党建有效运转的主要工作机制之一，是"构建区域统筹、条块协同"的社区党建工作新格局的重要抓手。以联席决策为基础，统筹城市社区区域化党建资源共享与党建主体协商交流，有利于打破城市基层党建的条块分割壁垒，形成党建工作合力。新时代以来，基于联席决策的区域化党建制度建设主要体现为平台建设、项目建设以及机制建设。

平台建设通常以区域党建联席会议为抓手，实行成员单位体制，吸纳各驻区单位党组织。联席决策会议的主要工作职责有四：一是贯彻落实中央政策决策，确定社区党建的整体方向与思路；二是针对区域内的党建与治理问题协商并形成解决方案；三是及时交流工作经验，推动工作进一步开展；四是整合资源，形成优势互补的党建工作新局面。职责的实现必定有制度的支撑，联席决策会议制度应依据各驻区单位的主要职责，结合各部门的工作性质与要求来制定，由联席会议单位与各职能部门共同推进。湖南省长沙市岳麓区制定了《岳麓区区域化党建联席会议工作章程（试行）》，从工作目标、工作任务、成员单位、组织机构、附则五个方面明确了各方权利和义务，确保联席会议规范运行、发挥作用、取得实效。同时，通过每年召开两次联席会议、每个季度召开一次联络员会，共同研究区域化党建工作，及时收集党建共建项目的推进情况，及时解决存在的问题，推动区域内各类组织进行常态化沟通交流。[③] 湖南省长沙市开福区

---

① 参见冉梦丹：《清镇市百花社区"三个坚持"助推城市基层党建》，2018年8月1日，https://www.gzzzb.gov.cn/cmsFront/contentFront/105000/11201030/1533109023463007.htm。

② 参见施翔：《城东区"三化"推进党建引领社会治理》，2020年3月25日，http://www.qhsdj.gov.cn/html/jcdj/20200325/20025.html。

③ 参见《长沙市岳麓区"区街社"三级联动　打造城市基层党建升级版》，2018年7月27日，http://www.hxw.gov.cn/content/2018/07/27/4001147.html。

洪山桥社区由藏珑小区党支部牵头组织，物业公司党员代表、小区居民代表共同参与的党群联席会议制度，商议小区提质改造、党群服务阵地建设等小区建设方面的重大问题5次，协调解决小区住改商噪音扰民事件等纠纷4起，有效化解业主与物业公司之间的矛盾3起，居民群众对社区和物业公司的认同感和满意度大幅提升。[①] 广东省佛山禅城区通过党群工作联席会议、区域化党建每周例会、区域化党建微信群等工作机制，统筹组织、社工、民政、工会、青年团、妇联、镇街等工作力量，党群互动，上下联动，共同推进区域化党建工作。针对禅城区实际情况，着重抓好“架构、制度、平台”三要素建设。[②] 广东省深圳市龙华区在联席会商的共治框架下，创新推出“三事分流”工作法，提升居民自治能力。社区党委牵头搭建共建议事空间，把每月最后一个星期日定为社区居民议事日，收集居民议题，将其分为“大事、小事、私事”3大项48小项，实现了“大事”党委主导快办、“小事”基层协商共办、“私事”互相支持帮办。[③] 广西壮族自治区柳州市推行联席会议主席“轮职”制，2018年各级党政机关、企事业单位、“两新”组织共召开区域化党建联席会议108场次，形成横向互动、资源共享的“聚合”态势。[④]

项目建设通常以项目化方式为推进力量，通过联席决策会议的双向交流与沟通，推动共建项目与会议成员单位需求的能紧密结合，一方面有利于各单位突破自身工作局限，扩展自身资源整合与共享的能力与机会；另一方面以需求为导向的项目申报推动各方为解决共同问题而努力。项目申报通过之后，会议成员单位根据自身发展规划，与其他单位交流协商，统筹安排项目推进进度。例如，甘肃省白银市白银区深化“大工委”“大党委”联席协调机制落实，建立党建“双向”工作机制，签订共驻共建“契约”，制定资源清单、需求清单、项目清单120多份，强化“六联建设”，着力解决区域热点难点问题，全面推进区域化党建工作。[⑤] 湖南省长沙市岳麓区把联席会议作为推进区域化党建的重要抓手，为

---

① 参见《长沙市开福区洪山桥社区：构建“党建＋小区治理”新模式》，2018年8月22日，http://www.hxw.gov.cn/content/2018/08/22/4064951.html。

② 参见《广东佛山禅城区：探索实践区域化党建　引领基层治理创新》，2016年8月31日，http://dangjian.people.com.cn/n1/2016/0831/c406978-28681000.html。

③ 参见《打造基层党建先进区的“龙华探索”》，2019年10月24日，http://ilonghua.sznews.com/content/2019-10/24/content_22569299.htm。

④ 参见《柳州：探索党建引领基层治理有效路径　持续夯实党在城市的执政根基》，2019年3月20日，http://www.bgxf.gov.cn/staticpages/20190320/newgx5c91aa9f-13961.shtml。

⑤ 参见《党旗如画映铜城——白银区加强城市基层党建工作纪实》，2019年8月13日，https://www.gsdj.gov.cn/detialsMain.html?title=urbanCommunity&nodeId=127&childNodeId=115&nodeIdFlag=4275&state=1。

城市基层党建划定重点、找准方向，通过组织联建、资源共享、实事共办，积极将辖区内各类党组织吸收为成员单位。当前区级联席会精心挑选了12家具有代表性的单位党组织作为联席会议成员单位，聚焦党建领域，选择了53个区域化党建项目，通过以党建项目为抓手，推动各成员单位在互联互通、共驻共建中打造区域化党建共同体。其中，联席会议办公室时刻关注项目推进的实时动态，并对其执行情况进行督促考核。[①] 甘肃省张掖市高台县建立健全区域化党建联席会议、部门单位轮值、兼职委员及社区服务日等制度，切实将共商、共建、共治、共享的理念融入城市基层党建工作；同时，也建立了社区和联盟成员单位履职履约双向评价、双向考核机制，实现了社区与联盟成员单位党建共抓、党员共管、事务共担。除此之外，如果成员单位遇上资源不足等临时性问题，联席会议办公室也会及时整合资源，积极帮助其推进项目工作的完成。[②]

机制建设通常以会议运作与资源共享为着力点。在会议运作机制上，联席决策会议成员单位会定期召开相应会议，并依次履行自身工作职责，在相互研讨交流过程中创新自身能力。甘肃省平凉市庄浪县制定出台《庄浪县贯彻落实省委〈关于全面加强和改进城市基层党的建设工作的实施意见〉责任清单》和《庄浪县城市基层党建工作联席会议制度》，构建区域统筹、条块协同、上下联动、共建共享的城市区域化党建工作机制。[③] 在资源共享机制上，社区党组织在区域化党建中主要起到信息发布与资源调配的功能，各驻区单位作为平等主体有相同的资源共享能力，在信息对接与资源整合的过程中弥补各自的缺陷，从而推动各单位协同发展。湖南省长沙市天心区通过先锋街道党(工)委牵头，工商、财税等多个部门共同参与，建立商圈党建联席会议平台，交流党建工作经验，商讨商圈发展以及辖区内社会事务协商管理等工作，共同促进商圈经济繁荣，增强商圈党建的工作合力。[④] 广东省佛山三水区通过区域党建联席会议精准把握各类党组织能够提供的资源与需要解决的需求，并由社区党组织统筹整

---

① 参见《长沙市岳麓区"区街社"三级联动　打造城市基层党建升级版》，2018年7月27日，http://www.hxw.gov.cn/content/2018/07/27/4001147.html。

② 参见《高台县：党建联盟　服务连心——创建全国城市基层党建示范县纪实》，2019年8月1日，https://www.gsdj.gov.cn/detialsMain.html? title = urbanCommunity&nodeId = 127&childNodeId = 115&nodeIdFlag=4029&state=1。

③ 参见《庄浪县：不断强化"四个融合"　全面提升城市基层党建工作水平》，2020年5月26日，https://www.gsdj.gov.cn/detialsMain.html? title = urbanCommunity&nodeId = 127&childNodeId = 115&nodeIdFlag=39476&state=1。

④ 参见《长沙市天心区：打造长株潭商圈党建联盟　引领社会治理创新》，2018年2月27日，http://www.hxw.gov.cn/content/2018/02/27/3300353.html。

合,在精准对接资源清单和需求清单的基础上制定具体的服务项目。①

联席决策只是实现共治的平台之一,社区党建还有其他可以实现共治的平台,比如社区代表会议。二者最主要的区别在于参与主体的不一致,前者是党内决策,后者是党内外决策,二者的功能也有所交叉,因此二者可以适当地整合自身功能,通过联席决策决定的方案多多听取人民群众的意见后再做执行。广东省深圳南山桃源街道通过召开“三区融合”联席会议,形成三区互益共生基层治理新格局,即以街道党(工)委为轴心,横向推进“三区融合”联席会议和社区党群联席会议,纵向推进街道“三区融合”智库、社区“社会治理”智库建设,并制定“三区融合”需求清单、资源清单、项目清单等。②

区域联席决策制度虽然赋予了驻区单位一定的权限,并为驻区单位及党员提供激励性动力,但这种动力也并非内在动力,而更多体现为外在的约束与强制。因此,在社区党组织与驻区单位党组织进行联席决策时,其决策回应的不仅是让驻区单位对接社区的需求,社区更需要对接驻区单位的需求,只有这样才能形成需求双向平衡的局面。

三、基于共治服务的区域化党建目标协调

党的十九大报告指出,中国特色社会主义进入新时代,我国社会主要矛盾已经由“人民日益增长的物质文化需要同落后的社会生产之间的矛盾”转变为“人民日益增长的美好生活需要和不平衡不充分的发展之间的矛盾”③。因此,只有提高保障和改善民生水平,加强和创新社会治理,“打造共建共治共享的社会治理格局”,才能“使人民获得感、幸福感、安全感更加充实、更有保障、更可持续”。④ 新时代社会治理格局的“共治”的核心要义是指:在我国社会已进入高度复杂且发展风险全面存在的急速变革时期的情况下,各方社会力量发挥自身作用,重新配置中国社会治理的治权,构建多元主体共同参与社会治理的体制机

① 参见《广东佛山三水区 “三单”管理对接资源需求》,2019 年 9 月 2 日,http://www.zuzhirenshi.com/dianzibao/2019-09-02/5/90c30d35-b663-45cb-b35e-59ead8a4919d.htm。

② 参见《深圳南山桃源街道:党建引领“三区融合”发展》,2019 年 11 月 27 日,http://epaper.southcn.com/nfdaily/html/2019-11/27/content_7834875.htm。

③ 习近平:《决胜全面建成小康社会 夺取新时代中国特色社会主义伟大胜利——在中国共产党第十九次全国代表大会上的报告》,人民出版社 2017 年版,第 11 页。

④ 习近平:《决胜全面建成小康社会 夺取新时代中国特色社会主义伟大胜利——在中国共产党第十九次全国代表大会上的报告》,人民出版社 2017 年版,第 45 页。

制。[①] 城市社区共治实质上是在社区党组织的引领下搭建多主体协商交流的平台，推动各主体积极参与社区治理相关事务，增强其社会责任感，协调社区整体利益与主体自我利益，最终实现社区公共利益最大化。

区域化党组织共建与区域化党建制度整合侧重区域内各主体的协调联动，通过打破城市社区党组织以及辖区单位党建的共建壁垒，加强实现党与人民群众的联系，从而巩固执政基础。而关于共治服务的党建目标更偏向于党建引领城市社区治理的角度，这是城市社区基层党建的目标指向，旨在通过党的政治与组织优势激活社会资源，动员驻区单位与社区党员的力量，强化社区党组织在社区治理中的功能与作用，为推进基层社会治理体系和治理能力现代化提供强大保障。只有不断创新城市基层党组织的组织体系，扩大资源共享能力，才能提高社会共识，激发社会活力，推动社会各主体共同治理。

以党建引领为共治前提。在城市社区治理中，应全面落实城市社区党组织的主体责任，加强党组织对社区治理的统筹规划，理清其职责权限，形成社会共治服务的治理责任链条。在实现共治服务这一目标的过程中，必须始终坚持党对一切工作的领导，在党组织的领导下构建多元共治、全社会积极参与的基层治理新体系，充分发挥各主体的活力与作用。充分发挥党在社会治理中的引领作用主要有三个方面：一是发挥党组织在社区治理中统领者的作用，总揽全局、协调各方；二是各主体需在党组织的领导下开展各项工作，为共治服务提供指引方向；三是强化党组织内部建设，充分发挥先锋模范作用；四是加强党员干部队伍建设，提高共治服务能力。湖南省长沙市雨花区圭塘街道着力构建“党建引领、多方共治”小区治理格局，并明确小区党支部牵头抓总的工作职责，按照物业管理章程，围绕小区建设管理目标，为居民提供优质服务。小区物业公司也设立党员先锋岗，党员“定岗定责”，认领服务和监督岗位。[②] 贵州省贵阳市南明区中南社区着力构建以社区党委为核心，驻区单位、非公有制经济组织和新社会组织以及居民群众共同参与的“一核多元”治理体系，成立“社区共治委员会”，实现基层党组织的全覆盖和社会治理水平的全面提升。[③] 贵州省黔南布依族苗族自治州福泉市大力推进“五方共治”，在党支部引领下，充分发挥小区党

---

① 参见陆莹：《论党的十九大关于加强和创新社会治理的新思想、新举措》，《桂海论丛》2018 年第 3 期。

② 参见《长沙市雨花区圭塘街道：“四化模式”全面提升小区治理水平》，2018 年 7 月 4 日，http://www.hxw.gov.cn/content/2018/07/04/3901020.html。

③ 参见盛濒瑶：《南明区中南社区“共治委员会”成立》，2018 年 1 月 26 日，https://www.gzzzb.gov.cn/cmsFront/contentFront/105000/11201030/1516951222903005.htm。

支部在内部治理中的作用，旗帜鲜明地加强对业委会、业主监督委员会的组建、换届等工作的领导，当党组织推荐的人选通过法定程序进入业委会、业主监督委员会时，实施“小区党组织＋业委会＋物业公司”三方议事决策机制，搭建枢纽型资源平台，将支委会审议作为小区重大事项决策前置条件，巩固党组织在小区自治中的领导地位。①

以群众需求为共治导向。党的十九大报告明确提出社会治理要“坚持人人尽责、人人享有”②。以往的基层治理中存在条块关系固化的情况，存在社区党组织日常工作相对脱离群众的情况，容易造成党组织的悬浮化。共治服务通过将党建职能进一步与社区治理结合，以群众需求为导向，扎根在基层社会第一线，推动各驻区单位各部门共同响应、协同发展、服务群众，让社区党组织真正重视联系服务群众的职能建设。广东省广州市白云区为探索建立党建工作共商共议机制，成立社区共治议事会，集聚各方力量为基层发展出谋划策，由居委负责人牵头，流动党员与社区户籍居民组成的五人以上的社区共治议事会，能够贴近群众，真正为群众考虑。③ 为增强来深建设者认同感、归属感，广东省深圳市清湖社区、桔塘社区试点打造“协同共治之家”，推动外来人口积极参与协商议事、纠纷调处、志愿服务等各类社区治理活动。④ 贵州省贵阳市花溪区明珠社区通过创新实践“一核多元、五力共治”的基层社会治理模式，切实把社区打造成群众安居乐业的温馨家园，有效整合资源、凝聚人心、推动治理。⑤

以多方力量为共治主体。现代化城市社区治理应纳入社会多元主体，或购买公共服务产品，或投招标，让他们能充分表达出各自的利益诉求，充分发挥驻区单位和人民群众的协同作用，并在社区党组织的引领下通过协商实现利益诉求，推进共治社会治理模式的形成。对于各驻区单位，尤其是社会组织而言，应通过一些优惠政策，并大力引导其在国家制度框架内独立、有序发展，积极推动驻区单位提供优质公共服务并参与社区治理建设，在承接一部分政府职能的同

---

① 参见杨进、李西：《福泉：“345”工作法推动小区“微治理”提质增效》，2020 年 5 月 27 日，https://www.gzzzb.gov.cn/cmsFront/contentFront/105000/11201030/1590575432195000.htm。

② 习近平：《决胜全面建成小康社会 夺取新时代中国特色社会主义伟大胜利——在中国共产党第十九次全国代表大会上的报告》，人民出版社 2017 年版，第 45 页。

③ 参见《广州市白云区打出流动党员管理“融合牌” 推动基层治理共建共治共享》，2019 年 7 月 4 日，https://www.gzdj.gov.cn/gzdt/info_14_itemid_31948.html。

④ 参见《打造基层党建先进区的“龙华探索”》，2019 年 10 月 24 日，http://ilonghua.sznews.com/content/2019-10/24/content_22569299.htm。

⑤ 参见詹燕：《党建引领多元参与 共同构建和谐社区——花溪区明珠社区创新基层社会治理模式》，2017 年 8 月 21 日，https://www.gzzzb.gov.cn/cmsFront/contentFront/105000/11201030/1503291578588002.htm。

时能够起到利益表达中介的桥梁作用，加强党组织与人民群众的密切联系。推进社会治理体制机制创新的同时，更注重维护人民群众切身利益，通过创设服务群众阵地空间，为居民提供一站式服务，并运用现代高科技智能手段提高社会治理水平，达到共治服务的目标。湖南省长沙市雨花区东塘街道以“枫邻同心，党群同济，德善同行”为工作理念，搭建了面积达1000平方米的党建活动服务平台，建立了大事共议、要事共商、难事共解机制，进一步深化社区“共治”。①广西壮族自治区贵港市建立了各类组织协商共治的平台，围绕基层党建、社会治理、民生保障、社区公益、文化体育、经济服务等主题，每季度至少开展一次共建共创活动，把管好“自家事”变成干好“大家事”，推动城市各类组织议事有机制、干事有舞台、沟通有桥梁、互助有渠道，形成高效扁平的城市社会治理格局。②

第二节　城市社区联动式党建的层级结构创新

近年来，为进一步打造共建共治共享的社会治理格局，提升基层社会治理体系和治理能力现代化，各级党委不断推进管理、服务、资源下沉。但伴随着工作的深入，出现了城市社区党建权责不明、动力不足、条块不顺等诸多现实问题。针对于此，城市社区可建立联动式党建层级结构。首先，建立四级联动的层级式党建主体架构。这一架构从两方面展开，一是在城市基层党建整体工作布局层面，“市、区、街道、社区党组织四级联动”③；二是在社区内部社区党组织、小区党支部、楼栋党小组、党员住户四级联动。其次，推动多级多部门党建职能同步对接，进一步深化四级联动体系与社区党建的职能对接，实现“党建＋服务项目”的纵向延伸。最后，实施双向评议的责任考核制度，从上下评议、党建主体互相评议、正负评议三个维度入手，考核基层党组织和党员干部工作，评议监督情况与绩效挂钩，改变“干好干坏都一样”的情况，调动基层党建工作积极性。

一、建立四级联动的层级式党建主体架构

建立四级联动党建主体架构是压实政治责任、理顺各级党委权责内容的主

① 参见《长沙市雨花区东塘街道：“红枫家园”聚沙成塔　区域化党建最大化》，2018年10月11日，http://www.hxw.gov.cn/content/2018/10/11/4265017.html。

② 参见龚文颖：《贵港市：党建联盟提升组织力》，2018年6月28日，http://www.bgxf.gov.cn/staticpages/20180628/newgx5b344a7b-11931.shtml。

③ 《关于加强和改进城市基层党的建设工作的意见》，人民出版社2019年版，第7页。

要举措。从城市基层党建整体工作布局层面来说，四级联动体系由市、区、街道、社区党组织按照“线上抓指导引领、面上抓区域整合、点上抓作用发挥”的整体工作思路，横向到边、纵向到底。横向到边，就是党委负责，其他有关部门和行业系统齐抓共管；[①]纵向到底，就是“市委抓好规划指导，协调解决重大问题；区（县、市、旗）委提出思路目标，具体指导推动，发挥‘一线指挥部’作用；街道党（工）委抓好社区党建，统筹协调辖区内各领域党建工作，整合调动各类党建资源，强化‘龙头’带动；社区党组织落实上级党组织部署的各项任务，兜底管理辖区内小微企业和社会组织的党建工作”[②]，以此压实责任，整合纵向力量开展党建工作。从社区党建工作布局层面来看，四级联动体系主要是由社区党组织、小区党支部、楼栋党小组、党员住户四级主体构成，形成了城市社区党建内部的纵向动力体系，有效保证了社区党建工作落实，以及社情民意的倾听与收集。

为进一步落实市、区、街道、社区党组织四级联动体系，广东、甘肃、湖南等地根据《关于加强和改进城市基层党的建设工作的意见》，健全四级组织体系，建立联动制度保障，完善党建工作责任体系，定期开展党建联席会议，推进党组织工作全覆盖。

在健全四级组织体系方面，各地建立“市—区—街道—社区”的四级联动体系，明确各级职责分工，压实政治责任。广东省积极构建市级统筹谋划、区级指导推动、街道具体落实、社区兜底管理的四级联动机制。广东省广州市根据自身情况，创新性建立“市—区—街道—楼宇”四级联动体系，把楼宇党建工作作为城市基层党建的重点领域，明确由街道主抓辖区内商务楼宇党建工作，理顺“市—区—街道—楼宇”各级职责，并将各区抓商务楼宇等新兴领域党建工作情况纳入书记抓基层党建工作述职评议考核内容，构建一贯到底的责任体系，确保政治责任层层压实。不同于以上地区，为进一步把四级联动体系深入基层，甘肃省平凉市庄浪县建立以县级领导为一级网格长、党（工）委书记为二级网格长、包社区科级干部为三级网格长、社区党支部书记为四级网格长的四级联动机制[③]，确保“横向到边、纵向到底、全面覆盖”，在2020年新冠肺炎疫情严重时期有效地防控了社区疫情。

---

① 参见《党徽耀街巷——株洲市在城市基层党建中坚持走创新之路纪实》，2018年11月22日，http://www.hxw.gov.cn/content/2018/11/22/4535181.html。

② 《关于加强和改进城市基层党的建设工作的意见》，人民出版社2019年版，第7～8页。

③ 参见《庄浪县：街道吹哨　部门报到　吹响疫情防控“集结号”》，2020年2月11日，https://www.gsdj.gov.cn/detialsMain.html? title=urbanCommunity&nodeId=127&childNodeId=115&nodeIdFlag=17009&state=1。

以上是从城市基层党建整体工作层面建立的四级联动体系，在社区党建工作内部，多地建立社区党组织、小区党支部、楼栋党小组、党员住户四级联动体系。如广西壮族自治区梧州市全面推行“社区党委—小区党支部—楼宇党小组—党员中心户”四级联动模式，使党建覆盖小区楼宇，构建纵横交错的城市党建工作网络。[①] 湖南省株洲市荷塘区月塘街道袁家湾社区建立了“党委书记负责社区，支部书记负责网格，党小组长负责楼栋，党员负责家庭”的四级负责、四级联动的职责体系，让党员个个头上有任务，人人肩上有职责；在每个楼栋网格管理小区安排了“两长四员”（党小组长、楼栋长以及卫生委员、治安委员、文体委员、物管员），实现了党建工作精细化，真正落实了以基层组织建设带动社会建设，体现了党始终为人民服务的宗旨。[②]

当前，各地城市社区四级联动体系内部构成要素略有差异，部分地区根据社区治理现实情境将街道党（工）委和居民吸纳在内。贵州省多地社区根据自身实际情况调整四级联动主体结构。例如，遵义市播州区桂花社区以小区为单位，全面摸排登记党员基本信息，科学建立党小组，制定并落实党小组联系管理党员中心户、党员中心户联系党员、党员联系居民制度，形成“党小组—党员中心户—党员—居民”四级联动的小区治理体系，实现党小组引领、党员中心户联系、党员示范带动、居民主动参与共促共建局面。[③] 黔南布依族苗族自治州贵定县金南街道中山社区党支部按照“街道党（工）委＋社区党支部＋小区党小组＋楼栋长”四级联动党组织体系，将社区党建工作下沉到小区，切实做到以党建促发展、促稳定、促文明、促和谐、促进步，打通城市基层党建“神经末梢”。[④]

在完善党建工作责任体系方面，各地明确考核体制机制、界定责任清单、实行动态监督。浙江省杭州市建立区委书记抓党建例会和基层党建工作调度制度，完善城区、街道、社区“月会季赛年评”三级责任联动机制，推动党建工作从“软任务”变成“硬指标”。[⑤] 甘肃省金昌市金川区进一步完善四级联动制度体系，建立社区书记“先锋论坛”、调度通报、动态管理、督促检查、跟踪问效等联动

① 参见《梧州市：党建引路，社区治理有“温度”》，2019 年 4 月 10 日，http://www.bgxf.gov.cn/staticpages/20190410/newgx5cad4321-14112.shtml。

② 参见《荷塘区：支部建在网格上　党员服务楼栋间》，2013 年 6 月 27 日，http://www.hxw.gov.cn/content/2013/06/27/426235.html。

③ 参见《播州区桂花街道　党建引领提升社区治理水平》，2020 年 2 月 25 日，http://szb.gzrbs.com.cn/pad/cont/202102/25/content_6317.html。

④ 参见《贵定县金南街道中山社区：探索党建引领小区治理新模式》，2018 年 9 月 25 日，https://www.gzzzb.gov.cn/cmsFront/contentFront/105000/11201030/1537849293489002.html。

⑤ 参见《加强城市基层党建 夯实党在城市的执政基础——各地加强城市基层党建工作探索综述》，2017 年 8 月 22 日，http://www.hxw.gov.cn/content/2017/07/25/566218.html。

督促落实机制，制定各级党组织书记抓党建责任清单、问题清单和任务清单，形成党建责任闭环，促使各级各类党组织融入城市党建“大家庭”，形成“聚合”态势。[①]

在定期开展党建联席会议方面，纵向上，联席会议包括市、区、街道、社区四级。甘肃省酒泉市建立市委抓总体规划，县（市、区）党委抓整体布局、指挥协调和督查指导，街道党（工）委统筹协调推进，社区党组织具体落实的四级联动体系，在此基础上，逐级完善党建联席会议制度，实行大事共议、要事共决、急事共商、难事共解、实事共办的“五事联办”机制，打破了各自为政的党建工作格局，真正做到了组织、责任、工作、制度“联动”。[②] 广西壮族自治区防城港市在市、城区、街道、社区四级党组织建立党建联席会议机制，明确成员单位职责，上下协同配合，定期沟通情况，研究解决问题。[③] 横向上，联席会议涵盖驻区内民政、司法、市场监管等职能部门。例如，四川省资阳市建立市、区、街道（乡镇）、社区四级党建联席会议制度，整合区域内 50 多个驻区单位的资源，共享体育设施资源，并利用联席会议有效解决开发商无偿提供社区办公室用房等问题 150 余个。[④] 甘肃省天水市指导各县、社区分级召开城市基层党建联席会议，建立 7 个街道大党（工）委、119 个社区大党委（总支、支部），与区域内相关单位共同研究推动城市社区党建任务落实、破解基层治理难题，构建了齐抓共管、一体推动的城市党建“共同体”。[⑤]

在制度保障层面，以联动制度保障联席会议机制有效运行。广西壮族自治区防城港市建立四级联动的基层党建调度通报制度、动态管理制度和督促检查制度等。江西省瑞金市为保障党建联席会议的运行，建立了城市基层党建联席会议制度，实行“151”机制，即每个社区有 1 名市领导挂点联系，5 个正科级单位结对共建，1 名组织机关干部为党建工作指导员，推动城市基层党建各项任务落

---

① 参见《金川区：以五个聚焦推动城市基层党建系统增效》，2019 年 8 月 27 日，https://www.gsdj.gov.cn/detialsMain.html? title = urbanCommunity&nodeId = 127&childNodeId = 115&nodeIdFlag = 4597&state=1。

② 参见《党建“绣花针”穿起基层治理“千条线”》，2019 年 12 月 12 日，http://szb.gansudaily.com.cn/gsrb/201912/12/c163644.html。

③ 参见《防城港积极探索城市基层党建群建工作融合新路子》，2019 年 7 月 12 日，http://www.bgxf.gov.cn/staticpages/20190712/newgx5d27d9a2-15300.shtml。

④ 参见《资阳：“四化”建设提升城市基层党建整体效应》，2019 年 2 月 27 日，http://www.gcdr.gov.cn/content.html? id=35380。

⑤ 参见《发挥城市党建引领作用 推动区域领域融合发展——天水市着力构建城市基层党建工作新格局》，2020 年 5 月 21 日，https://www.gsdj.gov.cn/detialsMain.html? title = urbanCommunity&nodeId=127&childNodeId=115&nodeIdFlag=38653&state=1。

地生根。[①] 同样，甘肃省金昌市逐级建立了党建联席会议制度，将政法、民政、住建、城管、司法、市场监管等涉及城市基层治理的部门确定为成员单位，每半年至少召开1次联席会议，统筹解决城市社区治理中存在的问题。[②]

四级联动的层级架构是为了打破层级壁垒，层层落实各级主体职责，将治理重心不断下移，并在一定程度上促使各级党组织主动参与基层党建工作。为解决基层党建工作的“悬浮化”问题，实现“纵向到底”的组织全覆盖和功能整合，基层党组织还应该推进四级联动体系的职能对接，纵向上打通各层级党组织的职能对接，横向上将党建与社区服务衔接。

二、推动多轨并进的层级式党建职能对接

改革开放初期，伴随着市场经济的发展，城市社区治理中市场的资源配置机制逐渐取代了党组织的资源配置功能，党组织的领导核心作用被削弱，“基层党组织资源配置功能与社会个体直接利益实现的相关度弱化，是基层党组织‘边缘化’产生的功能性原因”[③]。这事实上也是导致党的组织力弱化的重要原因，影响了党在群众中的凝聚力，不利于党执政基础的巩固。为了增强党的组织力，也为了进一步划清各级党组织职责，解决权责不清问题，党组织应实现城市社区党建组织体系内部各级党组织职能的无缝衔接。

同时，党组织服务能力不强也是城市基层党建的短板之一。当前一些城市社区基层党组织能够提供的服务内容与社区居民利益主体的需求相关度不高，提供的服务内容较为单一，脱离社区利益的“服务”难以成为创新社区治理的有效路径。[④] 为解决这一问题，基层党组织应该坚持以人民为中心，主动与社区其他服务供给主体对接，发挥服务保障功能。

多轨并进的党建职能连接以四级联动体系为基础，实现纵向上党建组织建设职能对接和横向上各级党组织与社区内其他治理主体服务功能的衔接。

压实主体责任，畅通职能对接渠道。伴随着管理服务力量的下放，各级党委应该明确各层级党建主要责任人、责任范围，确保每一级党建工作不会出现功能空白。辽宁省东港市创新党建工作机制，是多轨连接党建职能的典型案

① 参见全国党建研究会秘书处编：《城市基层党建理论与实践——全国城市基层党建工作理论研讨会资料汇编》，党建读物出版社2019年版，第308页。

② 参见《金昌市：以网格化管理提升城市治理水平》，2020年5月29日，https://www.gsdj.gov.cn/detialsMain.html? title=urbanCommunity&nodeId=127&childNodeId=115&nodeIdFlag=40236 &state=1。

③ 郑长忠：《基层党组织转型：走出“边缘化”处境的根本出路》，《马克思主义与现实》2004年第5期。

④ 参见李永胜、张玉容：《基层党建在城市社区治理中的作用、问题及创新研究》，《西北大学学报》（哲学社会科学版）2020年第5期。

例。东港市以市、街道、社区、居民小区四级联动体系为基础，明确各级党组织工作职能，实现了上通下达。市级层面主要研究制定落实上级精神的具体办法，分析新情况新问题，提出工作思路、目标，总结成果并安排部署当前工作；街道层面主要研究如何贯彻上级部署安排，共商本级工作的思路、措施、途径，研讨解决有关辖区内群众利益的重大事项；社区层面主要研究制订具体工作计划，整合驻区单位和社区资源开展帮扶活动，协调驻区单位解决社区建设实际问题；居民小区层面主要研讨党支部建设、服务群众等各项事宜，协调解决小区群众反映的实际问题和困难，向上级提出合理化建议。辽宁省东港市在横向上创设“党支部＋物业＋业委会”的居民小区联管模式，引领社区居民自治；物业、小区业委会和小区业主中的党员组织起来联合成立小区党支部，每月召开由小区党支部、物业公司、业委会三方参与的小区民主议事协商会，协调解决各类涉及小区居民利益的问题，形成党支部领导下物业公司、业委会、业主代表多方参与的党群议事体系。[①]

多元主体共治，扩大功能衔接范围。社区治理强调多元主体的共同参与，党组织在引领城市社区治理时需要尤其注意与多元主体的协调，凝聚各方力量，回应社区民众利益诉求，建设服务型政党。广西壮族自治区梧州市以社区党组织为核心，吸纳“双报到”单位、驻区单位、“两新”组织党组织，开展联建共建活动 2019 年整合市内 377 个部门资源向社区倾斜，解决社区群众遇到的各类难题。[②] 山西省大同市推进社区、社工、社会组织、社区志愿者“四社联动”，做好社会组织培育工作，通过政府购买服务、设立项目资金等方式，引导各种社会组织和各类志愿者参与社区管理服务，鼓励社区居民开展互助服务，发展公益事业。[③] 内蒙古自治区呼和浩特、包头、鄂尔多斯等城市探索建立“社区＋机关”“社区＋园区”“社区＋企业”等一批扩领域党建联合体，实施“契约化”共建，分类建立问题清单、资源清单、供需清单“三个清单”，引导党组织和党员主动接受任务、踊跃认领岗位、积极开展服务工作。[④]

虽然多轨并进的党建职能对接可以缓解基层党建存在的条块不顺、权责不

① 参见全国党建研究会秘书处编：《城市基层党建理论与实践——全国城市基层党建工作理论研讨会资料汇编》，党建读物出版社 2019 年版，第 182～183 页。

② 参见《广西壮族自治区梧州市：党建引路，社区治理有“温度”》，2019 年 4 月 10 日，http://www.bgxf.gov.cn/staticpages/20190410/newgx5cad4321-14112.shtml。

③ 参见全国党建研究会秘书处编：《城市基层党建理论与实践——全国城市基层党建工作理论研讨会资料汇编》，党建读物出版社 2019 年版，第 166 页。

④ 参见全国党建研究会秘书处编：《城市基层党建理论与实践——全国城市基层党建工作理论研讨会资料汇编》，党建读物出版社 2019 年版，第 170 页。

清、动力不足等问题，同时也可以提升党组织的治理能力，但这是仅从制度架构方面提出的解决办法。在一个组织中，由若干成员形成的组织架构是组织的动力来源，解决党建工作动力不足问题还可以从党员干部、社区党建工作者的角度入手，采取各类激励手段，提高社区党建工作者积极性。

三、实施双向评议的层级式党建责任落实

新时代城市社区党建工作的推进不再是某一级党组织的单打独斗，而是需要各级党委联合，形成区域化党建，最大限度地发挥各级党组织联动效应，以更好地在横向和纵向上凝聚党建合力，引领其他各类治理主体参与社区治理。这一过程需要党发挥主动性、创造性，及时根据各地社区党建情况改变工作方法。但一段时间内，仍然存在各级党组织部分党员干部工作动力不足、对党建工作重视程度不够、工作方法单一的问题，这在一定程度上是由缺乏相应的考核问责机制导致的。目前的考核评价体系主要存在三方面的问题。一是考核时间间隔过长。党委开展一次年度考核评估，筹备、述职、评测需要一个多月的时间，到年度结果的评定，则会花费几个月的时间。[①] 因此，部分地区在开展考核时一般以年度考核为主，这就会导致考核反馈内容不及时，考核的全面性、客观性会因为时间跨度过长而受到影响。二是考核主体单一。传统的考核形式一般是上级对下级的考核，而城市社区党建工作是直接联系群众、服务群众的，社区党建工作做得好不好，基层党员、群众最有发言权，忽略了他们的意见就无法准确考核各项党建工作是否真正落实、是否卓有成效。三是考核标准不统一。考核指标缺乏可行性和激励性，在评价各级党员干部工作时缺乏可行性的评价标准，导致党员干部疲于应付一些没有实际效用的工作，工作做不到群众所需所想；缺乏激励性的考核指标不能调动各级党员干部积极性，联系群众的多少对考评结果并不产生什么影响，一定程度上会出现“社区党员干部干多干少都一样”的现象。

为解决上述困境，青海、甘肃、浙江等地建立了双向评议的考核问责制度。目前双向评议有三种类型。第一种包括向上评议和向下评议。评议一般以专项述职会议的形式，由各级党组织在评议会上述职，听取上级党委和下级党组织、基层党员的建议，并将评议结果与党员干部考核挂钩，既提高了各级党委对基层党建的重视程度，也激发了党员干部的工作动力。例如，2014 年 8 月以来，

---

① 参见周红梅：《城市社区党员干部联系服务群众的激励机制研究——以南宁市青秀区为例》，广西大学硕士学位论文，2015 年，第 37 页。

青海省西宁市组织市、县(区)、乡镇(街道)、社区四级党组织开展双向评议工作,各级党组织在述职会议上自下而上、逐级进行双向述职。在对上述职中,下级党组织汇报本地区整体工作情况,上级党建工作领导小组组长或党(工)委书记对下级党组织书记述职情况进行点评;在对下述职中,安排与会人员对党组织书记抓基层党建工作情况进行现场测评,提出意见建议。代表评议"打分",帮助党组织书记将党建工作成效与问题真正点透,党委将评议结果列入年度目标责任考核内容,这不仅激发了基层党组织书记抓党建工作的动力,而且调动了广大党员群众参与党建工作的热情。①

相较于青海省西宁市的做法,云南省红河哈尼族彝族自治州屏边苗族自治县的双向评议工作更加系统,采取三步措施落实"双向"述职评议考核机制。第一步:建立"双向"述职评议长效机制。屏边苗族自治县建立健全"县乡村组四级联述联评联考"长效机制,采取"下述上评"即党组织书记向上级党组织述职,接受上级党组织评议;"上述下评"即党组织书记向党员代表大会述职,进行民主评议,要求各级党组织按党委先行、党支部后继的顺序,积极组织各级基层党组织书记开展年度抓党建工作专题述职。第二步:健全"双向"述职评议制度。县委下发《关于开展本年度乡镇党委书记、县委各直属党(工)委书记抓基层党建工作述职评议考核的实施方案》,明确每年度考核重点内容、述职评议步骤,使双向评议制度更加规范化。第三步:将述职评议结果作为未来工作依据。述职评议结束后,各级党组织书记根据上级领导点评、测评发现的问题,主动梳理,认真制定整改方案,列入一下年度工作整改清单,接受党员群众监督,做到整改"对上对下"负责,切实增强基层党组织负责人抓好基层党建工作的主动性和责任感。② 双向述职评议的考核章程和长效机制的建立可以使双向评议更加规范化、常态化,考核结果的运用和上级的监督整改有利于解决双向述职中发现的问题,使会议不流于形式。

以上两地的做法都是借助专题评议大会开展向上评议和向下评议。北京市通州区北苑街道党(工)委创新双向评议形式,将评议结果可视化为积分,探索推行了党员与社区党支部双向打分的"双向积分"模式,通过"服务累积分,积分享服务"实现党员服务与服务党员的联动。首先,街道根据社区党员的工作性质与个人特长等情况,将全体党员划分为三种类型,A 类为社区在职党员,B 类为退休离职党员,C 类为流动党员,主要是流入党员和回社区报到党员,对区

---

① 参见《逐级双向述职　群众评议"打分"》,《中国人事组织报》2015 年 1 月 27 日。

② 参见李灵芝:《云南屏边:"双向"述职评议考准基层党组织书记》,2018 年 3 月 14 日,http://dangjian.people.com.cn/n1/2018/0314/c117092-29868017.html。

域内所有党员建立信息数据库加强动态管理，奠定活动组织开展与积分评定的基础；其次，街道党（工）委以社区公益活动为载体，确定党员和党组织双向计分、双向评价、双向激励的工作思路，详细制定具体工作实施方案，党员积极参加支部活动服务社区、奉献社会，支部给予量化记分并协调辖区资源对积分较高的党员、团队给予反馈服务，党员对支部组织开展的活动、推进社会治理所做的工作进行评价打分；最后，街道采取公开考核评议、定期表彰宣传、定期反馈服务三种方式，表彰激励积分较高的党员干部和党支部，形成激励反馈的长效机制，有效提升党组织、党员干部开展工作的积极性。①

第二种双向评议把“双向”理解为正向和负向。在考核时，收集每名党员干部的正反两方面评价，通过对比准确评价每位党员干部，为以后的考核晋升提供依据。例如，浙江省温州市文成县 2016 年以来便采用这种双向评价模式。为解决“干好干坏都一样”“识人不清、用人不准”等问题，划出干部行为的“高线”和“底线”，建立干部正负面信息库，为准确使用干部提供依据。正面信息主要由单位申报或通过专项考察、职能部门提供等途径掌握，由县委组织部负责录入汇总，根据工作需要定期或不定期进行分析，并将分析结果向县主要领导进行汇报。负面信息主要由联席会议成员单位根据职能进行采集上报，或由工作组在巡查、督查、考察、考核、审计过程中发现掌握；上级领导、各单位党委（党组）和主要负责人提出的建议，以及群众来信来访、社会舆情反映的具体问题，也可作为干部负面信息的来源。视负面信息情节轻重进行提醒谈话、批评教育，必要时启动问责程序，做出组织调整。通过正向激励与负面淘汰，精准使用干部，有效激发干部队伍活力。②

第三种双向评议指两个党建主体之间的评议。在评议时，双方主体在汇报各自基本工作的基础上，就对方在党建工作沟通合作中出现的问题提出建议，以此形式来深化双方的沟通协作。浙江省温州市永嘉县就社区在职党员参与社区党建情况，实施社区与驻区单位双向评议。在党员民主评议工作中，单位党组织及时听取党员所在社区党组织的意见并主动提供单位党员的基本情况，社区党组织根据单位党组织的工作需要，结合平时表现情况，及时向在职党员所在单位党组织反馈在职党员在社区中的表现情况，在两个党组织实行党员民

---

① 参见李永刚：《北京通州北苑街道推行基层党建“双向积分”模式》，2019 年 5 月 5 日，http://www.dangjian.com/djw2016sy/djw2016gddj/201905/t20190505_5101649.shtml。

② 参见谢海兵：《浙江文成：双向评价激发干部活力》，2017 年 7 月 5 日，http://dangjian.people.com.cn/n1/2017/0705/c117092-29384869.html。

主评议。[①] 这有利于加强社区党员管理，调动在职党员、驻区单位党员参与社区党建工作的积极性。

第三节 城市社区精细化党建的网格系统创新

从城市社区管理角度上看，“网格”是社区网格化系统中的基本单元。这里的网格是一种根据地理环境、人口状况等因素划分的“物理”网格，是根据地域因素划分的一个个行政区划，每个网格都有明确的资源、服务对象、管理机制。网格化则是一种由点、线联结而成的立体化的联动关系，侧重于服务新时代的基层组织框架[②]。社区网格化党建就是将这种网格化的管理模式运用于党建工作中，把辖区划分为多个党建网格，每个网格都有网格员、网格长、党支部，实现对城市社区党建工作的全覆盖，实现党建工作的精细化。目前已有的研究将城市社区党建网格化定义为基层党组织为了解决基层党建领域出现的“行政资源分散化、党建责任虚化、党员边缘化”等问题，进一步强化社区党建的政治功能、组织功能和社会功能，探索出的一种在城市社区范围内基于社区生态和社会化布局划分党建网格、整合党建资源、细化党员责任的新型党建管理模式。[③]

发展城市社区网格化党建是适应时代潮流、回应社会问题的要求。首先，人口高速流动和社会阶层的不断分化增加了社区党建工作难度。进入新时代，我国社会仍然处于转型期，单位体制解体带来的后续效应导致个人对组织的依赖越来越少，出现个人原子化倾向。“在当前的社区治理中，基层党组织面对的是从事不同职业、来自不同社会阶层、不断加速流动的群体和组织以及各种资源，‘固化’‘静态’的党建理念越来越不能满足城市发展和社区治理的需要。”[④]同时，社会结构的分化与社会矛盾的复杂增加了社会管理的难度。其次，共建共治共享的社会治理格局对党建工作提出了新的要求。社区治理是社会治理的基石，打造共建共治共享的社会治理格局呼吁全体社会成员都参与社会治理，落实到社区层面就是各类社区治理主体都要参与社区治理。居民作为城市社区治理的主体，是社区治理的主要力量。但是目前社区居民仍然存在参与意

① 参见《永嘉“双向评议”加强社区党员管理》，2012 年 11 月 7 日，http://www.wzdj.gov.cn/system/2012/11/07/103425893.shtml。

② 参见翟盈丽：《新时代城市社区党建网格化问题研究——以南京市栖霞区仙林街道为例》，南京师范大学硕士学位论文，2019 年，第 13 页。

③ 参见杨海涛：《城市社区网格化管理研究与展望》，吉林大学博士学位论文，2014 年，第 18 页。

④ 徐迪等：《社区治理中基层党组织建设的功能、挑战与对策》，《社会科学战线》2015 年第 9 期。

识不强、社区认同感低、缺乏参与渠道等问题。最后，信息技术的发展使网格化党建成为可能。互联网技术解决了社区党员管理的技术问题，为流动党员管理、党员远程教育培训、党建服务信息共享等内容提供了技术支撑，实现了社区党建网格化的信息数据管理，大数据分析和集成能够快速聚焦网格居民需求，提升党建服务效率和质量。

发展城市社区网格化党建也是提升党的领导力、组织力，全面巩固党的执政基础的需要。习近平总书记在党的十九大报告中强调："党的基层组织是确保党的路线方针政策和决策部署贯彻落实的基础。要以提升组织力为重点，突出政治功能，把企业、农村、机关、学校、科研院所、街道社区、社会组织等基层党组织建设成为宣传党的主张、贯彻党的决定、领导基层治理、团结动员群众、推动改革发展的坚强战斗堡垒。"①目前，部分基层党组织在社区治理中仍然"悬浮化"问题，党建工作和社区治理脱离，政治功能弱化，组织力不强；传统的科层化党建不能有效回应社区治理要求，党组织对其他治理主体的协调力、引领力被削弱。为更好地凝聚群众力量，提升城市社区党组织的组织力，就需要深入推进党建工作，利用网格化党建更好地将党建工作深入到城市社区居民身边，服务群众，宣传党的各项主张，以此提升党组织在群众中的影响力，获得群众的支持和信任，巩固党的执政基础。

基于以上意义，新时代党组织应该继续深入推进网格化党建。在思想认识方面，各级党委、党员干部要提高对网格化党建的重视程度，转变党建工作理念，将"管理"转变为"治理"，推进党建引领城市社区治理。在组织体系方面，采取网格化管理，把支部建在网格上，提升城市社区党组织组织力，实现党组织全面覆盖。在党建方式方面，打破条块限制，按照属地管理原则授予街道社区权限，实现权责一致，在此基础上发挥党组织统筹协调能力，调动各级职能部门提供社区服务。

一、政治建设融合社会治理，转变网格化党建理念

当前我国处于社会转型期，由于社会结构变迁、社会阶层分化、价值冲突加剧等原因，社会管理的难度不断提升，社区治理采取网格化管理方式是这一背景下的必然选择。为提升基层党组织的组织力，城市社区党组织须主动升级党建方式，采取网格化党建，将政治建设任务与社区治理相结合，建构并完善党建

---

① 习近平：《决胜全面建成小康社会　夺取新时代中国特色社会主义伟大胜利——在中国共产党第十九次全国代表大会上的报告》，人民出版社 2017 年版，第 65 页。

引领治理机制。

转变工作方式要先转变工作理念，首先要提高城市社区党建工作者对网格化党建的重视程度。一方面要制定党建工作规章制度，明确各级主体责任，形成压力督导；另一方面要建立健全奖励表彰机制，调动社区党建工作者积极性。

在压力督导方面，北京市怀柔区建立了“街镇党（工）委书记向区委班子述职述评，社区书记向街道党（工）委班子、街道全体机关干部、社区党员和居民代表述职述评”的两级述职述评机制，不断完善“创建—督导—创建”的社区考评机制，将压力传递至社区网格，切实增强社区党建第一责任人的主业主责意识。[①] 天津市中北镇假日风景社区为进一步加强社区党员网格化党建的服务意识，建立“五做到四深入三加强”制度，要求党员干部要做到为社区建设出点子、为公益事业做实事、为社区服务献爱心、为社区活动做策划、为社区管理做贡献；深入社区了解社情、深入居民了解民情、深入调查了解实情、深入学习宣传党情；加强为社区服务意识、与居民沟通意识、参与社区活动意识，树立党员的良好形象。[②] 黑龙江省鹤岗市绥滨县建立健全了领导协调机制、网格运行机制、管理考核机制等制度，在网格管理中形成明确的责任体系。上海市华阳路街道制定了《社区党建工作岗位标准》《社区网格化综合管理中心工作岗位标准》《社区事务受理中心工作岗位标准》等，客观规定了每个岗位的工作任务职责、工作要求、任职条件等内容，以制度化、规范化、科学化的约束手段保证党建工作者履职尽责。[③]

在激励社区党建工作者方面，北京市海淀区西三旗街道出台了《网格员工作绩效考核奖励办法》，明确了网格工作人员的奖惩规则。辽宁省抚顺市望花区朴屯街道党（工）委在所有网格员中开展“网格服务之星”评选活动，对优秀网格员进行表扬奖励，激发网格员工作积极性；“讲述我的网格故事”等活动丰富网格员的精神生活，给予精神上的“补钙充电”，通过弘扬各类优秀事迹，鼓励网格员聚焦主责主业，提高对网格化管理的重视程度。[④]

其次，把“管理理念”转变为“治理理念”，引导社区居民参与社区治理，并以

---

① 参见《怀柔区依托社区网格抓党建促服务》，2016 年 9 月 5 日，http://www.bjdj.gov.cn/article/17485.html。

② 参见《“红色头雁”之党组织典型——记天津中北镇假日风景社区党支部》，2018 年 7 月 13 日，http://dangjian.people.com.cn/n1/2018/0713/c117092-30145473.html。

③ 参见《上海华阳路街道：坚持党建引领　建立标准体系提升街道综合服务管理水平》，2017 年 8 月10 日，http://dangjian.people.com.cn/n1/2017/0810/c412046-29461844.html。

④ 参见《抚顺市望花区朴屯街道党工委“云管理＋网格”打造幸福新朴屯》，2020 年 5 月 19 日，https://www.lndj.gov.cn/uploads/html/site-5/info/27493.html。

网格化党建为载体实现党建服务精准化。一方面要明确共商共建共享的社会治理格局的实质，明确整合多元主体参与网格化党建的意识；另一方面，要注重网格化党建的服务功能，树立精准服务的理念。

在调动多元主体参与网格化党建方面，江苏省扬州市邗江区双桥街道党（工）委重视居民在网格化党建中的作用，指导康乐社区党委运用“听、议、决、做、评”五字工作法，定期开展“邻居交流互动座谈会”“社区治安大家谈”“居民自治大家谈”等活动，组织居民自主发表意见，参与楼群活动，提高自我管理意识。① 天津市和平区、北京市平谷区、辽宁省铁岭市等地还将驻区单位、物业公司等主体纳入网格化党建。其中，天津市和平区的党建工作理念由“各自为战”变为“共驻共建”。针对社区党组织、辖区单位、物业公司条块分散、力量涣散的工作弊端，着眼于“党建工作全覆盖，机制运行全贯通，服务管理全方位”目标，天津市构建起“五级四网”组织领导、服务管理体系，从而实现了社区党建工作的“四个全覆盖”：建立区委、街道工委、社区党委、楼栋（院）党支部、楼门党小组五级组织领导体系网，实现了纵向领导全覆盖；建立区党建工作领导小组和社区建设指导委员会、街道社区党建协调委员会和社区精神文明建设指导委员会、社区党建联席会三级工作协调机制，实现了横向联系全覆盖；建立区党员服务中心、街道党员服务中心、社区党员服务站和楼宇党员服务站三级党员服务管理网，实现了各类党员管理服务全覆盖；建立社区党委领导、居委会扶持引导、业委会协调监督、物业公司管理服务“四位一体”的社区管理网，实现了社区管理服务全覆盖。② 北京市平谷区平谷镇岳泰嘉园社区把物业公司、社区工作者、在职党员、楼门长、单元长、志愿者等各方力量整合起来，按地域划分为四大单元网格。借助网格平台，精准化地为居民提供为老关爱、志愿服务、安全管理、矛盾调处等服务，进一步提升基层社区治理水平。③ 辽宁省铁岭市调兵山街道电厂社区划分网格党支部，联合社区居委会、业委会、物业公司形成“四位一体”共享共建网格化管理形态。④

在把精细化服务理念融入网格党建方面，北京市房山区将在职党员划分到

---

① 参见《党建引领、党群协同“三加三治”探索社区治理新模式》，2017 年 11 月 17 日，http://www.hj.gov.cn/sqjdbsc/sqjd/2017-11/17/content_c42f9b6d5afb4859891ad752c7c90bdf.shtml。

② 参见《天津市和平区积极打造社区党建工作网格化服务管理新品牌》，2014 年 7 月 27 日，http://dangjian.people.com.cn/n/2014/0727/c117092-25349649.html。

③ 参见《平谷区平谷镇岳泰嘉园社区建立“六联”制破解社区治理难题》，2019 年 6 月 27 日，http://www.bjdj.gov.cn/article/1264.html。

④ 参见《辽宁铁岭调兵山街道电厂社区依托网格组建功能型党支部》，2018 年 9 月 13 日，http://dangjian.people.com.cn/n1/2018/0913/c117092-30290638.html。

各网格中，并在网格楼栋认领公益性岗位，开展服务活动，提高党员的服务意识和主人翁意识，进一步充实基层网格党支部服务力量，细化党建服务队伍力量，推动群众反映的问题在网格得到有效解决。江苏省连云港市海州区各社区划分社区工作人员责任网格，把工作精确到一区一楼一室一人，把服务延伸至片区、楼院、户室，使党组织覆盖和服务延伸到“神经末梢”，实现服务范围的精细化。吉林省长春市绿园区细化党建服务内容，联合共建单位党组织发挥共建共享优势，吸纳律师、干警、水电气热等专业人士“入格”，累计为 2458 名居民提供了心理辅导、环境监督、矛盾调解等服务项目。[①]

最后，要适应社会发展趋势，利用信息技术开展网格化党建工作。多地主动利用“互联网＋”技术，建立延伸到社区网格的智慧化党建系统，利用信息技术软件收集网格服务信息，提高网格服务效率。例如，北京市房山区开通“房山区党建带社建”“房山区网格化”等微信平台，指导社区党组织建立社区网格、社区楼门微信群，了解群众所思所想，强化舆情研判和舆论引导，走好新时期的网络群众路线。[②] 湖南省长沙市望城区丁字湾街道充分运用微信、电子屏等媒介进行交流、宣传，营造浓厚的网格化服务舆论氛围，逐步建立便于操作的软件信息系统，搭建完善的网格化党建信息平台，做好民情记录，及时录入动态信息，建立完整的民情台账。[③] 辽宁省抚顺市望花区朴屯街道天成社区网格员成立了 10 个微信群，在群内及时发布民政、计生、再就业的惠民政策、服务信息以及防疫常识和工作推进情况，实现了信息共享，提升了网格工作效率。相较于上述各地，重庆市合川区把“互联网＋”与网格化党建融合的更深入。2014 年以来，重庆市合川区主动运用“互联网＋”技术，结合区实际情况研发了网格化管理信息系统，为全区 4309 个网格员配备手机终端——“社区 E 通”。“社区 E 通”包含全区人、地、事、物、情、组织等 850 余万条基础信息，形成了全区统一、资源共享的数据库，实现了大数据智能化管理。在这一数据库基础上，建立了“一个系统、两级闭环、三级平台、四级责任、五步流程”的网格化管理信息系统，实现了

① 参见《党建引领　精耕细作　绿园区以“三长”联动联起城市基层治理网络》，2020 年 6 月 23 日，http://www.cbsxf.cn/News/eNewsDetail.aspx? link＝http://App.cbsxf.cn:8080/news//jcdjzltsgc/128736.jhtml。

② 参见《房山区着力构建“共商共治共享”城市党建新格局》，2018 年 1 月 22 日，http://www.bjdj.gov.cn/article/16004.html。

③ 参见谢雨玳、黄建：《丁字湾的“钉子精神”——望城区丁字湾街道党建工作纪实》，2017 年 9 月 25 日，http://www.hxw.gov.cn/content/2017/09/25/1052906.html。

社会事项流程化分级办理，按照职能职责，逐一交责任单位或责任人员办理。[①]

可以看到，目前各地城市社区党建工作者已经意识到信息化党建的重要性，并主动将"互联网＋"技术融入党建，但是对于信息技术的运用还是停留在较为初级的阶段，多以微信群、网站等为主。未来各地还需深入思考如何将互联网与网格化党建深度结合。

二、多方动员洽和组织覆盖，更新网格化党建体系

网格化党建模式是新时代巩固党的执政基础、应对社会治理新变化、提升社会治理水平的重大创新。为进一步将网格化党建与社区治理结合，各级党委、党员干部要逐步转变工作理念。在党建工作对象上，将社区居民、社区自组织、市场组织、驻区单位等社区治理主体都纳入党建工作范围，提高党建服务能力。在党建工作格局上，改变传统的"单向度、封闭型"格局，强调与社区内多元主体的互动，形成上下交互评议的开放格局。在党建功能定位上，要坚持"服务民生、服务群众、服务党员"[②]，改变一元化、全能型服务模式，协调引领其他主体参与社区治理。

为落实上述党建工作理念，基层党组织主动更新网格化党建体系，实现党组织工作全覆盖，以便更好地引导基层群众自我组织、自我管理、自我服务。一方面，各社区建立多级联动的网格组织体系，将各个小区、楼宇、住户分网格管理，每个网格配备网格员，将党建工作责任精确到个人。另一方面，党组织把社区内其他主体如驻区单位党员、党组织领导的志愿者队伍等融入网格的管理服务中，扩大网格工作者队伍，提升网格管理效率。

多级联动的网格化党建组织体系即根据地区、人口等因素将社区细分为若干个网格，每个网格都对应相应的党支部和网格管理员，各地区形成包含社区党组织、网格党支部、楼栋党小组等层级在内的多级联动体系，力求实现社区党组织全覆盖。具体的网格化党建体系划分存在三级、四级、五级多种类型。例如，湖南省株洲市荷塘区月塘街道袁家湾社区党委按照"便于联系、便于组织、便于开展工作"的原则，将支部建在网格上，并制作了党建网格管理公示牌，成功构建了"社区党组织—网格党支部—楼栋党小组"三位一体的社区党建工作体系，进一步优化组织资源配置，发挥党支部与党小组服务居民的战斗堡垒作用。目前，全社区已成立网格党支部 8 个，覆盖面达 100%，建立楼栋党小组 24

---

① 参见黄乔：《合川以大数据打造"最强大脑"　全面提升社会治理智能化水平》，2018 年 7 月 31 日，https://www.12371.gov.cn/Item/526718.aspx。

② 《关于加强基层服务型党组织建设的意见》，人民出版社 2014 年，第 3 页。

个，有320名社区党员活跃在网格上、楼栋间，真正做到了栋栋有党员管事、户户有党员帮扶。[①] 辽宁省朝阳市双塔区全面推行“街道—社区—网格区—居民楼”四级联动的网格化管理服务新模式，有效地将辖区居民、党员、“两新”组织、低保、计生、社保、维稳、安全生产等各类事项纳入网格进行精细化、动态化管理。[②] 江苏省丹阳市建立了“党小组长—党员骨干—普通党员—群众”的四级体系，形成了每名党小组长（网格长）联系10名党员骨干、每名党员骨干联系10名普通党员、每名党员联系30名群众的包片包责模式，全面落实服务责任。[③] 天津市北辰区瑞景街道宝翠花都社区以提升组织力为基础，实行党建工作到楼门。该街道为63个楼栋配齐“两长四员”和协管员，构建了“社区党总支—社区支部—网格片区—门栋小组—党员中心户”的五级管理机制。为提升精细化服务水平，将辖区28栋楼63个楼门划分为7大网格，构建了“社区—基础网格—楼宇”的网格服务全覆盖工作体系，形成社区有网、网中有格、格中有人、人人有责的格局。[④] 可见，各地区的网格体系具体划分各异，但总体上是包含“社区党组织—网格党支部—党小组”三级体系的，网格化党建中的成员既有党员也有普通民众，社区党建服务也以网格为单位，精准投放到网格内。

网格化党建不仅要注重党组织的全覆盖，还需要提升党建的服务水平，引领社区内主体参与社区治理。因此，完整的网格化党建体系不仅需要在纵向上将各级党组织、党支部、党小组、党员和群众统一起来，还需要在横向上吸纳社区职能部门、驻区单位、公益性社会团体等，扩大网格管理服务队伍，使网格化党建服务更加精准、全面。

拓展网格化党建主体资源。内蒙古自治区呼和浩特市托克托县将党建网络与治理网络“双网合一”，推行“社区支部＋党员建言官”的管理模式，确保“党建融入网、事在格中办”。以社区党支部为核心，组织社区“两委”、居民代表、退休老干部、驻区企业负责人等组成89个议事小组，每个小组推选出1名“建言官”，发挥他们的威望、经验等优势，引导担当政策法规的“宣传员”、民事纠纷的

---

① 参见《荷塘区：支部建在网格上 党员服务楼栋间》，2013年6月27日，http://www.hxw.gov.cn/content/2013/06/27/426235.html。

② 参见《朝阳市双塔区“三化三提升”构建城市党建格局》，2019年6月7日，http://www.lnst.gov.cn/News/Details/005001002/b2420527-ba3c-4d62-b58a-9a183726874a。

③ 参见童国祥：《“四有”民情服务处理机制的丹阳探索》，《人民论坛》2014年第6期。

④ 参见《天津市北辰区瑞景街道宝翠花都社区工作法》，2018年12月12日，http://mzzt.mca.gov.cn/article/zt_yxsqgzf/gzfzs/201812/20181200013612.shtml。

“调解员”。[①] 黑龙江省牡丹江市东安区成立了全市首家“110党员工作室”，工作室由10名退休老党员提供服务，实行“社区党委—网格党支部—楼院党小组”三级网格组织管理体系和服务网络，开辟了衍生工程，目前已成立网格党支部23家、非公企业党支部12家、楼院党小组8家。[②]

创新网格化党建服务方式。江苏省兴化市在社区内建立网格志愿者团队，依照网格党小组党员数量、责任区范围大小和居民关注热点、重点问题多少，成立了254支网格党员志愿服务队，每支志愿服务队由8名党员组成。围绕社区党建“一区一品”特色创建活动，254支网格党员志愿服务队立足各自网格实际，发挥自身优势，建立“义务巡逻队”“环卫服务队”“为民便民队”“扶老助残队”“党员带富队”等多支志愿者服务队伍，组织开展政策宣传、民事调解、帮教帮困、科普推广等多元化的志愿服务活动。网格志愿服务队积极与本网格内机关单位“联姻联谊”，通过活动联办实现资源共享，共建有17个社区科普教育基地、23个社区居民文化活动场所、27个居民娱乐健身点。[③] 四川省阿坝藏族羌族自治州茂县在建立三级联动服务网格的基础上成立社区志愿服务队，完善网格化服务机制，积极吸纳各类人才，着力打造文艺活动队、法律知识宣讲队、便民服务队等多支志愿服务队，切实为居民提供优质高效的服务。[④] 陕西省商南县南大街社区以街巷、道路为界，按400户居民为一个单元，将社区划分为11个网格党员小组，整合300余名在职党员成立志愿服务队，设置便民服务“名片墙”，建立网格管理微信群，设立社情民意“采集箱”，制作“连心卡”。[⑤]

提高网格化党建工作质量。宁夏回族自治区银川市兴庆区基层党组织充分发挥网格优势，以发挥党员先锋引领作用为基石，将物业工作人员、派出所片警、入党积极分子、居民代表、志愿者等人员纳入网格，兼任宣传员、物管员、卫

---

① 参见《内蒙古呼和浩特市托克托县：党建融入网，事在格中办》，2019年5月17日，http://dangjian.people.com.cn/n1/2019/0517/c117092-31090563.html。

② 参见《东安区“党建+” “五化”实现社区小党建大服务》，2019年6月17日，https://www.ljxfw.gov.cn/ljxfwWeb/organizationGardenDetails.html? htmlPage = generalListPage&pid = 05E1162ADB72ADAFF892CFE81459A727&sid = 9C8E6B7B6EE7AEC5B209E0EDDE9B6EB1&infoId = 73050B65CDECF0622B08B3CA1B53AE63。

③ 参见《党建网格管理全覆盖，城市社区迸发新活力》，2017年5月12日，http://www.jsxf.gov.cn/jsxf/jcdj/zgsx/201908/t20190821_418244.html。

④ 参见《茂县“三着力”加快服务型社区党组织建设》，2014年5月15日，http://www.gcdr.gov.cn/content.html? id=27265。

⑤ 参见余海龙：《南大街社区创新“三度”举措提升城市党建水平》，2019年6月18日，http://www.sx-dj.gov.cn/a/csdj/20190618/2054.shtml。

生员、巡逻员、文体员，建立了“人在网格走、事在网格办”的党建网格化工作体系。[①] 黑龙江省齐齐哈尔市昂昂溪区将社区划分为若干个网格，把网格的最小单元定位到楼院，并为每个网格选配一名网格长，把社区工作人员、社区民警、联防队员和中心户长全部划分到网格中，形成了“社区有网、网中有格、格中定人、人负其责”的工作格局。[②]

《关于加强和改进城市基层党的建设工作的意见》强调，“提升街道党（工）委统筹协调能力”，“确保社区党组织有能力有资源为群众服务”。[③] 纵向到底、横向到边的网格化组织体系形成了一个“上下一致、左右互联”的党建工作网络，为深入开展社区党建工作、实现党组织建设与社区治理融合打下了基础。但是仅靠组织架构还不足以完成党建任务，从中央到地方、自上而下的强劲的组织执行能力有利于更好地贯彻一个政党的路线方针政策，提升组织执行力、控制力的基本方式之一就是明确各级主体职责权限，这意味着新时代党建要在明确各级党委职责的基础上赋予基层党组织组织协调权力，保证基层党组织能够根据民生所需调动职能部门力量，提高党建质量。

三、属地管理衔接责任包干，提升网格化党建质量

属地管理与垂直管理是我国实行的两种行政管理方式，属地管理是指“国家将疆域划分为各个不同区域分而治之，不同的治理层级对应不同大小的区域。在典型的分权体制中，各个层级的政府负责区域范围内的所有事务”[④]。目前，我国实行的是“条块结合，以块为主，分级管理”的属地管理模式，其中，“所谓‘条条’是指中央部委以及中央部委领导的垂直管理系统，所谓‘块块’是指各级地方政府以及地方政府领导下的职能部门”[⑤]。在这一模式下，“各级地方政府全面负责地方治理，并由其所属职能部门去实现地方事务的制度性安排”[⑥]。

---

① 参见《兴庆区打造“1+2+3+N”模式　全力推动城市基层党建纵深发展》，2019 年 3 月 19 日，http://dj.yinchuan.gov.cn/ywsd/201903/t20190319_1319331.htm。

② 参见《齐齐哈尔市昂昂溪区推行“六个一”工作法　着力推进服务型社区党组织创建》，2018 年 1 月 2 日，https://www.ljxfw.gov.cn/ljxfwWeb/organizationGardenDetails.html? htmlPage=generalList-Page&pid=05E1162ADB72ADAFF892CFE81459A727&sid=9C8E6B7B6EE7AEC5B209E0EDDE9B6EB1&infoId=D7E316E9D63D6599384AA9C2ACE0DB6E。

③ 《关于加强和改进城市基层党的建设工作的意见》，人民出版社 2019 年版，第 4～5 页。

④ 吕德文：《属地管理与基层治理现代化——基于北京市“街乡吹哨、部门报到”的经验分析》，《云南行政学院学报》2019 年第 3 期。

⑤ 尹振东：《垂直管理与属地管理：行政管理体制的选择》，《经济研究》2011 年第 4 期。

⑥ 刘爽、王宇：《行政管理体制垂自模式与属地模式效能比较——以安全生产监督为例》，《人民论坛》2016 年第 2 期。

在长期政治实践中，属地管理主要存在条块不顺问题，部分地方政府和职能部门以属地管理为由，将大量工作事务分配给基层，但是下放任务的过程中并没有下放相应的事权和人、财、物权，导致基层政府“看得见管不着”、职能部门“管得着看不见”。长此以往，基层累积大量剩余事务，基层政权处于“悬浮”状态，对社区、村庄的控制力逐渐弱化。

2020 年，中共中央《关于持续解决困扰基层的形式主义问题为决胜全面建成小康社会提供坚强作风保证的通知》明确强调：“厘清不同层级、部门、岗位之间的职责边界，按照权责一致要求，建立健全责任清单，科学规范‘属地管理’，防止层层向基层转嫁责任。”[①]要破解属地管理的困境，首先，要厘清各级党组织、政府、职能部门职责边界，划定责任清单；其次，要在治理重心下移的同时，实现“放权赋能”，确保基层政府、党组织权责一致；最后，要建立基层党组织、政府与各职能部门联动机制，保证沟通渠道畅通。

在城市社区党建场域中，属地管理困境本质上反映了各级党组织权责界限不清、条块不顺的问题。新时代背景下，为进一步提升党建质量，党组织应该主动明确各级权责清单，破解以往各级党组织各自为政、权责不匹配的问题；强化党组织在社会治理中的领导核心地位，向基层党组织赋权，建立党建统筹协调机制，促使基层党组织有能力推动各职能部门将管理服务力量下沉，形成在基层一线解决问题的导向。

具体做法为：社区全覆盖的网格化党小组快速收集民意诉求，形成需求清单，交由上级党组织；相应的属地党组织在收到责任清单后，协调联合多方职能部门，解决民众需求并发挥监督作用，确保工作落实到位。山东省高密市朝阳街道社区网格员在巡查时，发现一个小区有违章建筑，网格员向“乡呼县应”平台发起呼叫；平台指挥中心向“响应”部门派单，相关部门分别根据职责作出处理。至此，违建执法事项闭环办理完成，前后总共不超过 10 个工作日。[②] 同样，河北省石家庄市桥西区将执法关口前移，把与群众生活密切相关的行政执法检察权集中交给街道综合履行，实现基层执法权责一致。至 2019 年，已经下放检查事项 1001 项，涉及 11 个部门，包括市场监管 827 项、城市管理 45 项、质量监督 38 项，解决了有执法权的部门“管得了看不到”，无执法权的街道“看得到管

① 《关于持续解决困扰基层的形式主义问题为决胜全面建成小康社会提供坚强作风保证的通知》，人民出版社 2020 年版，第 10 页。

② 参见人民日报评论部：《“属地管理”不是责任转嫁——让干部有更多时间和精力抓落实》，2020 年 5 月 19 日，https://www.ccps.gov.cn/llwx/202005/t20200519_140377.shtml。

不了”的问题。[①]

北京市探索的党建引领“街乡吹哨、部门报到”的经验做法同样是属地管理与网格化党建相结合、提升党建服务的典型案例。2017 年以来，北京市逐步推进“街乡吹哨、部门报到”的做法，将党的建设贯穿于基层治理全过程。北京市发挥党的政治优势和组织优势，在明确划分市、区、街乡事权的基础上，强化街乡党（工）委的核心领导地位和统筹协调能力，向基层党组织和基层政府赋权；组织“条条”“块块”力量下沉到基层，加大属地政府的管理力度，明确执法部门间的职责和权限；利用网格化党建联动组织体系，及时收集群众提出的需求，发现基层治理问题，据此形成项目清单、需求清单，并建立党建协调委员会机制，由街道党（工）委统筹各职能部门围绕清单内容开展工作，实现在群众家门口办事、办好群众家门口的事。[②]

除了根据属地管理原则凝聚各方合力提升党建服务水平，还应该看到，各地区同样按照属地管理原则，灵活转变党员、党支部管理方式。江苏省徐州市泉山区王陵街道按照属地管理、就近管理的原则，在 9 个社区建立楼道党支部 54 个、党小组 135 个，有效加强了对党员的教育管理。广东省湛江市也按照属地管理原则，管理失联党员，将各失联党员就近安排到社区党组织。2017 年，云南省昆明市官渡区太和街道成立了“区域化联合党（工）委”、社区“大党委”，将辖区内多家党政事业单位，还有企业、学校以及“两新”组织等纳入社区管理范围，破解了社区和区域党建的属地管理难题，让基层党组织职能得到了更好发挥。陕西省汉中市城固县按照属地管理原则，将 176 个驻莲花街道社区的县直部门单位、国企、学校、医院、“两新”组织党组织全部纳入街道社区的统一管理，凝聚合力，有事各成员单位一起商量，进一步提升了街道社区党组织的组织力。[③]

网格化管理是推动基层治理的有力载体，也是创新城市基层党的建设实践机制的重要抓手。[④] 网格化党建承担着提升党的组织力、巩固党的执政基础的作用，也具有基层治理的兜底功能。一方面，网格党支部的建立解决了当前社会人口的高流动性带来的党员管理难题，紧密联系群众，加强党的政治

① 参见全国党建研究会秘书处编：《城市基层党建理论与实践——全国城市基层党建工作理论研讨会资料汇编》，党建读物出版社 2019 年版，第 150 页。

② 参见全国党建研究会秘书处编：《城市基层党建理论与实践——全国城市基层党建工作理论研讨会资料汇编》，党建读物出版社 2019 年版，第 60～64 页。

③ 参见田进新、何炳君：《打破壁垒拧成绳 四同四共促共赢——城固县推行“四同四共”工作法加强城市基层党建》，2020 年 4 月 1 日，http://www.sx-dj.gov.cn/a/csdj/20200401/22969.shtml。

④ 参见沈建波：《基层党建引领城市治理现代化的探索与实践》，《新视野》2021 年第 1 期。

建设和组织建设；另一方面，网格化党建实现了精细化管理，拥有多种身份、角色的网格员既是群众问题的收集者，也是网格问题的解决者，在化解社会矛盾、提升基层治理水平方面发挥重要作用。未来党建工作中，要继续坚持精细化网格系统发展，理顺条块关系，引入“互联网＋”技术，将网格化党建做实做细。

第五章 新时代城市社区党建机制优化的创新形态

机制是各要素之间的结构关系和运行方式。城市社区党建机制是指党建标准化管理、党员与干部培养、党建责任与党建绩效等要素的结构关系与运行方式,直接关系城市社区党建质量。要使城市社区党建向纵深推进,更好发挥自身作用,必须在新时代的实践中不断摸索,完善党建工作机制,实现党建管理机制规范化、党员干部培养机制高质化、党建责任机制系统化、党建绩效机制实效化。

第一节 城市社区党建标准化管理机制的创新

2014 年 3 月,习近平总书记在河南省兰考县调研党的群众路线教育实践时指出:“标准决定质量,有什么样的标准就有什么样的质量,只有高标准才有高质量。”[①]这是党内首先将标准化理念与党建工作相结合。2018 年 7 月,习近平总书记在全国组织工作会议上的讲话中再次强调,“要加强支部标准化、规范化建设”[②],这意味着标准化、规范化党建已经成为新时代党建工作的题中之义。2018 年 11 月,中共中央印发《中国共产党支部工作条例(试行)》,明确提出“加强党支部标准化、规范化建设”[③]。这意味着党建标准化建设已成为中国共产党的制度安排,中共中央也为此制定了相应的制度目标,为新时代党建工作提出了新要求。

---

① 《习近平在调研指导兰考县党的群众路线教育实践活动时强调 大力学习弘扬焦裕禄精神 继续推动教育实践活动取得实效》,《人民日报》2014 年 3 月 19 日。

② 习近平:《在全国组织工作会议上的讲话》,人民出版社 2018 年版,第 14 页。

③ 《中国共产党支部工作条例(试行)》,党建读物出版社 2018 年版,第 2 页。

党建标准化是指按照“简化、统一、协调、优化”的原则，推进党建工作制度系统化、职责明晰化、内容规范化、操作程序化、方法效能化、考核精细化，并以追求最佳秩序、获取最大效能为目标，充分发挥其可复制、可推广的优势。① 它实质上是将党内法规规定的工作内容更加具体与可操作，使之成为能够指导实践工作的要求和标准，确保工作能够在规范的轨道上平稳运作。

判断城市社区党建是否标准化首先是将上级党组织对党建的基本要求与社区实际相结合，根据不同社区类型或社区治理实际状况对党组织进行科学合理设置，并创新相应的制度机制。党组织标准化建设通常涉及业务内容、班子队伍、党建经费、办公用地等要素，以解决问题、规范行为为着力点，切实补齐工作中的短板，一是明确界定基层党组织日常行为边界，在党建标准化建设过程中，通过树立规范、确定规矩，明确什么事该做，什么事不该做，促进党员干部增强党员身份认同与政治责任感；二是形成政策文本，为党建标准化提供政策依据，为规范各类主体或工作奠定了基础；三是以党建工作标准化为切入点，规避城市社区党组织腐败行为，推动全面从严治党向基层延伸。

一、党建业务内容标准化管理

当前城市社区党组织日常工作仍在一定程度上存在虚悬的情况，部分城市社区党建工作要求并没有固定的标准和操作规范，这也造成党建考核标准相对泛化。因此，党建业务内容的标准化实质上可以将较为抽象的理论话语转为更贴近现实的操作说明，通过明确各类工作的具体步骤，筛选剔除重复低效的环节，真正将党建工作落实下去，建立高效率、高质量的工作体系。

明确党建业务内容的规范化。通过可操作化的政策将党章党规以及相关文件中关于党建的业务内容和要求转化出来，结合城市社区发展现状将抽象概念具象化，并明确社区组织、党员干部以及普通党员的职责或行为规范，使各自的权责范围有清晰的界限，推动各项工作在各自管辖范围内平稳运行。与之相对应，不同主体的行为举措也必须以党章党规党纪为依据，既能明确不同主体的不同权限，也能规范统一同类主体或同类事项的标准。北京市大兴区旧宫镇为引导在职党员主动参与社区建设和便民服务，分别制定了明确的工作目标、完成期限、执行标准和监督举措。党员分别根据自身的特长与实际情况自行认

① 田世宏：《积极探索党建标准化工作》，《紫光阁》2017 年第 10 期。

领工作任务，并向社区党支部和工作单位实行双向备案。[①] 北京市房山区试点建立“基层组织党建健康诊断平台”，将基层党组织工作标准进行指标量化，根据社区党组织上传的文字、图片、视频等，进行对比打分，最终给出系统分值和健康指数，并根据此标准对社区党组织进行约谈或预警提醒，以提升城市基层党建工作水平。[②] 河北省邯郸市临漳县实行工作目标责任制，将工作目标分解下去，明确规定完成的时间与期限。一是按照已确定课题的总体目标，把各单位承担的任务目标量化到具体时限和标准；二是对各项工作目标进行分解细化，将任务落实到人；三是分别与责任单位签订目标责任书。每位成员都承担明确的责任，只有这样才能真正提升工作质效。[③] 上海市长宁区华阳路街道将其自行制定的161项标准浓缩提炼成《华阳街道社区工作标准化管理手册》和《华阳街道社区工作标准化运行保障手册》，主要包括社区综合服务管理工作标准、社区工作岗位标准和社区综合服务管理运行保障标准，从而将党建工作目标与任务很好地整合在一起，以便未来各项工作更好地开展。[④]

增强业务内容之间的统筹性。党建工作中各类主体的行为以及各类事项的推进并不是只在各自轨道上运作的，而是需要通过相互协调与协作，将各主体、各环节紧密联系起来。在实现以上业务内容的标准化后，城市社区党组织通常会构建定性与定量相结合的考核指标体系，提升党建内容标准化这一过程，充分发挥业务内容的真正优势。北京市顺义区自主制定党建工作评价标准，将他评与自评结合起来，对于自我审视、全面剖析总结党建工作具有其独特的优势。北京市西城区把抓党建、抓领导班子和干部队伍建设的实效作为对党(工)委、党组特别是书记的考核重点，科学设置各项考核测评指标；同时，对其他党员领导干部也提高党建工作方面的考核权重。注重多维度考核，提出将年度考核与日常考核有机结合，借鉴干部选拔任用“一报告两评议”、书记履行干部选拔任用职责离任检查、书记抓基层党建工作专项述职等结果，定期分析各党(工)委、党组以及委员履职情况，切实考准考实党员领导干部的履职情况和

---

① 参见《大兴区旧宫镇“四个双向” 助推在职党员进社区工作》，2015年2月15日，https://www.bjdj.gov.cn/article/15097.html。

② 参见《房山区着力构建“共商共治共享”城市党建新格局》，2018年1月22日，http://www.bjdj.gov.cn/article/16004.html。

③ 参见《河北临漳：以“五步工作法”推动组织工作科学化》，2016年7月21日，http://dangjian.people.com.cn/n1/2016/0721/c399425-28573714.html。

④ 参见《上海华阳路街道：坚持党建引领建立标准体系提升街道综合服务管理水平》，2017年8月10日，http://dangjian.people.com.cn/n1/2017/0810/c412046-29461844.html。

工作实绩。[①] 湖南省长沙市天心区认识到街道作为城市基层党建工作整合平台的重要性，推行"大工委制"，赋予街道党(工)委整合辖区内党建资源、统筹辖区内党建工作的职能。[②]

二、党建班子队伍标准化管理

基层党组织战斗堡垒作用发挥如何，与组织设置、组织内部架构、人员配备、运行机制是否规范密切相关。[③] 班子队伍标准化正是通过对基层党组织的组成人数、任期、委员任期和分工等内容的优化组织来充分发挥自身的战斗堡垒作用。

一是加强支部班子建设。班子队伍标准化建设并不单纯对党员干部的行为进行规范约束，而更多指的是班子队伍的整体性建设与状态，即适时调整班子结构，以发挥班子队伍的整体性功能。首先，社区党组织严格按照党章党规要求，按期换届，注重提拔与任用有本领、有想法、有闯劲的党员，将具备良好政治素质、组织和协调能力，敢于担当、乐于奉献的优秀党员纳入党支部书记后备队伍。其次，注重班子队伍建设，除了明确年龄、专业、学历层次等显性标准以外，也重视性格、能力、素质等隐性标准的评判，做到选优配强，遴选出一批可以搭配优化、相互互补且整体能力强的队伍班子。重庆市江北区华新街街道实行以基层党支部为主体，以"基本责任、基本动作、基本程序、基本资料和信息化"为主要内容的"四基一化"管理，从党组织书记、分管领导、班子其他成员三个层面明确"研究谋划举措、督促制度落实、指导活动开展"等 12 项基本职责。[④] 四川省德阳市罗江区在社区党组织换届试点工作中，探索试行社区党组织书记任职资格考试，在考试结果的运用上，不仅以合格作为衡量能力水平的标准，而且按照优中选优、综合协调的原则，把高分段考生作为社区党组织书记的主要培养对象，并着眼于提升党组织班子结构的科学化水平，将不同类型、不同特点的参选人进行合理组合，务求最大限度地发挥社区党组织推动发展、服务群众、维

---

① 参见《西城区制定实施党(工)委党组建设意见》，2015 年 7 月 31 日，http://www.bjdj.gov.cn/article/15175.html。

② 参见陈勇、周雄等《点亮精神之灯 焕发磅礴之力——天心区创新城市基层党建工作纪实》，2018 年 1 月 25 日，http://www.hxw.gov.cn/content/2018/01/25/2904601.html。

③ 参见胡秉俊：《以党支部标准化建设为抓手提升机关党建质量》，《学习时报》2018 年 8 月 27 日。

④ 参见《江北区改进和加强基层党建工作　"四基一化"规范党内政治生活》，2017 年 8 月 15 日，http://news.youth.cn/jsxw/201708/t20170815_10513066.htm。

护稳定、促进和谐的重要作用。[①] 四川省德阳市广汉市以新丰镇金华社区、雒城镇顺德社区为试点，通过不断创新选用机制、不断健全培训体系、不断完善监督机制，加强社区班子队伍建设。通过"选、派、聘"多种方式，选优配强社区"两委"班子，先后有10人通过公开选聘走上社区工作者岗位。[②]

二是强化党员队伍素质建设。通过举办各类党员理想信念教育活动不断调动党员的主动性、积极性和创造性，推动其将思想自觉转化为行动自觉，在牢固树立"四个意识"的同时发挥先锋模范作用。因此，只有全方位提升党员的基本素质才能为党建工作的综合效能提供基础性动力。一方面，跟进党员思想动态的演变，时刻通过教育培训等方式提高党员干部的思想高度；另一方面，落实党内积分管理等制度，引领各位党员主动学习，积极发挥先锋模范作用。四川省遂宁市蓬溪县城南新区成龙社区大力实施"素质提升工程"，通过岗前培训、定期调训、外出参观学习等形式，对社区干部实行集中培训或"差异化"培训。建立"一评三优"("十佳"社区干部评选，优先学习、优先培养、优先使用)表彰激励制度，形成了"能者上、平者让、庸者下、劣者汰"的良好氛围，党支部班子凝聚力和战斗力进一步增强，服务群众的能力和水平进一步提高。[③] 四川省成都市温江区以履职能力为重心打造社区"两委"干部队伍。坚持"书记抓、抓书记"，形成一支老中青梯次搭配、政治素质强、发展能力强的社区带头人队伍；分层分类分专题开展履职培训，组织到上海、杭州等发达地区的异地培训，遴选13名社区干部到武侯区黉门街社区等地跟岗学习，全面提高社区干部的"会思""会说""会干"能力。[④]

三是推进支部整体功能建设。切实将政治建设作为根本性建设，把握好政治方向，时刻担负起政治担当，坚持政治标准，将党支部真正建成学习型、服务型、创新型组织，建强党在基层的坚实战斗堡垒。广东省深圳市于2017年出台《关于推进城市基层党建"标准＋"模式的意见》，明确到2018年建成"1＋10＋N"党群服务中心联盟体系，在这过程中通过系统平推，形成整体性格局，不仅优

---

① 参见《罗江县在村(社区)党组织换届试点中试行任职资格考试》，2013年6月28日，http://www.gcdr.gov.cn/content.html? id＝28094。

② 参见《广汉市"四突出四着力"倾力打造群众满意社区》，2013年12月12日，http://www.gcdr.gov.cn/content.html? id＝27182。

③ 参见《蓬溪县成龙社区"五心"工作法建设服务型党组织》，2014年7月29日，http://www.gcdr.gov.cn/content.html? id＝27283。

④ 参见《大党建大格局　多单元微治理——温江区积极探索党建引领社区发展治理新路子》，2017年9月14日，http://www.gcdr.gov.cn/content.html? id＝25714。

化了密切联系党群关系的共享平台，更拓宽了党员服务群众的阵地。[①] 甘肃省甘南藏族自治州合作市通钦街道围绕“上海工作会议”精神，把组织体系重构作为提升街道、社区政治功能、服务功能、统筹协调功能的重点任务，确保街道社区党组织成为连接辖区内各领域党组织的坚强“轴心”。[②]

三、党建经费使用标准化管理

党费的使用与管理由专门的党委组织部门负责，同时作为党务公开的一项重要内容也受党员以及党员代表大会的审议与监督。党费是党员教育经费的补充，基本用途包括培训党员、订阅或购买报刊资料、表彰先进、补助生活困难党员、修缮党员教育设施等。[③] 党建经费属于国家公款，不能擅自挪用。推动党建经费使用标准化，不仅能够促使党建活动有效运转，更能有效遏制腐败。

明确经费使用的责任分工。习近平总书记强调：“党要管党，才能管好党；从严治党，才能治好党。”[④]党建活动经费作为涵盖党建活动全过程的资金链条必然被纳入党的“管”的职责范围，同时需要注意的是，这样的“管”不仅仅是对经费的使用结果进行清算与管理，更能清楚了解经费使用情况与过程、每一环节的经手人以及交易金额，实现党费管理的透明化。另一方面，党建经费的经办人与使用人员提前被告知各个环节各自的职权与责任，真正做到责任主体以及责任内容贯穿党建活动全过程。安徽省淮南市谢家集区强化经费投入，将基层党建工作经费和服务群众专项经费列入财政预算，严格落实社区工作经费和服务群众专项经费使用细则，确保专款专用。[⑤] 山东省济宁市印发《济宁市城市基层党建工作经费管理暂行办法》，规定了城市基层党建工作经费由各级财政统筹安排，主要包括城市社区党组织书记和其他“两委”成员补贴报酬、城市社区党组织服务群众专项经费、城市社区党组织工作经费，以及社区服务设施、社区信息化建设等各项经费。城市社区党组织书记和其他“两委”成员补贴报酬

---

① 参见《广东深圳市：构建“1＋10＋N”党群服务中心联盟体系　打造城市基层党建坚强战斗堡垒》，2018年10月10日，http://dangjian.people.com.cn/n1/2018/1010/c420318-30333391.html。

② 参见《创新城市基层党建模式 激活社区治理一池春水——合作市通钦街道党建工作纪实》，2019年9月9日，https://www.gsdj.gov.cn/detialsMain.html? title＝urbanCommunity &nodeId＝127&childNodeId＝115&nodeIdFlag＝4871&state＝1。

③ 参见冯卓西：《党建活动经费的使用与管理》，《现代审计与经济》2019年第6期。

④ 《习近平在全国组织工作会议上强调　建设一支宏大高素质干部队伍　确保党始终成为坚强领导核心》，《人民日报》2013年6月30日。

⑤ 参见《淮南市谢家集区实施“三化同步”　夯实社区党建工作》，2020年4月27日，http://www.ahxf.gov.cn/Home/Content/1066954? ClassId＝6169。

按照不低于上年度本县(市、区)在岗工资水平标准安排。城市社区党组织服务群众专项经费按照市中心城区每个社区每年不少于20万元,其他县(市)社区每年不少于10万元标准安排,为每个网格党支部服务群众列支原则上不少于3000元的工作经费。城市社区党组织工作经费按照每千户每年不少于2万元、每个社区每年不低于6万元的标准安排。[①]

设置经费使用的规范标准。在实际生活中,部分城市社区党组织存在某些拿着党建经费充当个人工作补贴、将党建活动视作公费旅游等不良现象。城市社区党组织严格把关党建经费的使用标准及规范,并出台使用细则,为基层党组织明确党建各主体以及相关人员如何开展活动提供政策依据。北京市大兴区林校路街道通过制定《基层党组织服务经费管理办法》,并执行"三会三审四监督"即三次会议、三步审核和四项监督[②],从经费使用范围规定确定服务项目到审批经费使用情况再到经费使用情况的监督,从全方位规范了党建经费的使用。北京市石景山区制定了《社区党建统领服务群众经费管理使用实施细则(试行)》,通过细化经费使用范围、严格民主管理流程、统筹推进项目实施,为广大群众打造精品服务项目,以提升社区党组织服务能力。[③]

强化经费使用的服务效用。《中央和国家机关基层党组织党建活动经费管理办法》(以下简称《办法》)指出:"各单位应当按照本办法,结合本单位业务特点和工作实际,制定基层党组织党建活动经费管理具体规定。"[④]城市社区党组织根据自身实际,在《办法》的指导下,自主决定与制定关于规范党建活动经费使用的标准与办法,同时根据当地经济发展水平建立正常增长机制,积极协调当地财政部门在可控范围内适当加大经费的投入力度,日渐完善经费管理制度体系,从而进一步推动从严治党的实现。此外,也通过加强对经费使用的监督与管控,确保经费使用能够落到实处,充分发挥其物质保障的作用。北京市石景山区整合社区公益金、社区办公经费、服务群众经费、党组织工作活动经费,并尽可能地加大党建活动经费,同时也建立"社区工作保障和服务群众专项经

---

① 参见《济宁市出台〈济宁市城市基层党建工作经费管理暂行办法〉》,2019年7月8日,http://www.dtdjzx.gov.cn/staticPage/jcdzzjsw/citydymic/20190708/2555146.html。

② 参见《大兴区林校路街道"三会三审四监督" 严把基层党组织服务群众经费管理总开关》,2015年9月11日,http://www.bjdj.gov.cn/article/14938.html。

③ 参见《石景山区各街道落实社区党建统领服务群众经费,增强社区党组织服务功能》,2016年3月23日,http://www.bjdj.gov.cn/article/17398.html。

④ 财政部:《关于印发〈中央和国家机关基层党组织 党建活动经费管理办法〉的通知》,2017年9月4日,http://www.xinhuanet.com//fortune/2017-09/04/c_1121603045.htm。

费”，为服务群众提供物质保障。[①] 北京市怀柔区着眼于提升党建经费服务群众的实际效益，采用“群众点单”服务经费使用方式，并针对不同类型的小区，由网格内党员与居民代表深入联系群众，确定不同的经费使用模式。如针对老旧小区改造难的问题，社区党组织将1300余万元服务经费集中用于单元改造、环境整治、安装便民设施等160多个建设项目；针对无物业小区，社区党组织以社区网格为单位，指导业委会采取自我服务或物业服务外包形式对住宅区进行自治管理。[②] 内蒙古自治区鄂尔多斯市政府也根据自身实际情况，在全面保障自治区10万元服务群众专项经费的基础上，逐年增加经费投入，至今全市社区平均工作经费超过6万元。[③] 安徽省宿州市埇桥区韩池孜社区严格落实社区办公经费、党建经费、服务群众专项经费等各项费用，并规定社区工作经费必须达10万元，服务群众专项经费不低于15万元。[④] 广东省深圳市同样明确基层党组织活动经费纳入财政预算，以每个社区每年10万元为基数，再按照每名党员500元的标准拨付党建经费，市、区财政每年投入社区、园区服务群众的经费达30亿元。[⑤]

四、党建办公用地场所标准化管理

党建办公用地是党建工作的基础性设施，是对党员开展教育、培训、管理、服务的基本阵地，能够为落实“两学一做”学习教育常态化、制度化要求提供场地保障。建立固定的党建办公场所，应保证其具有统一的标准，并可以通过资源共享、一室多用的方式确保党建办公场所真正发挥作用。

根据《中国共产党支部工作条例(试行)》《关于新形势下党内政治生活的若干准则》等相关文件的规定，城市社区党组织进一步明晰党建办公用地的设施设备、建设标准、管理办法、用地规模等主要内容，推动办公用地真正发挥在社区党建中的基础性保障作用，真正成为党员政治学习以及思想教育的平台，以

① 参见《石景山区扎实做好社区“两委”换届前期准备》，2015年4月2日，http://www.bjdj.gov.cn/article/15130.html。

② 参见《怀柔区依托社区网格抓党建促服务》，2016年9月5日，http://www.bjdj.gov.cn/article/17485.html。

③ 参见《内蒙古鄂尔多斯：全面推行街道社区“一核心三融合”党建工作机制》，2017年3月2日，http://dangjian.people.com.cn/n1/2017/0302/c406978-29119232.html。

④ 参见《宿州埇桥区韩池孜社区：以党建为龙头推进社区建设》，2020年6月26日，http://www.ahxf.gov.cn/Home/Content/1070838?ClassId=6169。

⑤ 参见《加强城市基层党建 夯实党在城市的执政基础——各地加强城市基层党建工作探索综述》，2017年8月22日，http://www.hxw.gov.cn/content/2017/07/25/566218.html。

高质量的党建水平建构党员的身份意识与责任意识，不断增强社区党组织的凝聚力与引领力。

保证办公用地面积达标。当前，多地对现有的党建办公用地进行健全与维护，对新批的党建办公用地进行评估与建设，并及时更新维护、加强管理，保证党员在开展党建活动时具有固定的活动场所，不断营造浓厚的党建宣传教育氛围。辽宁省辽阳市白塔区跃进街道充分利用上级补助资金，多方争取驻街企事业资源使社区党员服务中心面积全部达到400平方米，爱民社区面积达到1740平方米，在确保面积达标的情况下，逐步完善党建活动平台，并合理规划党建办公用地的功能区域，创新各类党组织沟通协商模式。① 广西壮族自治区桂林市象山区在全区范围开展创建“漓水象山·党员工作室”行动，要求社区服务场所达到500平方米以上，党员工作室综合使用面积100平方米以上，并在党员工作室下设9个功能服务站。② 陕西省西安市始终坚持以政治功能引领服务功能，加大党建办公用地的建设力度，目前全市社区办公用房面积普遍达到300平方米以上。③ 陕西省商洛市商南县大力推进阵地建设，组织263个驻区单位同6个社区建立共享党建阵地210个（面积达6000余平方米）、活动广场17处、体育设施110套。④ 陕西省渭南市除了保证办公面积达标，从阵地建设的标准、场所的布局、标识制度、管理维护等方面也对办公场所进行了细化和明确。⑤

提高办公用地的综合服务水平。根据多种需要设置不同类型的党员活动室，通过打造综合性的服务平台为党员开展理论学习或其他活动提供便利。党建办公用地的建立可以突出其鲜明特点与元素，以推动其真正成为党员教育管理以及党群干群密切联系的重要阵地。在此基础上还可以通过创先争优创新党建办公用地的基础性功能，如通过党员创新工作室、党员先锋岗等党建阵地推动党建工作的功能转换，将内源性动力通过自身功能的发挥转换成推动与群众联系的外源性动力，充分发挥党员干部的模范作用。除此之外，当这两种动能交叉发挥作用时，更能彰显宣传阵地的作用，通过反映党建工作的新进展与

---

① 参见《辽宁辽阳白塔区跃进街道：“党建＋”打造街道社会治理新引擎》，2018年9月26日，http://dangjian.people.com.cn/n1/2018/0926/c420318-30315031.html。

② 参见《桂林市象山区：以“小杠杆”撬动城市社区治理的大效益》，2018年9月10日，http://www.bgxf.gov.cn/staticpages/20180910/newgx5b95d3e4-12502.shtml。

③ 参见《西安市坚持互联互动互融互通　着力构建全市城市大党建新格局》，2019年7月9日，http://www.sx-dj.gov.cn/a/csdj/20190709/3869.shtml。

④ 参见《商南“六＋”模式创建“城市基层党建示范县”》，2019年11月29日，http://www.sx-dj.gov.cn/a/csdj/20191129/13647.shtml。

⑤ 参见《渭南城市基层党建7个标准化建设　覆盖6个领域》，2020年3月10日，http://www.sx-dj.gov.cn/a/csdj/20200310/21470.shtml。

新成果增强党组织的生机与活力。北京市朝阳区通过新建、改扩建、整合资源等方式，加强党建办公用地功能区的扩建，以增强汇集民意、服务群众的功能。[①] 山东省德州市禹城市市中街道高津社区以社区服务室的党员活动室、居民娱乐室、图书室等场所为依托，组织社区居民开展丰富多彩的精神文化活动，积极宣传社会主义核心价值观，弘扬了人心思进、积极向上的正能量。社区结合"三八"妇女节、"五一"劳动节、"七一"建党节等节庆日，精心设计了"七一"党群大联欢等不同特色的活动主题。[②] 山东省烟台市福山区清洋街道福惠社区于2014年投资900余万元倾心打造福惠社区党员活动服务中心。中心建筑面积达4000平方米，集党员活动、便民服务、医疗卫生、居家养老、日间照料、文化娱乐等功能于一体，为党组织生活、党员教育培训、档案资料存储以及服务群众提供了有力的场所保障。[③] 在广东省深圳市福田区皇岗社区的共和世家小区，为解决党支部没有固定场所，工作、学习、活动无法正常开展的难题，党支部、新一届业委会与管理处三方协商，广泛征求业主意见，并先后通过民生微实事项目和社区党建经费，投入资金20多万元将小区16栋底层大约300平方米的空置房加以利用，改造成了休闲运动室，同时腾出原有乒乓球室改造成文化阅览室。[④] 湖南省衡阳市雁峰区自2014年起陆续在31个社区建成"先锋家园"阵地，建设党员活动中心、阅览室、党建宣传园地等党建活动场所。[⑤]

第二节　城市社区党员与干部培养机制的创新

习近平总书记在党的十九大报告中指出："要以培养担当民族复兴大任的时代新人为着眼点。"[⑥]基层党组织是孕育时代新人的主阵地，是党的一线战斗

① 参见《朝阳区委组织部开展基层服务型党组织建设试点工作》，2014年6月20日，http://www.bjdj.gov.cn/article/17798.html。

② 参见《构建"一门受理、协同办理"的城区社会管理新机制——禹城市市中街道高津社区党总支事迹材料》，2017年2月24日，https://www.dtdjzx.gov.cn/staticPage/jcdzzjsw/citytypecial/20170224/714641.html。

③ 参见《强基固本增活力　优化服务促和谐——烟台市福山区清洋街道福惠社区党总支事迹材料》，2017年6月14日，https://www.dtdjzx.gov.cn/staticPage/jcdzzjsw/citytypecial/20170614/2377097.html。

④ 参见《让党组织在基层管理中　发挥更核心作用》，2019年7月30日，https://baijiahao.baidu.com/s?id=1640466946939137894&wfr=spider&for=pc。

⑤ 参见《湖南衡阳市雁峰区探索党建引领城市基层治理　党员解难事　社区更和谐》，2019年12月12日，http://www.hxw.gov.cn/content/2019/12/12/11391981.html。

⑥ 习近平：《决胜全面建成小康社会　夺取新时代中国特色社会主义伟大胜利——在中国共产党第十九次全国代表大会上的报告》，人民出版社2017年版，第42页。

堡垒，对培养党员干部担有重要责任，不仅能够选拔优秀人才，更能发挥党组织教育引导优势。因此，如何选人、用人、育人、评人是新时代培养时代新人需要解决的迫切问题与应有之义。

需要注意的是，选人、用人、育人、评人的选育过程必须始终将政治原则放在首位。只有在保证党的路线方针政策与培养党员干部的具体实践相结合，才能增强党员干部培养机制的目标性与方向性，不断推动党员干部提高自身理论修养以及与时俱进的实践能力。

一、选人：严格入党程序与严把党员质量结合

新时代处于社会转型时期，党组织应当具有高度的适应性，通过科学合理的党员吸纳机制，选好人才，为党员队伍输入新鲜血液，保障党组织的先进性与纯洁性。发展党员是党建工作中的一项常规性工作，也是各级党组织面临的一项重要课题。自2014年中组部新修订《中国共产党发展党员工作细则》以来，各地各单位依据自身实际情况出台了相应的发展党员工作细则，并且严格按照“控制总量、优化结构、提高质量、发挥作用”[①]的总要求，将严格入党程序与严把党员质量相结合，以增强党组织的凝聚力与战斗力，也强化了党组织的培养责任意识，规范了发展党员的程序。

明确党组织的主体责任。明确多层级党组织主体责任，在党员发展及培养工作中形成党委（工）委、党总支、党支部、党小组四级党组织的合力，并在后续工作开展中具体落实各主体责任，形成层层落实的责任组织设置体系。湖南省长沙市岳麓区全面推行基层支部、有关部门、上级党（工）委三级培养考察模式，推动基层支部培养考察，落实直接责任；部门联合培养考察，落实监督责任；党（工）委培养考察，落实主体责任。[②] 安徽省六安市金安区中市街道党建办、计生办、司法所、综治办、辖区派出所等部门密切联动，对于发展党员过程中出现的问题及时沟通对接，对于出现影响党员继续培养的问题及时反馈并做出处理。新发展党员跟踪培养满一年后，支部在认真听取党小组、帮带责任人和党员群众意见的基础上，全面考量其政治表现、履职尽责、服务群众等情况，作为转为正式党员、延长预备期或取消预备党员资格的重要依据。压实基层党支部、街道党工委审查责任，每名入党的党员都要经过评议、培训、考核，考核合格方可递进培养和发展，对“两推”会、支委会、党员大会、公示等关键环节全程纪实、全

---

① 《中国共产党发展党员工作细则》，人民出版社2014年，第7页。

② 参见《湖南长沙市岳麓区：全面推行“三三制”严把党员入口关》，2016年11月3日，http://dangjian.people.com.cn/n1/2016/1103/c406978-28832461.html。

程监督。[①]

建立健全规章制度。湖南省长沙市岳麓区将从培养入党积极分子到发展对象再到接收预备党员直至转正等各项发展党员工作的规章制度规范化，以《中国共产党章程》、中组部及地方的《发展党员工作细则》以及其他党内相关规章制度为指导，根据本单位的实际，制定适合本单位特点的《发展党员工作细则》《入党积极分子培养细则》《党员答辩述职制度》《党内组织生活制度》《发展党员工作责任制》等相应的规章制度，严格规范发展程序，使党员发展工作真正做到有据可依、按章办事，更加科学化和规范化，为确保党员质量提供严格的制度保障。[②] 北京市海淀区北下关街道社区严格执行《中国共产党发展党员工作细则》，并制定《申请入党人员和入党积极分子基本情况统计表》，将申请人的基本信息全部记录在册，确保发展党员工作的各项程序有据可查。[③] 北京东城区建国门街道在发展党员工作中由社工委副书记面向全体机关、社区和非公党组织书记举办发展党员工作专题培训，并将举办党员工作培训纳入新任基层党组织书记培训内容体系，对《东城区发展党员工作手册》和《中国共产党发展党员工作细则》要求进行了统一学习和解读，确保党务工作者掌握发展党员工作政策流程，按照"三抓三严"理念认真做好发展党员工作。[④]

探索入党程序的新机制。完善党员吸纳机制有助于党员发展工作的规范化与常态化开展。城市社区党组织首先对党员入党前实施动态管理，一方面将每个阶段的学习情况都记录在案，提高党员管理的动态性与实效性；另一方面可以及时追踪党员的思想动态，推进党员培养工作。其次，设置动态考核机制，通过设计多样化的考核指标体系，注重党员的过程培养，对其进行经常性的鞭策与监督，使发展党员的工作程序全方位地展示在人民群众面前，从而形成风清气正的外部环境。一方面发挥人民群众的监督作用，重视人民的言论与反馈，加强对入党积极分子及发展党员的评议和监督；另一方面，构建党内监督机制，根据入党积极分子及发展党员自身的言行，适当地实施奖惩机制，以营造风清气正的政治生态。贵州省贵阳市花溪区明珠社区通过实施由发展预评估、个

---

① 参见《中市街道：三举措做好新发展党员培养工作》，2020 年 10 月 23 日，http://www.jaxf.gov.cn/content/detail/5f923b5b7f8b9a5031bffe06.html。

② 参见王薇薇：《党员发展质量保障体系构建》，《人民论坛》2015 年第 26 期。

③ 参见《海淀区北下关街道社区卫生服务中心党支部三项举措提高发展党员质量》，2015 年 9 月 11 日，http://www.bjdj.gov.cn/article/14940.html。

④ 参见《北京建国门街道坚持"三抓三严" 做好发展党员工作》，2016 年 2 月 18 日，http://dangjian.people.com.cn/n1/2016/0218/c117092-28133503.html。

性化培养、双评议考核等流程构成的“工程项目式发展党员”方法，严把党员入口关。[①] 湖南省湘潭市湘乡市望春门街道党(工)委从严处要求、从细处考察，纪工委全程参与党员发展，力求向党组织输送信仰坚定、能力出众、素质过硬的新鲜血液，确保党员发展与培养的质量。各党(总)支部定期组织入党积极分子和发展对象进行民主测评，入党积极分子表现怎么样，群众说了算。在入党培训期满后，街道党(工)委组织对考察对象进行党的理论政策知识测试，纪工委全程监督参与，并将测试成绩作为是否列为发展对象的参考，确保党员发展质量。[②]

除了注重党员培养联系工作的进展，即严格把关并定时关注入党积极分子或发展对象的思想动态，不断加大人民群众对发展党员工作的监督，发展党员在促成入党积极分子与发展党员自我完善的同时也能彰显党组织的先进性与模范性，推动人民群众向党组织靠拢。

提高入党积极分子与发展党员的质量。新时代城市社区党组织并不片面追求党员数量规模，而更关注党员的质量。一方面吸纳知识分子入党，提升党员素质水平，推动国家和社会的建设和发展；另一方面贴近人民群众，吸纳更多优秀基层工作人员，让入党名额向“实干”的基层人员倾斜。同时，需要注意的是，“德”与“才”是党员质量的衡量标准，只有严把这两种素质，才能选拔出全心全意为人民服务的党员干部，才能为党组织发展提供源源不断的动力。四川省巴中市经开区创新“楼栋长制”，制作楼栋长荣誉墙，评选年度最美楼栋和优秀楼栋长，实行优秀楼栋长优先发展党员、优先上派学习锻炼、优先纳入社区后备干部，培养优秀楼栋长为正式党员 2 名、预备党员 1 名，纳入社区“两委”班子成员 3 名。[③] 陕西省安康市采取政府购买服务的方式加强社区工作者和“四支队伍”建设，实施倾斜党员调控计划，共培养入党积极分子 32 人，新发展党员 21 人，不断壮大搬迁社区后续扶持发展的力量。[④]

创新党员考核方式。在入党积极分子与发展对象入党之后，城市社区党组织要多多关注他们的后续发展，通过将理论教育与实践教育相结合，注重理论

---

① 参见詹燕：《党建引领多元参与　共同构建和谐社区——花溪区明珠社区创新基层社会治理模式》，2017 年 8 月 21 日，https://www.gzzzb.gov.cn/cmsFront/contentFront/105000/11201030/1503291578588002.htm。

② 参见《望春门街道：纪工委加强党员发展工作监督考核》，2019 年 6 月 21 日，http://jw.xiangxiang.gov.cn/yewugongzuo/dangfenglianzheng/2019-06-21/7065.html。

③ 参见中共巴中市委组织部：《巴中经开区：“楼栋长制”打通基层治理“最后一公里”》，2020 年 6 月 10 日，http://www.gcdr.gov.cn/content.html? id=48901。

④ 参见张海浪：《安康：“五个五”切实加强易地搬迁社区党建工作》，2020 年 6 月 4 日，http://www.sx-dj.gov.cn/a/csdj/20200604/27120.shtml。

知识的与时俱进,借助新媒体工具建立矩阵式学习阵地,通过建立形式多样的党建网站引导入党积极分子和发展对象自主学习,形成多方面的教育合力,不断夯实他们的思想理念基础,推动其不断学习马克思主义中国化的最新成果,提升政治素质及思想觉悟。同时,也注重发展党员程序的实践性,通过深入社会生活实际,组织一系列教育实践活动,加强党员的党性修养和党性锻炼。湖南省长沙市雨花区对全区 27841 名党员进行登记,发放党员证,要求到所在社区报到,对其实行动态管理、跟踪管理、常态管理,作为评议党员、考核党员的依据。同时,也建立了全省首个"党员质量管理"APP,保障党员质量。① 陕西省西安市未央区依托基层党组织干部培训班、远程教育等平台和"学习强国 APP"等载体,加强干部教育培训,在一定程度上提升党员干部的专业素质能力。②

二、用人:党员干部自主发展与选派兼职对接

"社会生活规范的人"和"干部制度规定的人"相统一的干部面临社会转型时期的个体化发展需求③。新时代,党员干部与以往相比应更具自主发展的能力。他们是创新的探路人、事业的带头人、群众的领路人,要不断增强推崇创新、追求创新,形成以创新为荣的观念和意识,树立首创精神、进取精神、探索精神、拼搏精神、奉献精神和求是精神。领导干部的履职情况不仅关乎个人,更关乎一个地方的发展、一方百姓的福祉。④ 在城市社区党建的视阈下,党组织通常以选派与兼职两种方式推动党员干部自主发展能力的发挥。

当前社会处于转型时期,各类利益矛盾冲突众多,基层党组织常常会面临公共服务、社会保障、环境保护等方面的现实问题。因此,通过选派党员干部进基层,可以充分发挥其知识、信息、技术等资源优势,创新基层党组织体系,优化基层治理模式。除了选派党员干部带给基层的人才优势之外,基层也是锻炼党员干部的重要平台,一方面能够推动党员干部深入基层,深入人民群众的生活,与人民群众近距离接触与交流,密切与人民群众的联系,为贯彻落实群众路线奠定坚实基础,真正做到全心全意为人民服务,为人民办实事、谋幸福;另一方面也能提升自身能力素质,使党员干部得到锻炼,砥砺品德,真正推动其在基层

---

① 参见《长沙市雨花区积极推进党建引领基层社会治理》,2018 年 3 月 28 日,http://www.hxw.gov.cn/content/2018/03/28/3463440.html。

② 参见《未央区:"三抓三提升"补齐软弱涣散基层党组织整顿工作短板》,2019 年 7 月 22 日,http://www.sx-dj.gov.cn/a/csdj/20190722/4841.shtml。

③ 参见徐彬:《"自主——依附型"干部:内涵、特征与定位》,《科学社会主义》2013 年第 2 期。

④ 参见雷洁仪:《领导干部要坚持自主创新求发展》,2018 年 10 月 26 日,https://theory.gmw.cn/2018-10/26/content_31836105.htm。

中真正实现自身价值,做好为人民谋实事的决策。

提前谋划选派与筛选干部。城市社区党组织一般提前对党员干部的选派进行认真研究,并认真听取基层群众的意见与需求,根据基层的实际情况按照“人岗相适、用其所长”的原则进行合理分配,从候选人中精心挑选,并结合派出单位与现属单位的优势,开展实地调查研究,整合服务资源,有效落实各选派党员干部的主体责任,解决基层人民群众面临的真正难题。一些地区为了选派优秀党员干部下基层,设置了基层“第一书记”数据库,将符合条件的党员干部均纳入其中,保证数据库资源的完备。同时,做到“好中选优、优中选精”,派出强素质、高水平、严作风、年轻化的党员干部,为基层党组织带来生机与活力。湖北省咸宁市通过举办“支书微讲堂”培训基层党组织书记,并精心选派 76 名市直单位“一把手”到 118 家园区企业担任“第一书记”(党建顾问);向村(社区)选派党组织“第一书记”296 人。① 湖南省株洲市荷塘区实行“双向选择”模式优化选派方式,由项目建设任务最重的明照乡、桂花等 5 个乡办根据自身情况按需点将,区委组织部结合项目主管区领导意见,逐一征求预选派干部所在单位和本人意见。② 甘肃省平凉市灵台县为不断壮大专职社区工作者队伍,探索建立选派机关事业单位优秀年轻干部、新录用公务员到社区锻炼机制。③

发挥选派干部的协助建设作用。选派的党员干部通常能够依托自身以及派出单位的人力、物力等资源为基层党组织的发展提供支持。一方面可以协助社区党组织、各驻区单位等因地制宜抓好经济发展,解决基层人民群众的实际困难,并积极组织开展一系列社区文体活动,开创社会主义治理新风尚;另一方面可通过建立健全规章制度,创新组织体系,完善党建活动场所等具体措施,推进党建工作进一步提升。北京市东城区 2015 年选派 360 余名机关党员干部到全区 187 个社区脱产挂职半年,并定位“四协助”职能,即协助解决居民群众反映强烈的突出问题;协助推进基层服务型党组织建设;协助推进社区管理规范化建设;协助推进全区重点项目建设。④ 湖南省娄底市娄星区乐坪街道在全面

---

① 参见《湖北咸宁:支书微讲堂　激发新活力》,2015 年 9 月 7 日,http://www.jcqzw.com/zgdt/jcdj/201510/t20151029_845624.shtml。

② 参见《荷塘区:抓好“驻、建、炼、盯”,将组织优势打造成项目建设的第一引擎》,2013 年 8 月 15 日,http://www.hxw.gov.cn/content/2013/08/15/432886.html。

③ 参见《灵台县:实施“三级联动·四化整推”工程加强城市基层党建工作》,2020 年 6 月 30 日,https://www.gsdj.gov.cn/detialsMain.html? title=urbanCommunity&nodeId=127&childNodeId=115&nodeIdFlag=46522&state=1。

④ 参见《东城区“423”模式选派党员干部进社区服务群众》,2015 年 1 月 8 日,http://www.bjdj.gov.cn/article/15147.html。

推进社区标准化建设工作当中选派三名优秀年轻干部到社区担任“第一支书”，帮助社区在加强基层党建、解决突出问题、为民办事服务和提升治理水平等方面进一步提升，为创建服务型基层党组织、网格化管理、一站式服务大厅建设等社区标准化建设工作的具体推进注入新鲜力量。①

强化选派干部的培训、考核与监督。为使党员干部能够更深入地了解选派后的工作职责与权限，城市社区党组织制定相应的管理办法，详细规定选派的党员干部在工作期间培训、考勤、业务、考核等方面的内容。除此之外，定期举办基层党组织“第一书记”培训班，针对工作中可能会出现的各类实际问题对选派党员干部进行岗前培训；也根据年度工作目标承诺书、群众他评、单位测评、干部互评、个人自评等方式对党员干部进行量化考核，作为评优评先的重要依据。北京市东城区制定《进社区挂职干部管理办法》，从日常管理、严格考勤、监督考核等方面提出明确要求，将挂职干部的德才表现、工作实绩考评结果作为年度考核和选拔任用干部的重要依据。② 北京市西城区广外街道在 2018 年社区换届时面临中层干部大幅调整的情况，重点选派 24 名社区干部进行四个月的挂职锻炼，挂职期间开展为期一周的专题培训。挂职结束后每位干部认真进行总结，街道有关部门对挂职干部进行组织考察，明确使用方向。③ 除此之外，部分社区党组织也在推行“专职委员＋兼职委员”的社区党组织委员设置模式，旨在推动各驻区单位党组织融入社区党建，搭建社区治理建设的新平台。

明确兼职委员的产生程序与职责。兼职委员通常是各驻区单位组织的负责人或人大代表和政协委员，或通过公推直选产生，或由上级党组织委任以及社区党组织聘任。兼职委员通常承担以下职责：一是参与决策；二是解决难题；三是为人民群众办实事。兼职委员通常会与社区党组织签订专门的履职责任书，社区党组织也将对其进行考核，如履职不到位，有权对其进行罢免。天津市宝坻区在街道党（工）委和社区党总支的基础上，组建街道“大工委”和社区“大党委”，选聘兼职委员。街道“大工委”和社区“大党委”的书记、副书记分别由街道党工委和社区党总支书记、副书记兼任，委员采用“现有专职委员＋兼职委员”的模式配备。其中，兼职委员由辖区内有代表性和影响力的机关、国有企事

① 参见易敏：《乐坪街道选派优秀年轻干部到社区当“第一支书”》，2015 年 8 月 26 日，http://news.ldnews.cn/counties/louxingqu/201508/440506.shtml。

② 参见《东城区“423”模式选派党员干部进社区服务群众》，2015 年 1 月 8 日，http://www.bjdj.gov.cn/article/15147.html。

③ 参见《西城区广外街道扎实做好社区“两委”换届选举筹备工作》，2018 年 10 月 23 日，https://www.bjdj.gov.cn/article/18219.html。

业单位、非公经济组织和社会组织党组织负责人担任，主要采用聘任方式产生，社区兼职委员也可采取选任方式产生。兼职委员的产生通常遵循广泛推荐、组织遴选、上级批复、组织聘用、街道社区公示五个程序。[①] 安徽省黄山市黄山区芙蓉社区实行“双向进入，交叉任职”，积极推荐社区“两委”班子成员进入业委会，推荐业委会主任、物业公司负责人中的党员担任社区党员兼职委员，推荐在职党员担任小区业主代表。[②]

提高兼职委员的履职水平。新时代城市社区党组织发挥自身优势，积极统筹各方资源，引领社区治理，力争形成社区治理的最大合力。为完成这一重大课题，完善党组织体系，社区党组织吸纳兼职委员，使其进入社区党组织班子。兼职委员的设置能够优化社区党组织结构体系，在多元化的知识结构和专业结构的支持下大大增强了决策方案的科学化与针对性。河北省秦皇岛北戴河区2018年全区2个街道和10个社区共选聘兼职委员32名，并将社区细化为60个网格，形成“社区党支部＋网格党小组＋党员楼栋长”三级联动组织架构；[③]除此之外，能够依托人才资源优势，整合社会服务资源，并发挥社区党建的最大效能，为创新社会治理模式提供各方支持。辽宁省辽阳市白塔区跃进街道邮电新村社区聘任辖区党政机关、企事业单位、社会组织等党组织负责人担任“兼职委员”，通过整合社区内各类资源，辖区单位的活动场所、服务设施等免费向社区开放。安徽省安庆市大观区集贤路街道以党（工）委组织体系为“线”，串联辖区17家重点单位和有一定影响力的非公企业党组织，成立“街道大党（工）委”，组建形成区域化覆盖的组织体系，由24名街道、社区、医院、学校、企业等成员单位分管党务工作的同志担任兼职委员，建立联席会议制度，定期研究经济发展和社区治理等方面的热点、难点问题，实现区域建设“一盘棋”。[④]

三、育人：拓展培训形式与加强培训考核同步

习近平总书记指出：“干部教育培训工作是干部队伍建设的先导性、基础

---

① 参见《宝坻区全面实行街道“大工委”社区“大党委”推进区域化党建工作的实施意见》，2015年9月15日，http://www.baodidj.gov.cn/jcdj/201509/t20150915_12261.html。

② 参见《黄山市黄山区芙蓉社区“抓、强、优”全力打造“红色物业”》，2020年7月1日，http://www.ahxf.gov.cn/Home/Content/1071218? ClassId=6169。

③ 参见《秦皇岛北戴河区：坚持党建引领不断优化社区治理》，2018年12月30日，http://dangjian.people.com.cn/n1/2018/1230/c117092-30496921.html。

④ 参见《安庆市大观区集贤路街道党工委：组织结构画“线”成“面”，社区治理区域共建》，2020年5月14日，http://www.ahxf.gov.cn/Home/Content/1068020? ClassId=6169。

性、战略性工程。”[①]基层党员干部直面人民群众，他们的素质与能力在一定程度上能够反映党组织的整体水平，也关系到党在人民群众心中的形象。因此，抓好基层党员干部的教育培训工作是题中之义。

在推进中国特色社会主义建设的过程中，迫切需要一支高素质且专业化的党员干部队伍，因此基层党员干部培训工作是一项具有长期性和战略性的教育工程。只有深化对党员教育培训工作的认识，达到拓宽形式与加强考核两方面的要求，才能创新基层党员干部教育培训体制机制。

扩大教育培训阵地。随着基层党员干部教育培训逐渐呈多元化的趋势，各类培训机构及院校结合自身优势与特色，不断优化教育资源，针对所培训党员的不同需求，形成分工明确但又优势互补的教育培训新格局，如高校、科研机构可满足党员干部的知识类需求，部门和行业的培训机构可满足党员干部的业务能力需求等。北京市石景山区八宝山街道坚持精准化培训理念，建立完善“1＋3＋X”培训体系，即以学习贯彻习近平新时代中国特色社会主义思想和党的十九大精神为核心，每月确定一个主题，采取“线上微课堂”“专家智慧课堂”“社区书记论坛”三种形式，围绕党章党规、干部成长、舆情应对以及“街道吹哨、部门报到”、社区“两委”换届等内容开展常态化培训。[②] 辽宁省辽阳市白塔区跃进街道开设“党建学堂”，以课堂式、开放式、互动式为主要模式，重点培训社区党委书记、副书记、社区党建干事及社区党员同志，系统制定年度学习教育方案，以认真学习贯彻党的十九大精神及党务知识、党内统计等党建专业知识为内容进行全方位培训。[③]

拓宽教育培训重点。考虑到不同区域不同单位的党组织有不同的发展需求、不同群体的党员干部也有其自身知识结构与专业素养的差别。因此，在实际培训过程中，城市社区党组织要不断拓宽培训形式，真正做到因地制宜、因材施教，根据不同需求合理设置培训课程，增强课程的专业性与针对性，使其能发挥最大成效。北京市西城区开发利用传统革命红色资源，在纪念馆、革命旧址等场所开展实践调研活动，使党员干部切身感受到老一辈共产党人的革命精神，并内化为自身的精神力量，大力促进自身发展。在实践中，西城区不断整合区域党员教育培训资源优势，让党员在基地参观学习过程中感受“记忆西城、书

---

① 《全国干部教育培训工作会议在京召开》，《党建研究》2008 年第 8 期。

② 参见《石景山区八宝山街道全链条培育社区党务干部》，2018 年 12 月 14 日，http://www.bjdj.gov.cn/article/18592.html。

③ 参见《辽宁辽阳白塔区跃进街道：“党建＋”打造街道社会治理新引擎》，2018 年 9 月 26 日，http://dangjian.people.com.cn/n1/2018/0926/c420318-30315031.html。

香西城、艺术西城、时尚西城”，为了丰富党员教育内容，社区党组织在距今已有590年历史的大栅栏商业街建立历史文化教育培训基地。[①] 此外，重庆市永川区紧紧围绕新时代经济社会发展的重点与需求，在传统的讲授式培训方式之外，也创新性地运用案例式、研讨等方法，增强学习过程中的趣味性与互动性，从现实实际出发，培养学员解决现实问题的能力，增强培训结果的实用性与时效性。永川区按照“坐在课堂听讲座、分组讨论谈感受、交流总结促工作”的培训思路，合理运用讲授式、案例式、研讨式、结业式等教学方法，有效调动了学员的积极性与主动性。[②] 四川省德阳市旌阳区创新推出分类教育模式，即：针对行动不便的党员实行上门服务；针对在职党员实行错时教育＋预约教育。[③]

创新教育培训模式。根据基层党建新形势，“仅凭传统的组织调训和集中办班的形式，已经难以适应全面培训的需要”[④]。在实践中，需要将信息技术融入培训新模式当中，从培训前的信息收集、方案设计到培训中的过程管理，再到培训后的效果评估，都需要深度挖掘数据资源，获取更为精确的培训需求，从而达到更为有效的培训效果。通过创造新条件为基层党员干部搭建双向交流与互动的平台，这不仅能够有效整合教育资源，实现最大化利用，还能提高基层党员干部自主学习的比重，在实现资源共享的同时提升教育培训的效果。北京市石景山区五里坨街道依托天泰山大讲堂、智慧党建云、党员之家、微党课等平台，强化社区干部队伍的教育培训。[⑤] 福建省福州市鼓楼区华大街道着力提升党员教育培训的创新性。街道在完善以在线学习功能、交流互动功能、党员教育管理功能、综合服务功能等为主要内容的数字化党建平台基础上，通过加大硬件投入，部分社区完成了“智慧社区”平台建设。充分利用“智慧社区”和远程教育网络，搭建信息化交流平台，实现党员学习网络和实体相结合，积极探索开展网上党建理论研究、网上点播学习、视频微型党课等活动，数字党建系统逐渐

---

① 参见《西城区坚持三个注重，强化党员教育培训基地功能》，2015 年 10 月 27 日，http://www.bjdj.gov.cn/article/17323.html。

② 参见黄伟：《永川区以“三个突出”为抓手全覆盖集中轮训基层党组织书记》，2018 年 5 月 28 日，https://www.12371.gov.cn/Item/523886.aspx。

③ 参见《德阳市旌阳区积极探索“家园式”党员教育管理模式》，2013 年 10 月 17 日，http://www.gcdr.gov.cn/content.html? id=27443。

④ 习近平干部教育培训思想研究课题组：《习近平干部教育培训思想对党的干部教育培训理论的继承和创新》，《求实》2015 年第 7 期。

⑤ 参见《石景山区五里坨街道党工委注重“选培管”加强社区干部队伍建设》，2017 年 4 月 13 日，http://www.bjdj.gov.cn/article/17364.html。

成为党员学习教育的新阵地。[①]

加强教育培训管理。当前，多地城市社区建立干部培训考核档案，对基层党员干部在培训期间的学习动态进行实时追踪和动态化管理，随时了解党员干部的学习情况并起到监督督促的作用。针对学员的出勤率、听讲情况、培训成绩等方面设置量化指标，并融入大数据信息，形成“痕迹监督”，对其进行全方位考察，增强教育培训的针对性和实效性。湖北省十堰市郧阳区制定《干部教育培训登记表》，并明确专人跟班管理，全程记载干部培训时的听课感受和学用转化等情况，广泛收集学员对教育内容和方式的要求以及意见建议，并及时做好反馈。[②] 云南省昆明市五华区莲华街道为扎实开展培训工作，始终将纪律作风和规矩意识作为重要考评指标，严格培训期间纪律要求，将党性锤炼贯穿培训始终，让党员思想上有启发，行动上有体现，增强参训党员的纪律意识和规矩意识。此外，充分发挥“智慧党建”平台的作用，利用“云岭先锋 APP”“网上党支部”平台，通过扫描二维码签到的方式，将签到数据上传到云端，及时掌握党员到会情况。同时，严格请销假制度，培训期间以小组为单位进行细化管理，对参训学员签到、迟到、早退等行为进行严格考勤，强化参训党员参加组织活动的纪律意识。[③]

完善教育培训考核。教育培训这一工作被纳入城市社区党组织的重点工作内容，除了考核基层党员干部各项能力以及培训情况之外，也将考核结果记录在党员干部的个人档案中，完善考核激励机制，并将考核结果与党员干部的选拔任用挂钩，以加强党员干部的学习意识，推动党员干部在培训期间大大提升自身综合素质与专业能力。湖北省十堰市郧阳区制定《培训情况双向反馈表》，对本期干部参训期间的实际表现、签到出勤、学习成绩、党性锻炼等情况，客观评出等次，记入培训档案，并将其作为干部考核、晋升、评优的依据。[④] 河南省焦作市山阳区文苑街道把党员教育管理工作纳入党建考核的重要内容，并作为党建述职的基本指标。把抓落实作为督促检查工作的出发点和落脚点，把党

---

① 参见张辛秋：《华大街道“三提升”抓好党员教育培训工作》，2013 年 7 月 9 日，http://www.12371.cn/2013/07/09/ARTI1373338341337506.shtml。

② 参见《郧阳区强化“三表”管理　着力提升干部培训实效》，2015 年 11 月 17 日，http://www.jcqzw.com/zgdt/jcdj/201511/t20151117_868558.shtml。

③ 参见《五华区莲华街道 4 个“精”字抓实抓牢党员教育培训工作》，2020 年 8 月 26 日，http://www.kmwh.gov.cn/c/2020-08-26/4481429.shtml。

④ 参见《郧阳区强化“三表”管理　着力提升干部培训实效》，2015 年 11 月 17 日，http://www.jcqzw.com/zgdt/jcdj/201511/t20151117_868558.shtml。

的政策理论贯彻落实情况统筹纳入基层党建工作调研、检查内容。①

四、评人：建立评估体系与运用评估结果并举

评估是指针对政策方针、制度体系、方案举措等的实施情况进行评价，以期进一步调整、改进和完善，使提出的政策方针、制度性体系、应对问题的方案举措取得更好的效果。评估具有时限性、系统性、规范性、科学性、学习性等特点。②

扩大评估主体。党员评价考核工作的首要重点是确定评价考核的主体。就城市社区党建而言，只有形成多元性的主体参与考核模式，才能实现评价考核体系的全面化与良性化。基层党委作为考核主体，必须主动建构一整套规范的考核体系，有效发挥其整体效应。当前，城市社区党组织的评估工作在由纪检监察部门进行的同时，也应该将专业人员以及公众吸纳至对指标设计或直接参与评估的过程中来。专业的评估方法使数据的收集与运用更加全面客观，更能推动整个评估考核体系的规范化与科学化，从而提升评估工作的效率，消除可能存在的主观性，尽可能做到关键指标的量化以及模糊性指标的客观，同时还要向全社会公开最终考核结果，接受大众监督。湖南省长沙市天心区就专业性、技术性强的议题，以网格小区党组织牵头召开民主评议会、决策听证会等方式，邀请专业技术人员、第三方机构等作为议事主体参加议事并进行论证评估。③

除此之外，党最大的政治优势就是密切联系群众，因此城市社区党组织必须提升人民群众作为考核主体的比重，将群众对党员干部的为人以及工作情况等方面的评价贯穿于评估全过程。一方面，将党内外群众的监督有效结合起来，让人民群众的心声与意见得到回应；另一方面，调动群众监督的积极性，从侧面加大党员干部评估考核力度，推动党建工作有序平稳运行。江苏省连云港市海州区幸福路街道引入动态管理模式进行考评，定期召开针对党员干部的群众质询评议会，党员干部在会上向群众代表进行现场述职，接受全体党员和群众代表的监督评议，评议结果作为评先树优的主要依据，对评议结果为“优秀”的，推荐参加各类先进评选，对评议结果为“不称职”的，采取黄灯警告处理，责

---

① 参见《文苑街道：加强党员教育管理，提升党员队伍凝聚力》，2020 年 9 月 28 日，http://www.jzgxq.com/Index/content/aid/18121/sid/81.html。

② 参见邓胜国：《非营利组织评估》，社会科学文献出版社 2001 年版，第 7～8 页。

③ 参见张福芳、刘润秋：《“有事好商量”——长沙市天心区基层党建系列报道之三》，2018 年 9 月 30 日，http://www.hxw.gov.cn/content/2018/09/30/4228713.html。

令限期整改，以此在全街道树立“比赛意识”“看齐意识”。目前，街道领导班子、中层干部、社区“两委班子”成员28人全部纳入“群众评议”范围。[①]

建立评估指标体系。在对党员干部进行评估时，城市社区党组织必须建立专门的评估指标体系，完善指标内容，应根据习近平总书记指出的“德”“能”“勤”“绩”“廉”等品质分别制定关键性指标，并据此对党员干部进行针对性的评估，以实现与党的建设总要求相契合。绩效评估主要是在指定的工作时间点根据以往的业绩对其进行客观全面的考核评估，直接体现党员干部的工作效率与完成情况。评估指标的设计通常考虑到是否可以量化，即是否能够提取相应准确、客观的数据。党组织可以设置经过反复推敲与检验的硬性指标，如党性教育活动的次数与频率、党建经费占年度总经费的比率、干部选拔任用的满意度等。通过对这些数据样本的比较分析，避免了评估指标的单一性，并能够全面客观地反映党员干部的真实水平与素质。北京市西城区广外街道在2015年社区换届时，将《广外街道社区多元治理星级评估体系》量化考核评估结果与街道科室评价、社区在重点工作中表现相结合，将社区评定为A、B、C三类，在此基础上加强班子配备及工作指导，取得一定成效。[②]

推进评估考核的因地制宜。评估考核工作需要根据本地区的现实发展科学设置指标。在党中央和国家层面，涉及党员评估考核工作的法律法规主要有《中国共产党纪律处分条例》(2018)、《中国共产党巡视工作条例》(2017)、《中国共产党党内监督条例》(2016)、《中华人民共和国公务员法》等。与此同时各地也基于这些法律法规，分别制定与本地适宜的考核办法，真正实现了考核指标的明细化与针对化。除此之外，评估指标还在部分关键性问题上着重发力，对某些能反映党员干部鲜明特性的代表性指标进行量化分析，以实现评估考核工作范围的全覆盖。在党的十九大报告中，习近平总书记指出“完善干部考核评价机制”明确要求新时代的干部考核评价既要“突出政治标准”，又要注重“专业能力、专业精神”的培养，以在“坚持严管和厚爱结合、激励和约束并重”的评价模式下，真真切切地将“好干部标准落到实处”。[③] 评估体系的关键性指标主要

① 参见王书：《连云港幸福路街道“三位一体”考核法　激发党员干部新活力》，2017年7月20日，http://jsnews.jschina.com.cn/lyg/a/201707/t20170720_815360.shtml? isappinstalled=0。

② 参见《西城区广外街道扎实做好社区“两委”换届选举筹备工作》，2018年10月23日，http://www.bjdj.gov.cn/article/18219.html。

③ 参见习近平：《决胜全面建成小康社会　夺取新时代中国特色社会主义伟大胜利——在中国共产党第十九次全国代表大会上的报告》，人民出版社2017年版，第64页。

包括思想建设标准、组织建设标准、作风建设标准以及制度建设标准。[①] 江苏省宿迁市沭阳县沭城街道于2019年组织社区干部签署《廉政承诺书》,并要求社区干部针对自己的岗位进行风险点排查,共计排查出岗位风险点16个,街道纪工委按照高、中、低三个等级评估廉政风险,并对廉政风险实行分级管理、分级负责、责任到人。[②] 安徽省芜湖市鸠江区清水街道引导党员全程参与年度积分制评定考核,调动了党员的参与度和积极性。同时,细化日常管理措施,设定考核细则,按照义务分、先锋分积分项目及贡献分和褪色分标准,初评并核实每名党员的积分事项和积分。采取定性评价与量化考评相结合的方式,不同类别党员按照不同的分值标准考核,设置不同积分起点,实现党员考核评价精细科学。[③]

实现动态化评估。评价考核工作不仅仅针对党员干部工作效果或结果开展,更基于工作过程中呈现的各类状态进行真实客观地考量,它主要分为工作前、中、后三个阶段,在不同阶段进行考量的指标体系也不一致。在党员干部工作之前,基层党委将对其进行主体责任、个人品性与道德修养等基础性素质的考核,并得出初步结论;在工作之中,对其行为进行监督把控,并根据相应法律机制及时调整某些问题;在工作之后,通过具体的考核机制对全过程进行全方位的考核,得出最终结论,为未来的工作开展提供依据。山东省济南市天桥区药山街道建立以激先策后为主要内容的评估评价机制,以岗定责、突出主体责任,强化"全方位、全覆盖、全过程"的网格化服务。[④] 山东省青岛市崂山区优化计分体系,实时动态跟踪管理。党员计分以一个自然年度为周期,实行扣分制。根据不合格表现的不同情形,明确5、10、20、30、40、50六种扣分标准,因同一问题受到不同处理的,按照最高分予以扣分。对年度内累计扣分达到20分的,下发《谈心谈话通知书》,属于普通党员的,由社区党组织书记谈话提醒;属于社区党组织成员的,由街道党(工)委班子成员诫勉谈话。对年度内累计扣分达到40分的,给予黄牌警示,并转往街道党员教育党支部,进行为期一年的限期改正;属于预备党员的,延长预备期或限期改正。党员年度内未被扣分的,通过一定

---

① 参见陈兴亮:《论全面从严治党常态化制度化科学化评估机制》,《重庆理工大学学报》(社会科学)2017年第9期。

② 参见刘志业、朱丹丹:《江苏沭阳县沭城街道"四举措"抓好社区党风廉政建设》,2019年6月19日,http://dangjian.people.com.cn/n1/2019/0619/c117092-31168786.html。

③ 参见《清水街道突出抓好三个方面　推进党员积分制管理》,2019年9月26日,https://www.sohu.com/a/343453864_120209973。

④ 参见《济南市天桥区药山街道:积极探索"二三四"网格化治理新模式》,2020年6月19日,https://www.dtdjzx.gov.cn/staticPage/jcdzzjsw/cityexper/20200619/2714404.html。

方式给予表扬，并作为评先树优的重要参考。[①]

合理运用评估结果。《中国共产党党内监督条例》明确了干部“评议”状况须在“一定范围内公开”[②]的要求。信息公开通常是基于主体、内容、过程并通过各种渠道进行的，除了保证信息的公开透明，也为新时代评估考核机制的建立健全指明了发展方向。评估指标是实现组织目标的工具，在公开评估考核结果之后，城市社区党组织根据结果表彰先进、鞭策后进，同时摸清问题所在，将考核结果与日常工作结合起来，制定与之相对应的工作目标，不让考核结果失效落空，形成以问题带动目标任务实现的良性工作模式与氛围。湖北省咸宁市委组织部在年底会同有关部门对“十件实事”进行考核验收，对实施效果进行评估，作为本地年度基层党建考核评价的重要依据。[③] 广东省江门市江海区礼乐街道建立“三挂钩”机制，强化结果运用。一是与典型选树挂钩，优先考虑优秀等次党支部和十星级党员，并通过“礼乐通”“礼乐智慧党建”两大平台加大宣传推广力度，在支部大会上进行授星表彰，鼓励和引导其他支部和党员对标看齐。二是与评优评先挂钩，将“红色指数”评估优秀等次支部作为先进基层党组织评选的前置条件，将十星级党员作为组织推荐、年底兑现目标考核的重要参考，拉开干得好与干得不好的差距；三是与选人用人挂钩，党员干部选拔任用时，原则上未被评为十星级的，当年不得作为后备干部进行推荐，针对评定为“不合格”的党员，用好谈心谈话机制，剖析原因、找准对策，整改提升。[④]

第三节　城市社区党建责任监督机制的创新

习近平总书记强调：“落实主体责任，关键是要把党的领导落到实处。各级党组织要牢固树立不管党治党就是严重失职的观念，在工作的方方面面体现党的领导。要把党的领导体现到日常管理监督中，敢于较真，注重日常，抓早抓小，防微杜渐，体现组织严格要求和关心爱护，决不能坐看自己的同志在错误的

① 参见《青岛市崂山区：量化计分　动态整治　打造全面过硬社区党员队伍》，2018 年 8 月 27 日，https://www.dtdjzx.gov.cn/staticPage/news/management/20180827/2462217.html。

② 《中国共产党党内监督条例（全文）》，2016 年 11 月 2 日，http://cpc.people.com.cn/n1/2016/1102/c64387-28829770-2.html。

③ 参见《抓实事　强党建》，2015 年 11 月 5 日，http://www.jcqzw.com/zgdt/jcdj/201511/t20151105_850938.shtml。

④ 参见《稳步推行“评星定级”制度，让党员担使命善作为——礼乐街道扎实开展党员量化考核工作》，2020 年 7 月 17 日，http://www.jianghai.gov.cn/jmjhqllj/gkmlpt/content/2/2100/post_2100832.html#1178。

道路上越滑越远。”[①]我国城市社区党建处在创新发展阶段，如何落实党建责任监督、打造风清气正的政治生态是新时代实现全面从严治党的应有之义。据此，要将定责、明责、履责、问责这一完整的责任链扎实扣牢，根据相关法律法规制定的责任清单分解落实，明晰党员干部与基层党组织各自的责任权限，并推进履责的规范化与评估的实效化，最后根据评估考核结果对部分党员干部与基层党组织进行问责监督。责任监督机制的建立不仅能够推动责任落实的规范化，更表明了中国共产党对党风廉政建设与反腐败斗争的高度重视。只有不断优化责任监督机制，才能更好地为党和国家事业的发展保驾护航。

一、定责监督：在职党员定岗定责与无职党员设岗定责

在新的历史条件下，党员教育管理还存在一系列或大或小的问题，导致党员党性观念不够强、先锋模范作用发挥不够到位。如何提高党员的党性观念、充分发挥他们的先锋模范作用，凸显共产党员的先进性，是新时代定责监督机制所需破解的迫切难题。因此，要开展在职党员定岗定责与无职党员设岗定责，并根据不同时期的不同要求，不断创新定责的思路与做法，才能加强党员管理、提高党员身份意识与服务意识。

明确在职党员定岗定责的相关规定。对待在职党员，城市社区党组织将党员标准的要求具体化，合理设置各自岗位，推动党员认真贯彻执行党的方针政策。一是结合实际科学设岗。党组织依据最广大人民群众的根本利益为在职党员设置相应的岗位，同时还根据社区实际以及形势的变化合理调整相应岗位。二是竞争上岗。党组织不会简单地通过任命方式将岗位分配给各个党员，而是让在职党员根据自身情况自愿申报，并进行一定的竞争与投票表决，才能上岗。三是规范政策激励。除了对在职党员进行一定的岗位职责培训之外，也为他们提供一定的政策优惠激励。四是加强管理与监督。在职党员在接受某个职位时，自觉签订岗位工作责任状，并在履职结束进行相应的考核评估。北京市顺义区光明街道裕龙六社区在疫情期间将各楼栋用网格展示，划分责任区，定人定岗定责，并标注不同颜色精准识别各类人员，实现“挂图作战”。[②] 贵州省遵义市红花岗区老城街道北门社区为认真贯彻落实《中国共产党党员教育管理工作条例》，增强党员教育管理的针对性和有效性，积极探索、先行先试，率

---

① 《习近平在中纪委第六次全体会议上的讲话》，2016 年 5 月 3 日，http://www.xinhuanet.com//politics/2016-05/03/c_128951516.htm。

② 参见《顺义区党建引领社区治理，织密社区防控网》，2020 年 6 月 9 日，http://www.bjdj.gov.cn/article/7527.html。

先出台《社区党员分类管理实施办法(试行)》,实施“六式”管理法,设定“六类”先锋岗,精细化党员分类,精准化教育管理,遵循“服务所需、个人所长”原则,分别认领党的政策宣传岗 13 人,信息反馈报送岗 10 人,矛盾纠纷调解岗 14 人,社会治安管理岗 18 人,文明志愿服务岗 26 人,爱心公益帮扶岗 7 人,以“在职党员进社区”“党员活动日”“星级党员评定”“三亮三比”等主题服务活动为载体,开展各类服务 418 次,受益居民达 6500 余人。[①]

发挥在职党员的作用。在职党员定岗定责通常有如下的活动形式。一是明确职责担当。在职党员通过整合各类资源,依托各类平台,将定岗定责渗透到涉及群众利益的方方面面,以满足群众服务需求。二是解决群众难题。在职党员的岗位设置是为了遏制当下影响党群关系的不正之风与不当行为。三是提升党政机关效能。在提升党员干部服务意识的同时打造风清气正的政治生态,保障党政机关的发展成效。湖南省长沙市雨花区圭塘街道对党员进行“定岗定责”,使其认领服务和监督岗位。以党建引领为原则,社区广泛发动群众参与,组织专业力量和志愿者对小区进行高密度巡查,做到“一天三巡”。[②] 北京市海淀区西三旗街道自 2018 年 4 月启动在职党员“双报到”以来,仅一个月时间便接收 4760 名在职党员报到。随着“双报到”工作不断深入,西三旗街道推进“四项举措”,结合报到党员行业特点、特长兴趣、社区需求,积极开展对接,通过形式多样的社区服务充分发挥在职党员在社区的先锋模范作用。[③]

随着市场经济体制的不断完善与发展,党员的先进性也有了一定的衡量标准,但这类标准很多是为党员领导干部设置的,因此存在无职务党员作用难以发挥、工作内容脱离群众等问题。基于此,城市社区党组织要创新工作模式,针对无职务党员开展设岗定责活动。

“所谓党员‘设岗定责’,就是按照‘三个代表’要求和以党章规定的党员权利、义务为依据,从党员能做、会做以及需要党员发挥作用的角度出发,紧紧围绕本地区、本单位中心工作,紧紧围绕群众的需求,以基层党支部为单位,根据实际需要,合理地设置一些具体岗位并赋予其具体职责,普通党员经过公开竞争上岗履行职责,使党员‘有职有责、有岗有位、有位有为’,使不同类型的党员

---

① 参见《创“六法”定“六岗”推行党员分类管理》,2019 年 8 月 23 日,http://m.people.cn/n4/2019/0823/c1292-13110143.html。

② 参见《长沙市雨花区圭塘街道:“四化模式”全面提升小区治理水平》,2018 年 7 月 4 日,http://www.hxw.gov.cn/content/2018/07/04/3901020.html。

③ 参见《西三旗街道“四项举措”发挥在职党员先锋模范作用》,2018 年 5 月 31 日,http://bj.wenming.cn/hd/cj/201805/t20180531_4706463.shtml。

都能找到发挥作用的平台，做到围绕中心，服务群众，使党员能够在社会生活中各个方面广泛发挥先锋模范作用，真正成为‘三个代表’的忠实实践者。”[①]其岗位主要围绕着当地经济发展与人民群众的实际需求进行设置，主要包括思想政治类、监督类、公共事务类、经济发展类四大类岗位，并根据具体实际情况适量增减岗位设置。[②]

明确无职党员设岗定责的相关规定。在进行设岗定责之前，城市社区党组织要全面摸清各无职务党员的个人信息、思想动态、工作情况、现实实际以及特长特征等方面，同时也对当地群众所思所想以及亟待解决的问题有一定的把握。只有这样，才能在结合实际的基础上，设置与本社区治理实际紧密相关的岗位，并对岗位人员的要求做出明确规定。北京市房山区拱辰街道在社区无职党员中广泛开展设岗定责活动，结合实际情况，设置文明风尚、社区事务监督、社情民意征集、卫生服务、治安巡逻等多种岗位。无职务党员基于此可以根据自身情况，根据自愿原则，自行申报某个岗位的竞选。[③] 北京市西城区阜外东社区全面开展党员“无职党员设岗定责”服务活动，让每个身体条件好，有能力有热情的党员认领一个岗位（比如思想政治工作岗、服务居民工作岗、公共事务管理岗、社区事务监督岗），同时号召党员至少参与一次志愿服务。申报之后，城市社区党组织还根据岗位人数限制、申报人员条件等情况，通过召开党员会议或其他征求意见的方式，对非职务党员进行设岗定责并进行公示明示。在非职务党员履职过程中，社区党组织制定相应的考评办法，对其进行监督督促，以确保工作任务有效推进与完成。同时，也根据平时考评内容、个人自评、群众测评以及党组织综合评定等对非职务党员划分考核等级，为后期工作开展或岗位调整调换提供有效支撑。[④] 四川省德阳市旌阳区创新多元化的“家园式”党员教育管理模式，将“园长”纳入岗位之中，由党员认岗，并与社区党支部签订责任书，定期召开无职党员设岗定责工作经验交流会，积极向社区、企业拓展，实现党员教育管理落到实处。[⑤] 四川省广汉市针对无职党员设岗定责活动推行“党员志

① 袁湘南：《把加强党的先进性建设要求转化为基层党员的政治责任——关于在基层党组织中开展党员“设岗定责”的实践与思考》，《社会科学家》2006 年第 S1 期。

② 参见袁湘南：《把加强党的先进性建设要求转化为基层党员的政治责任——关于在基层党组织中开展党员“设岗定责”的实践与思考》，《社会科学家》2006 年第 S1 期。

③ 参见《房山区拱辰街道创新社区党员教育管理模式》，2015 年 4 月 15 日，http://www.bjdj.gov.cn/article/14960.html。

④ 参见《西城阜外东社区党委打造“五色社区”助推社区党建创新》，2017 年 9 月 12 日，http://www.bjdj.gov.cn/article/17074.html。

⑤ 参见《德阳市旌阳区积极探索“家园式”党员教育管理模式》，2013 年 10 月 17 日，http://www.gcdr.gov.cn/content.html? id=27443。

愿服务积分管理"运行机制，扎实开展"夺杯"行动，结合党员志愿者择选认领的岗位和服务职责要求，每年年底实行百分制考评，并对评分不达标的无职党员采取不同的奖惩措施。[①]

发挥无职党员的积极性与先进性。永远保持党的先进性，代表人民群众的根本利益，是党的立党之本、执政之基、力量之源。因此，党员的身份意识与责任意识也应当表现在如何保障人民群众的利益、如何为群众排忧解难等方面。之前的党员组织活动更偏向于单调的学习类活动，如今无职务党员的加入能使单一的理论学习转向更贴近群众生产生活的实践活动，这不仅能够充分调动各类党员的积极性，促使他们主动将责任感融入群众日常生活，更能强化党内向心力与凝聚力。江苏省徐州市睢宁县通过"设岗定责""党员义工""结对帮扶困难群众"等丰富多彩的主题实践活动，充分发挥各类党员的先锋模范作用，密切党群联系。[②] 河南省洛阳市洛龙区定鼎门街道无职党员在疫情期间积极响应党的号召，以不同方式投身抗"疫"，迎难而上、共克时艰，以疫情警报不解除，志愿服务不停歇的决心，让党旗在疫情防控一线高高飘扬，坚决筑牢基层防控堡垒，为洛龙区打赢疫情防控阻击战贡献了力量。[③] 福建省泉州市石狮市凤里街道五星社区以突出党员志愿服务队为抓手，给无职党员设岗定责，推动无职党员"组团"服务群众，着力打造党员"联户带创"升级版，让无职党员有位有为，极大地激发了无职党员干事创业热情，打通党员联系服务群众的"最后一公里"的同时，也为社区各方面工作注入了新力量。[④]

在职党员定岗定责与无职党员设岗定责推动实现了党员管理具体要求与社区党建现实需求的结合，一方面紧紧围绕党的先进性建设要求，巩固强化党员的身份意识，不断将党员的模范作用落到实处，为各类党员搭建了一个能够充分发挥其模范作用的平台；另一方面在加强与人民群众的联系的同时，优化社区治理水平，不断提升社区经济发展水平，将其转化为服务社会、服务群众的巨大力量。

---

① 参见《广汉市"四突出四着力"　倾力打造群众满意社区》，2013 年 12 月 12 日，http://www.gcdr.gov.cn/content.html? id=27182。

② 参见《党建引领乡村振兴江苏睢宁县网格化开辟社区管理新天地》，2018 年 7 月 11 日，http://dangjian.people.com.cn/n1/2018/0711/c117092-30140599.html。

③ 参见《洛阳市洛龙区定鼎门街道：无职党员亮风采　让"无职"变"有为"》，2020 年 3 月 31 日，https://www.sohu.com/a/384402852_120026795。

④ 参见《石狮市凤里街道五星社区无职党员"组团"服务群众》，2020 年 7 月 15 日，http://www.mnw.cn/shishi/news/2300121.html。

二、明责监督：明晰主体责任、重点任务与问题整改清单

社区党组织在现阶段虽然建立了党建工作责任制，但由于部分党的干部不免受到将经济效益放在首位的错误思想的影响出现"闯红线"的情况，导致党建责任虚化，即基层党组织干部不能正确认知自己的责任所在，不能落实后期的考核与追究职责。

《中国共产党章程》规定："党的中央、地方和基层组织，都必须重视党的建设。"[①]习近平总书记要求各级党组织"落实从严治党责任"，"把抓好党建作为最大的政绩"[②]。"从严治党"的战略基础在于"从严治党组织与党员个人"，因此，只有充分落实党建责任制并关注党建主体责任，才能落实全面从严治党。

基层党组织首先以马克思主义为理论指导，根据党中央对落实全面从严治党的目标要求，结合实际，对城市社区基层管党治党的党建主体责任进行细化与分解，并制定相应的责任清单、任务清单与整改清单，真正推动党员干部明晰自身责任担当。"基层党组织落实全面从严治党的责任可具体分解为基层党组织全面从严治党的主体责任、基层党组织书记全面从严治党的第一责任和基层党组织领导班子成员权责范围内的重要责任。"[③]

明晰主体责任清单。习近平总书记强调："要落实党委的主体责任和纪委的监督责任，强化责任追究，不能让制度成为纸老虎、稻草人。"[④]落实党委的主体责任，正是深入推进党风廉政建设和反腐败工作的"牛鼻子"，这为部分党内领导干部缺乏责任意识这一现状"对症下药"，要进一步明晰各自主体责任，并在抓住全面从严治党的同时保证其成效。党的十八大以来，党中央将强化主体责任意识放在突出位置，要求各级党委"在思想认识、责任担当、方法措施上贯彻全面从严治党要求，增强管党治党的使命感和紧迫感，担负起主体责任"[⑤]。党委主体意识的增强可以推动党员干部强化政治意识与担当意识，从而不断坚定其理想信念。河北省平泉市明确了各级党组织书记牵头谋划、督查指导、示范带头、联系基层、教育引导、规范管理、关心关爱、典型引领、夯实基础、考核考

① 《中国共产党章程》，人民出版社 2017 年版，第 18 页。

② 习近平：《在党的群众路线教育实践活动总结大会上的讲话》，人民出版社 2014 年版，第 16 页。

③ 李斌雄、张银霞：《基层党组织落实全面从严治党责任及其问责机制探讨》，《探索》2016 年第 1 期。

④ 《习近平在十八届中央纪委三次全会上发表重要讲话》，2014 年 1 月 14 日，http://politics.people.com.cn/n/2014/0114/c70731-24118640.html。

⑤ 中共中央纪律检查委员会、中共中央文献研究室编：《习近平关于严明党的纪律和规矩论述摘编》，中央文献出版社、中国方正出版社 2016 年版，第 126 页。

评10项主体责任，量化到岗，细化到人，有效解决基层党建“谁来抓、抓什么”的问题。[①] 甘肃省金昌市城关镇坚持党建引领，紧扣重点工作，围绕群众最迫切、最急需解决的热、难、堵点问题，采取“议案提、大家议、基层评、会议审”等方式，精心研究制定《中共城关镇委员会关于推行社区党建流动红黄旗考评办法的实施方案》《城关镇社区党建流动红黄旗考评细则》，将党建、党风廉政建设、宣传思想及意识形态、基层治理、城市精细化管理等重点工作统一到一张打分表上，细化49个基础指标，明确14个加减分项，实化考评“度量衡”。[②]

明晰重点任务清单。基层党组织通常具有思想建设、组织建设、作风建设、反腐倡廉建设和制度建设五个方面的工作内容，将它们细化成党组织与党员个人的责任清单与任务清单，明晰各个责任主体的权责范围与分工情况，并根据他们的执行情况进一步制定整改清单，使党建工作避免出现责任不明等问题。在现实生活中基层党组织落实全面从严治党任务要求时容易出现责任考核指标模糊的问题，因此必须对正负面清单进行清楚的划分，确定责任权限的范围与各类服务事项的轻重缓急，将各类考核指标具体化与规范化，使其具有刚性约束力。江苏省南京市江北新区泰山街道组织“新发展党员认领文明城市建设任务清单”活动，逐条解读了社区收集的文明城市建设中需要解决的问题需求清单，并由新发展党员现场签名认领。这一行动真正实现了群众“点单”，社区“派单”，党员“埋单”，理顺发现问题、分析问题、解决问题全流程，全面助力文明泰山建设工作。[③]

明晰问题整改清单。问题整改清单实际上是重点任务的延伸与扩充，上级党组织针对全面从严治党责任落实过程中存在的突出问题并根据绩效考核之后的评估结果，对其提出相应的整改意见。北京市门头沟区大峪街道峪园社区严肃“三书制”纪律，并规定党员接到“三书”后，要及时与帮教联系人取得联系，并在一个月内以书面形式向所在支部递交整改措施。[④] 河北省平泉市各级党组织从落实基层党建工作责任清单入手，坚持问题导向，切实找准症结，结合专项

---

① 参见《河北平泉：推行“四责一体”工作机制让基层党建责任落地落实》，2016年11月3日，http://dangjian.people.com.cn/n1/2016/1103/c406978-28831978.html。

② 参见《永昌县：推行“流动红黄旗”考评机制　竖起比学赶超“风向标”》，2020年3月24日，https://www.gsdj.gov.cn/detialsMain.html? title=urbanCommunity&nodeId=127&childNodeId=115&nodeIdFlag=27663&state=1。

③ 参见丁姗姗：《新区泰山街道开展“新发展党员认领文明城市建设任务清单”活动》，2020年9月11日，http://njna.nanjing.gov.cn/jd/tsjd/jddt/202009/t20200911_2402858.html。

④ 参见《门头沟区大峪街道峪园社区党委深入落实从严治党》，2015年11月5日，http://www.bjdj.gov.cn/article/17201.html。

述职中查找的问题和群众评议反映的问题，建立问题整改清单，并通过党务公开栏、网络和新闻媒体等形式进行公示，全面接受广大群众监督。[①] 浙江省台州市黄岩区北城街道在党的群众路线教育实践活动整改过程中，主动问计于民，及时研究制定整改方案，结合街道实际，重新制定《党的群众路线教育实践活动重点制度建设项目清单》，为整改落实、回应群众关切保驾护航。[②]

明晰主体责任、重点任务与问题整改清单实际上是环环相扣的三大举措，只有强化自身责任意识，了解党建工作的重点任务安排，并为工作中的问题确定整改清单，才能不断深化全面从严治党。

三、履责监督：履责任务规范化与履责评估及时公开化

按照“落实全面从严治党要求，要害在主体责任”的指导意见，城市社区党组织要采取细化各主体责任与工作任务的方式方法，制定相关法律法规并构建一系列制度体系，在此基础上推动基层党组织责任落实，并通过内容细化和方法创新将履责任务贯穿于干部任用的全过程。

一是画好责任半径。一方面，城市社区党组织从各类方针政策上明确领导小组的职责权限，并强化责任意识，理清工作思路，制定责任清单，在清单的实施和推进下明确各主体责任，形成党建工作的明责体系，形成党建工作的强大合力。通过“责任田”的设置明确党委、党支部和党小组的三级主体责任，并画好他们各自的责任基准点与责任半径。另一方面，结合工作内容动态调整社区党组织领导小组的职责权限，并引导开展更加具体化的党建工作，加强各方的联系，常态化进行党建联系点的检查督导。北京市顺义区按照“以需设岗，因事设岗”的原则，共设立治安巡逻岗、扶贫帮困岗、为老助残岗、文体宣传岗、民事调解岗、环保绿化岗、社情民意收集岗、公共设施维护岗等20多个职责岗位，对每一个岗位制定具体明确的职责要求，清晰党员上岗履责的具体任务。[③] 上海市徐汇区凌云街道党工委以层层落实基层党建工作责任为抓手，建机制、明细则、分类指导、补短板，推动凌云的社区面貌有了新改观、社区治理有了新突破、

① 参见《河北平泉：推行“四责一体”工作机制让基层党建责任落地落实》，2016年11月3日，http://dangjian.people.com.cn/n1/2016/1103/c406978-28831978.html。

② 参见《黄岩区北城街道：制度“清单”倒逼整改落实》，2015年1月21日，http://zzgz.zjol.com.cn/system/2015/01/21/020474008.shtml。

③ 参见《顺义区胜利街道积极推进社区服务型党组织建设》，2015年1月26日，http://www.bjdj.gov.cn/article/15099.html。

基层党建有了新成效。[①]

二是设计履责任务目标体系。城市社区党组织每月制定专门的党建工作计划，组建党建专业小组针对党建工作任务制定详细规范的工作流程操作手册，并量化分解至时间段与工作量，分层分类地形成专业化的指导体系与机制，同时在此过程中实施动态化与定期化监督，严格落实每月的工作要求，通过有效计划与时间管理推动党建工作的顺利开展。北京市昌平区霍营街道明确了街道领导班子集体和每个成员、科级干部、社区负责人的清单内容，特别将严明政治、贯彻落实、研究部署、检查考核、定期汇报、廉政谈话、遵守八项规定等事项作为应记和必记的内容。有效完成了责任清单在科级干部和社区负责人的延伸拓展工作，并将责任清单执行情况作为年度目标考核和述责述廉的重要内容。同时，为街道领导班子成员、科级干部、社区主要负责人配发《党风廉政责任清单记实手册》，变纸上谈“责”为行动见“责”，努力推动“思想认识真统一、工作措施真落实、工作能力真提升”的“三真”目标实现。同时，通过规范记录格式，标明履责要素，将履责内容具体到月、细化到日，让领导干部看册知责、对照履责，以实现履责全程留痕、检查一目了然、追溯问责有据。[②]

三是以项目化引领发展。通过项目管理的方式将党建工作的落实与基层治理工作深度融合，在激发治理工作活力和党组织以及党员干部的主观能动性的同时提升党建工作的效能，助力社区党组织发展。北京市西城区陶然亭街道社区积极探索社区党建项目化，将此作为民生工程来管理，从项目的规划、立项、实施到结束，都要针对群众需求做好研究论证，列出清单和制订计划，严格过程管控，对结果还要进行有效督促考核。社区党建项目化分两个层面：每个社区党委都要针对各自辖区的实际情况，为群众量身打造服务项目，解决好各个群体的实际困难；社区党员通过认领党员先锋岗的形式，抓好自己的“小项目”。[③] 浙江省绍兴市越城区为督促机关党员切实履行职责，积极参与社区治理，开展了“两地报到、人人契约”集中签约活动。辖区内机关党员在一周之内前往各自的出生地和居住地报到，并在社区提供的“菜单式”党建契约项目单中选择两项以上参与。项目清单列举了九项具体服务内容，包括参与小区环境整

① 参见《徐汇区凌云街道：层层落实基层党建责任制》，2016 年 12 月 16 日，http://pudongnews.eastday.com/shjs/node7/u1ai105853.html。

② 参见《霍营街道：坚决履行党风廉政建设责任清单全程纪实制》，2018 年 2 月 8 日，http://chpjw.bjchp.gov.cn/window/show.aspx? id=104247。

③ 参见费秋林：《陶然亭街道社区党建项目化服务群众》，2017 年 12 月 25 日，http://bj.wenming.cn/xc/xcqyw/201712/t20171225_4535363.shtml。

治、河道巡逻、政策宣传、帮扶困难家庭等，涉及城市基层治理的多个方面。[①]

四是注重过程监督与管控。在社区党委对年度重点工作进行梳理与制定时，一方面聚焦党建工作任务落实的关键环节与要素，并结合各部门与各单位的实际确保任务完成。另一方面设置党建责任落实备忘录，形成动态的可量化、可对比的党建责任落实备忘录，并根据事件、时间和责任主体等要素形成不同类型的责任链条，为党建责任落实情况以及之后的工作考核评价提供有力支撑。上海市闵行区新虹街道班子成员履行"一岗双责"，对分管联系的部门开展廉政风险查找、完善防控措施，结合重点任务推进和监督情况，经常面对面沟通督促工作，开展多批次同级监督提醒和基层约谈指导。同时，把推动管党治党责任纳入街道考核体系，分类制定所属单位及部门考核指标，每半年进行自查督查，抽查覆盖面过半，对落实责任不力的党组织负责人进行问责。[②] 上海市嘉定区新成路街道在疫情期间制定《新成路街道关于严明新型冠状病毒疫情防控工作纪律要求的通知》，要求各级党组织坚决担负起主体责任，抓好本单位本部门疫情防控工作，督促党员干部及工作人员切实把责任扛起来、把任务落实好。针对街道制定的各部门防疫工作下沉服务安排表，加强对下沉社区干部履职尽责等情况的监督，推动责任落实。除此之外，嘉定区在绘制履责任务落实的思维导图与流程图的同时也制定相应的聚焦党建工作任务实效的指数表格，并能精准指出其工作的短板，在形成完备的评价体系的同时实现履责任务与履责评估的合理联结。[③]

一是构建履责评估指数标准。首先，明确政治指数标准，即切实增强党员个人的"四个意识"与"四个自信"，将政治建设融入基层党组织的各项工作中去。其次，强化思想指数标准，通过扎实的理论武装社区党组织成员，推动党组织能够在特定的指数标准下按部就班地完成思想教育常态化工作。最后是设定责任指数标准，社区党建工作的开展可根据实际情况划分为不同类型，将业务工作与党建工作有效地融合在一起，确保责任能够层层传达和落实。北京市东城区东四街道开展构建社区服务需求评估与规划体系、政府购买服务监测评估体系、社区公益人才能力建设体系、社区社会组织培育孵化、社区服务创新

① 参见《绍兴越城区积极探索党建共建新模式　社区"点单" 党员履职》，2018 年 7 月 29 日，http://dangjian.people.com.cn/n1/2018/0729/c117092-30176220.html。

② 参见《新虹街道聚焦监督第一职责，切实提升监督效能》，2019 年 8 月 29 日，https://www.sohu.com/a/337346804_120058722。

③ 参见《新成路街道：认真履职，切实落实监督责任》，2020 年 2 月 13 日，http://www.jiading.gov.cn/jijian/gzdt/xcjy/content_645911。

示范项目等支持性服务，推动社区、社会组织和社会工作者“三社联动”。[①] 上海市虹口区曲阳路街道通过居民评议、项目评估、社会评价等方式对治理项目实际成效进行合理、客观的评估。[②] 浙江省宁波市镇海区从务实有效的角度，研究制定社区党组织书记抓基层党建“履责指数”量化计分体系，其涵盖组织运行、队伍建设、党员管理等五个方面计分要求，同时明确书记必须亲自领衔解决“重点工作、重大问题、重点环节、重要事项”，把抓主业意识直达末梢。此外，虹口区把“履责指数”进行分解，明确责任、任务、问题三张清单，推行承诺践诺制度，形成抓党建责任传导网络。[③]

二是制定社区党组织工作评估指标，通过建立标准化的每月通报标准机制和形成常态化的评价机制，将评估指标纳入支部绩效考核之中，并设置先进支部、一般支部和后进支部，推动先进支部成为基层党组织的特色品牌和党建模范，帮助一般支部理清思路，加强其党建工作，为后进支部的整改提出针对性措施，以实现支部的共同发展与进步。北京市通州区一方面抓好对在职党员的服务评估，将党员服务情况纳入党员积分管理重要内容，并作为党员考核评优、民主评议的重要参考；另一方面抓好对社区党组织的组织评估，从在职党员、居民群众、上级党委等多方面对组织在职党员报到服务工作情况进行评估，作为考察党建工作的重要内容。[④] 上海市黄浦区五里桥街道党工委联合市委党校现代社区发展研究中心成立课题组，共同研究建立基层党建质量指标体系。经过一年多的深入调研、反复推敲、专家论证，形成了“1＋3”指标体系。此次发布的指标体系在设计上注重系统性、功能性和创新性的统一，兼具稳定性和时代性，从街道党工委、居民区、机关、“两新”组织四个方面分别建立内容各不相同的操作化指标。合理设置指标，使党的建设质量评价体系和衡量指标清晰化，使基层党组织建设的质量评估考核有据可依、有规可循。[⑤]

三是制定党建履责清单。党建履责清单旨在对党员干部和党员履责情况

---

① 参见《东城区东四街道党群活动服务中心　探索“1＋3＋6”社会治理新模式》，2018 年 3 月 8 日，http://www.bjdj.gov.cn/article/15608.html。

② 参见《虹口区曲阳路街道：探索党建引领下的“全岗通 3.0”社区治理通》，2019 年 7 月 10 日，http://www.shjcdj.cn/djWeb/djweb/web/djweb/index/index! info.action? articleid＝8aafb7056b93dcce016bd760500d016a&catalogid＝8aafb7056b1392d8016b206a758600a4。

③ 参见郑祖轩：《浙江镇海：探索书记抓党建“履责指数” 以“赶考”促实干》，2017 年 2 月 4 日，http://dangjian.people.com.cn/n1/2017/0204/c117092-29058334.html。

④ 参见《通州区下真功求实效推动在职党员回社区服务常态化长效化》，2018 年 4 月 25 日，https://www.bjdj.gov.cn/article/18639.html。

⑤ 参见《黄浦区五里桥街道：建立指标体系，推动基层党建高质量发展》，2020 年 8 月 10 日，http://n.eastday.com/pnews/1597069538029459。

进行客观全面地记录，为党建履责提供有效精准的数据支撑，在完成动态监督工作任务的同时强化社区党组织引领治理工作成效。重庆市北碚区开列了15项“措施清单”，为党建履责提供了明晰的指标。① 浙江省宁波市镇海区镇海骆驼街道结合社区工作实际，明确重大事项决策、物资（服务）采购、小型工程管理等8项内部工作规程，民政服务、社会保障等4大类民生服务流程，以及社工管理办法、社区财务操作细则等2项制度细则（即“842”清单），为社区事务的具体操作和执行提供规范与依据。② 江苏省南通市港闸区幸福街道在全区首推村（社区）党组织负责人全面从严治党履职记实清单，所有街道部门负责人及村社区党组织负责人履职清单全部要求实时记录，街道纪工委对此专门进行定期和不定期督查，并列入党风廉政重点考核工作范畴。自正式推行履职记实清单后，整个街道的各项工作明显有了抓手，进一步强化了党员干部的责任担当意识。③

四、问责监督：从严追责与容错纠错并行程序化

从严追责与容错纠错旨在规范权力的运行，有利于将运行效能发挥至最优状态。两者作为长效性与规范性并存的制度安排能够使权力在现实中规避滥用，推动权力运行规范化和透明化。

从严追责体系作为一个完整的责任链条，主要包括追责主体、追责客体、失责行为以及追责措施等要素。除此之外，追责的全过程主要包括调查核实、追责客体的确定、追责决定的作出以及追责行为的实施。同时，需要注意的是，此过程也对党内外公开，以接受社会全方位的监督。党的十八大提出了健全质询、问责、经济责任审计、引咎辞职、罢免等制度。新党章规定：“党组织如果在维护党的纪律方面失职，必须问责。”④中共中央于2018年颁布的《中国共产党纪律处分条例》规定：“不履行全面从严治党主体责任、监督责任或者履行全面从严治党主体责任、监督责任不力，给党组织造成严重损害或者严重不良影响的，对直接责任者和领导责任者，给予警告或者严重警告处分；情节严重的，给

---

① 参见《北碚区集中开展扶贫干部作风“体检”》，2018年4月26日，https://www.12371.gov.cn/Item/522577.aspx。

② 参见《镇海骆驼街道“842”清单 绘出社区履职“路线图”》，2018年7月19日，http://daily.cnnb.com.cn/nbrb/html/2018-07/19/content_1118984.htm? div=-1。

③ 参见王继亮：《人民网关注：港闸推出干部履职记实清单！》，2018年6月21日，https://www.sohu.com/a/237065128_700096。

④ 《中国共产党章程》，人民出版社2017年版，第27页。

予撤销党内职务或者留党察看处分。"[①]这些文件的出台对从严追责提出制度性要求。

党的十八届六中全会公报明确指出，在新形势新任务下，要建立健全容错纠错机制，以一种容谅的态度，及时纠正领导干部因主动作为、改革创新带来的过错，以便鼓励改革创新，充分发挥主观能动性，并形成"敢想、敢干、敢担当"的思维模式与行为模式，营造"想改革、要改革、善改革"的良好氛围。因此，容错纠错机制可被定义为"在'依法执政'的前提下，为了给创新者、担当者、实干者卸下精神包袱，并使之勇于正视改革创新、积极作为中面临的问题和困难，承诺对其'探索性失误偏差'在合理范围内的容谅和包容"[②]。

习近平总书记在省部级主要领导干部学习贯彻党的十八届五中全会精神专题研讨班上的讲话中强调的"三个区分开来"[③]，是判断识别可容可纠之错的基本依据。一要看行为动机，严格区分为公的无意过失和为己的谋取私利；二要看行为过程，严格区分敢想敢干与胡干蛮干、谨慎前行和故步自封；三要看致错原因，严格区分客观条件不具备导致的过错和主观故意的违纪违法导致的损失。[④] "三个区分开来"明确界定了容错的应用范围，指出哪些错误和失误可以被纳入容错的范畴中来，同时也明确了哪些错误需要及时纠错。但容错纠错机制并非党员干部违反政策法规后的避风港，对于原则性错误，社区党组织要理清责任，从严追责。因此，容错与纠错是相辅相成的，只有两者很好地统一与结合起来，才能在维护党员干部干事积极性的同时推动改革事业的发展。

明确"可容"与"不可容"的区别与界限。"可容"通常指的是党员干部在现代化发展过程中因为改革创新探索未知领域而出现的探索性失误，他们在主观上并无犯错意愿，因此这样的失误是可以适用容错机制的。而"不可容"更倾向于党员干部在主观意愿上的违纪与犯错，他们通常将个人利益凌驾于组织利益之上。面对这样的情况，一定不能"可容"，必须坚持从严追责，保证基层党组织公正严明的纪律性。江苏省南通市通州区明确容错情形，主要从三个方面做出区分，即主观上看动机、客观上看程序、总体上看结果。[⑤] 四川省成都市天府新

---

① 《中共中央印发〈中国共产党纪律处分条例〉》，2018 年 8 月 27 日，http://www.12371.cn/2018/08/27/ARTI1535321516261382.shtml。

② 邓晓辉：《容错纠错需划清"可容"与"不可容"界限》，《人民论坛》2017 年 13 期。

③ 《习近平在省部级主要领导干部学习贯彻党的十八届五中全会精神专题研讨班上的讲话》，2016 年 5 月 10 日，http://cpc.people.com.cn/n1/2016/0510/c64094-28337020.html。

④ 杜黎明：《容错的正面清单与纠错的对策清单》，《人民论坛》2017 第 26 期。

⑤ 参见《江苏通州区："能上能下、容错纠错、鼓励激励"推动干部担当作为》，2017 年 3 月 1 日，http://dangjian.people.com.cn/n1/2017/0301/c406978-29115233.html。

区兴隆街道正式印发实施《兴隆街道党员干部容错纠错实施办法（试行）》，明确了“在推进新区建设创新中，因缺乏经验、先行先试出现探索性失误或未达到预期效果的；在推动市委市政府和新区重大项目、重点工作和全面创新改革试验中，因大胆履职、大力推进出现一定失误或引发矛盾的……”13 种可以申请“容错”的情况，并设置了 6 项容错条件，建立完善了“容错”认定程序（申请—核实—认定—反馈—报备—跟踪）。①

规范容错纠错的基本原则与行为方式。首先要明晰容错纠错的目的并不在于包庇犯错的党员干部，而是规范权力运行，其次要界定党员干部运行权力时的各类行为属性，严格划定过错行为主客观意愿的界限，并根据不同的区分对不同的党员干部采取不同的行为措施，对于那些犯探索性失误的党员干部可以适当地进行批评教育，而对于那些夹杂私心违法乱纪的党员干部要严惩不贷。四川省成都市天府新区兴隆街道强化了容错纠错机制的结果运用。经确定容错免责的党员干部，可在四个方面免责。一是年度目标责任考核及党风廉政建设责任制考核不受影响；二是干部选拔重用、职级职称晋升及薪酬、绩效不受影响；三是党代表、人大代表、政协委员和后备干部资格等不受影响；四是个人评优评先不受影响。对确需追责的，根据有关规定可以减责，酌情从轻、减轻处分或组织处理；有一定影响期的，影响期结束后提拔任用不受影响。②

推动容错纠错机制常态化。在国家宏观容错纠错的方向指导下，结合各地实际制定和采取符合当地情况的容错纠错的相关制度、评判标准、奖惩措施等。只有将容错纠错机制长期地贯彻落实下去，并严格按照机制办事，确保其有效合理运用，才能不断推动全面从严治党规范化与制度化。山东省潍坊市昌乐县宝城街道党（工）委、纪工委出台《宝城街道党员干部容错纠错工作办法（试行）》，为敢于改革创新，勇于担当作为的干部提供更为广阔的舞台，确保全街道形成当先锋、做表率、打头阵、战前线的干事创业良好氛围。③ 湖南省娄底市为了不断激发干部干事创业的激情和活力，出台了《娄底市容错免责办法（试行）》《娄底市容错免责会商办法》等文件。娄星区乐坪街道纪工委按要求组织相关党政领导、站所负责人、一般干部、社区党组织负责人填写《娄底市容错免责机

---

① 参见《天府新区：探索建立运行党员干部容错纠错机制》，2017 年 8 月 3 日，http://www.ljcd.gov.cn/show-10-44920-1.html。

② 参见《天府新区兴隆街道实施党员干部容错纠错机制》，2017 年 10 月 19 日，http://www.scdjw.com.cn/portal.php? aid=51753&mod=view。

③ 参见《宝城街道大力整治形式主义为基层减负》，2020 年 5 月 1 日，https://www.sohu.com/a/392423238_120206734。

制实施情况调查问卷》，并对当前干部激励、容错纠错等工作面临的新情况、存在的主要矛盾和困难、亟待解决的突出问题以及如何进一步加强制度的执行力进行分析整理，以期容错免责机制更好地在乐坪街道落地落实。[①]

第四节　城市社区党建绩效考核机制的创新

党的十八大以来，中央在管党治党工作中，把“全面”“从严”摆在突出位置上，强调要将从严治党“贯穿于改革开放和现代化建设全过程，贯穿于党的建设和党内政治生活各方面”[②]，并“推动全面从严治党向基层延伸”，“让群众更多感受到反腐倡廉的实际成果”[③]。在推进全面从严治党的工作过程中，一定要重视发挥基层党组织的主导性与创造性，进一步建构完善的绩效考核机制，通过制度机制的有序化与规范化形成基层党组织全面从严治党的新局面。

绩效考核的客体包括班子队伍、党员干部和普通党员。对前者的考核主要是基于对中央政策的贯彻落实情况以及全面从严治党的绩效水平，而对后者的考核更加具体与细致，主要包括各方面的职责权限与任务完成情况。除此之外，绩效考核机制也嵌入党建工作全过程，对考核的指标、主体以及效果进行了清晰界定，回应了“考核什么”“谁来考核”“考核结果”等命题，而抓住了这些命题。

一、建立城市社区党建绩效考核的内容清单

绩效考核的内容清单实际上是对考核客体完成某项任务或是整体情况的评判标准。绩效考核作为党的十八大以来党建领域的“新气象”，是对各级党组织的“思想建设”“组织建设”“作风建设”“制度建设”“反腐倡廉建设”的全面从严治理，确保“五位一体形成合力”[④]。

在纵向上，基于提升党组织执政能力的目的，绩效考核的内容清单可依据思想、组织、作风、制度、反腐倡廉等要素进行设计，将与之相关的指标体系动态化地嵌入考核之中，实现从整体到具象的指标建构，不断强化基层党组织全面

---

① 参见《乐坪街道积极推动容错免责机制落地落实》，2021 年 1 月 21 日，https://baijiahao.baidu.com/s? id=1689509429192555336&wfr=spider&for=pc。

② 中共中央文献研究室编：《习近平关于全面从严治党论述摘编》，中央文献出版社 2016 年版，第 8 页。

③ 《习近平在十八届中央纪委六次全会上发表重要讲话强调　坚持全面从严治党依规治党　创新体制机制强化党内监督》，《人民日报》2016 年 1 月 13 日。

④ 肖贵清、杨万山：《全面从严治党的时代意义及基本途径》，《山东社会科学》2015 年第 7 期。

从严治党的能力与水平。绩效考核主要分为三级指标:一级指标主要是整体性的指标,借此可以准确把握全面从严治党向基层延伸的实施效果,以确保基层党组织能够真正发挥战斗堡垒的作用;二级指标主要是针对“思想建设、组织建设、作风建设、反腐倡廉建设和制度建设”五个方面设置的基础性指标,通过对目标类指标的考核,保障五个领域的方向定位得当,实现协同并进;三级指标是根据前文提及的五个领域设置的具体性指标,它是更为精细化与具体化的绩效描述,一般可以通过量化细分指标标准,甚至在平衡权重的基础上通过计算具体绩效实现对相关责任主体的考核,推动基层党组织及时发现劣势,找准自身发展方向。湖南省长沙市岳麓区洋湖街道设计出专门的党建工作考核表,考核表将党建工作纳入绩效考核,对每项具体工作进行指标的设置,依据考核结果,对街道相关党员干部进行分类定等,对工作责任落实好、成效突出的单位和个人进行表彰奖励,对考评末位的实行责任追究,从而抓实党建工作的目标与责任。①

在横向上,绩效考核的内容主要包括目标、效能、指标、价值四个方面。② 在目标上,党建工作在运行过程中有其目标指向性,绩效考核的首要且基础目标是检验测量目标的完成与否,以便进行下一步的工作。上海市长宁区华阳路街道制定了各项运行保障标准,《街道年度绩效考核测评制度》使社区各类干部从上岗工作到专业学习有记录,从定期培训到年终考核有成绩,时刻保持动态指向性,使其在每个环节与阶段都有据可依。③ 江苏省南京市江北新区盘城街道制定了《盘城街道班子成员年度绩效考核管理暂行办法》《盘城街道工作人员绩效考核管理暂行办法》,包括班子成员在内的街道全体工作人员、社区工作人员、城管协管员等专业队伍,均参与绩效考核。纵向划分为季度考核、年度考核,季度考核主要考核重点工作完成情况,年度考核另外考核民主评议、专项工作、附加(减)分项等内容。④ 在效能上,即考核在内部是否改善了基层党组织的政治生态,在外部是否实现人民群众的切身利益、解决人民群众的现实难题。重庆市巴南区在专项资金使用效果上,也及时组织党员、群众对项目实施效果

---

① 参见《“党建+”上线,起跑加速干劲足——长沙市岳麓区洋湖街道创新基层党建,党建引领有力地促进了经济发展》,2018 年 6 月 15 日,http://www.hxw.gov.cn/content/2018/06/15/3817091.html。

② 参见赵宬斐、杨传鑫:《基层治理中党的组织力评估研究》,《新视野》2020 年第 5 期。

③ 参见《上海华阳路街道:坚持党建引领建立标准体系提升街道综合服务管理水平》,2017 年 8 月 10 日,http://dangjian.people.com.cn/n1/2017/0810/c412046-29461844.html。

④ 参见《沙场点兵!新区盘城街道建立全员绩效考核管理体系》,2019 年 8 月 26 日,http://njna.nanjing.gov.cn/jd/pcjd/jddt/201908/t20190826_1636048.html。

开展满意度测评，满意度低于85%的，酌情扣减社区专职干部平时考核绩效。[①] 在指标上，主要分为质化指标与量化指标，质化指标可以通过人民群众对基层党组织的满意度与认同感来设计，一般指的是理念、思想、文化等不能进行测量的指标；与之相反，量化指标是可以被测量的，可以较为客观全面地反映并衡量组织与个人绩效的实际状况。湖南省湘潭市湘乡市昆仑桥街道出台了基层党组织积分制管理考核方案，对工作落实得力，积极创新，建言献策并得到学习复制推广的组织和个人进行绩效考核加分奖励，用量化的各类指标全方位地反映组织与个人的工作情况。[②] 广西壮族自治区柳州市出台《柳州市在职党员进社区"四联双报到"主题活动积分管理办法》和《柳州市在职党员进社区"四联双报到"主题活动学习积分管理办法》，在"四联双报到"平台上发布服务事项并赋予分值，之后可将党组织与个人的积分排名纳入绩效考核的内容清单，并建立积分预警机制。[③] 在价值上，党是全心全意为人民服务的，是否坚持这个基本价值取向，成为评判党组织绩效水平的重要标准。河北省邯郸市临漳县把绩效指标完成情况、群众满意度情况和领导认可度作为衡量工作成效的标准，并对完成课题工作中取得的"显绩"和"潜绩"进行综合评估，确保各项工作提质量、出成果、上水平。[④] 浙江省温州市鹿城区滨江街道推行全员绩效考核，设置了服务基层评价指标。在内部考核排名相同的情况下，服务基层评价指标将直接影响科室的最终考核得分，由此促进各科室在关注目标完成的同时增强服务社区的责任意识。[⑤]

考核的内容清单会根据目标与任务导向的变化进行动态调整，使之始终适应外部环境的变化，满足对党组织与党员个人考核的要求。2014年，上海市浦东新区区委、区政府授权区地区工委(社工委)统筹实施对街镇工作的考核。此举取消职能部门分头考核街镇的做法，使考核工作既体现对基层的增能减负，又起到激励和导向作用。考核内容突出完成区委、区政府中心工作和重点工作

---

① 参见《巴南基层党组织服务群众　1852万元专项经费解决民生事项3342个》，2020年6月15日，https://www.12371.gov.cn/Item/559256.aspx。

② 参见《湘乡昆仑桥街道"三型"党组织建设有声有色》，2019年11月8日，http://www.hxw.gov.cn/content/2019/11/08/11217695.html。

③ 参见《柳州市：激励在职党员服务城市基层治理》，2018年11月5日，http://www.bgxf.gov.cn/staticpages/20181105/newgx5bdfaf0d-12963.shtml。

④ 参见《河北临漳：以"五步工作法"推动组织工作科学化》，2016年7月21日，http://dangjian.people.com.cn/n1/2016/0721/c399425-28573714.html。

⑤ 参见《滨江街道推行全员绩效考核力促破难攻坚》，2015年8月7日，http://zzb.lucheng.gov.cn/gbgz/gbgl/2016/08/27/6216.html。

的情况。将以往各条线需要考核的80多项指标经过层层筛选,通过上下反复沟通认同,区相关会议反复讨论研究,确定了25项指标作为考核的主要内容,精简了近70%。党建板块分值权重提高有助于将原来居民区党建、"两新"组织党建的资源整合到社区,打通社区、楼宇、驻区单位的物理壁垒,成立社区党建服务中心,充分发挥社区党委的作用。①

二、明确城市社区党建绩效考核的实施主体

绩效考核的实施主体是指有权对党组织或个人的工作与行为表现进行绩效考核的主体。只有通过机制建设赋予各类主体考核裁量权和自主权,不断提升考核主体的工作效能,才能逐步形成在党委领导核心下多主体良性互动的局面。

建构以上级和基层党委、纪委为主体,其他国家行政机关与政协机构相配合的考核机制。上级以及基层党委与纪委作为居于主导地位的绩效考核实施主体对全面从严治党起着纵向与横向的交叉作用,主要包括上级的领导作用与同级的监督作用。北京市石景山区五里坨街道要求各党支部制定责任清单,党工委定期对清单落实情况、基层党支部书记履职情况等进行督查考核,强化各方的责任意识。② 北京市东城区体育馆路街道长青园社区创新实施"五赞党员"制度,即在"四个合格"党员标准要求的基础上,从参加支部学习、任岗认责、志愿服务、建言献策、遵规守纪五个方面,以积分点赞的形式对社区党员的全年表现进行考核评价。设定"五赞党员、合格党员、警示党员、不合格党员"四个等级,对社区党员一年来的考核成绩进行等级精准划分。"五赞党员"评选考核工作由社区所属党支部负责组织实施,由社区党委终审把关,社区纪委全程监督,这是绩效考核机制在实际操作上的具体落实。③

建构开放性考核渠道。人民群众、其他国家权力机关以及政治协商机构应当作为参与性的绩效考核实施主体。将人民群众纳入考核主体之中可以为基层党组织绩效水平的提高提供源动力。人民群众通过申诉、控告、检举等方式能够对党组织或党员干部进行批评或监督,有助于提高绩效考核的有效性。此

---

① 参见《浦东:精简近70%基层考核指标　改变考核"一刀切"》,2015年4月1日,http://shzw.eastday.com/shzw/G/20150401/u1ai147028.html。

② 参见《石景山区五里坨街道党工委注重"选培管"加强社区干部队伍建设》,2017年4月13日,http://www.bjdj.gov.cn/article/17364.html。

③ 参见《东城区体育馆路街道长青园社区党委实行"五赞党员"制度,创新党员教育评优模式》,2018年8月10日,http://www.bjdj.gov.cn/article/18248.html。

外，其他国家权力机关与政治协商机构可以在其专业范畴发挥特有的监督作用，如司法机关的法律监督、民主党派的民主监督等，它们为绩效考核的科学性与专业性打下了坚实基础。北京市大兴区天宫院街道让广大群众参与评议在职党员在社区的服务情况，强化在职党员服务效果的考评考核，使在职党员将服务做细做全，并最终使群众满意。一是服务积分考核，在海子角南里社区建立志愿者银行，在职党员的志愿服务可以累计积分，达到一定分值后可以为所帮扶的家庭换取等值的便民服务，使党员的服务有实质的价值。二是公开承诺考核，推行在职党员公开承诺制，按照适时、适度、有效原则，通过个人承诺、组织定诺、公开亮诺、扎实履诺、定期评诺的“五步”评诺办法，督促在职党员发挥作用，提高服务意识和服务质量。三是民主评议考核。社区党支部对在职党员在社区的表现、参加活动等情况在居民代表会、党员会上通报，接受群众的评议，定期向在职党员单位反馈，并将党员积分服务情况、承诺完成情况、民主评议情况在社区进行公示，接受群众监督。[①] 湖南省益阳市建立了完善的考核督办机制，实行一哨一评，并出台了配套管理办法，如驻区单位将党员志愿服务情况作为十二分制积分管理、民主评议党员的重要内容，进一步激发与提高了党员的积极性和参与度。同时，推动社区群众对街道、部门单位的问题办结情况进行考核评价，并将其纳入基层党建“一岗双责”考核和市直、区县（市）直单位全员绩效考核指标，权重占50%。[②]

三、加强城市社区党建绩效考核的结果运用

推进全面从严治党，要不断强化党组织自我净化、自我完善与自我革新的能力。绩效考核机制本身就是可操行性的运行规则，因此只有将其结果应用至党建实践中，不断细化工作细节，才能取得良好的治党效果。

行为规范的结果运用。绩效考核并不是党建工作的目的，而是推动党组织密切联系服务群众的手段，其价值也在于实现党建工作常态化与针对性的统一，为下一步工作开展做出有序规划。行为规范的结果运用涉及的考核程序主要包括三个方面——事前、事中以及事后的绩效考核，不仅能够对最终效果进行合理研判，而且也能对阶段性的责任落实进行整体性的评价，为最终的成效

---

① 参见《大兴区天宫院街道“三二一”机制扎实开展在职党员进社区活动》，2015年2月15日，https://www.baidu.com/link?url=wBvGJ7oTibByD2qMCN-zCuNbwd6N6OIReYRc0UFYz6CxxMCE21ls9X6EvGtWxldhEFeF68IbNgsDQDh1mOiARa&wd=&eqid=ee0b2907000ac0a2000000055ffff799。

② 参见《让市民更有获得感——益阳“基层吹哨、部门报到”成为城市基层党建新常态》，2019年12月31日，http://www.hxw.gov.cn/content/2019/12/31/11488734.html。

运用打下坚实基础。通过对绩效考核的内容清单与量化后的指标体系公开，党组织与个人能够发现并分析党建工作运行过程中存在的某些具体问题，并对组织与个人分别制定了行为规范，在认清自身的同时也能避免将来类似问题的出现。陕西省咸阳市泾阳县泾干街道的绩效考核实行百分制量化考核，遵守制度考核实行扣分制，对被考核人员工作作风、遵守机关制度和出勤、效率以及效能投诉等明察暗访、监督检查，实行按标准分扣分机制；绩效考核实行加减分制，对工作突出、受到上级肯定或上级部门表彰的个人按标准予以加分，对工作上有失误、造成损失的个人按照标准减分，在具体考核办法制定过程中，突出考核方法创新，完善相关机制，努力做到科学考核。①

奖惩机制的结果运用。绩效考核机制可作为奖惩的依据，当它将其结果运用至党组织或个人身上时，将会对他们形成一定程度上的自我认知与激励作用。另外，绩效考核公开与奖惩机制的实施，在很大程度上推动了党组织与个人理念的转变，增强了他们的责任感与使命感，形成互相促进、良性竞争的良好氛围。江西省九江市浔阳区甘棠街道按照“一级树标杆、二级促追赶、三级抓提升、四级强整顿”的工作思路，对照考评等次设立了绩效考核阶梯奖金，并拨付专项资金为社区承担部分绩效奖金。对于工作成效显著的社区党组织书记，街道在评优评先时予以优先推荐，真正实现为苦干实干者加薪、让实绩突出者吃香。② 江苏省南京市江北新区盘城街道建立全员绩效考核管理体系，其中工作人员季度、年度绩效奖金与考核等级直接挂钩。个人绩效考核等级较高者，在选树先进、选拔重用、年度考核等方面优先考虑；明确在一个考核周期内如果受到党纪政纪处分，考核星级将强制降级；个人绩效考核连续多次不合格者，在部门主要负责人约谈后仍无改进者，将调整工作岗位乃至按照有关规定解除劳动合同。③

---

① 参见《泾干街道街道创新绩效考核提高机关效能》，2020 年 4 月 29 日，http://jhxc.xixianxinqu.gov.cn/jhzw/202004/29/10618.html。

② 参见《“三定两评”浔阳区甘棠街道率先开展社区绩效考核新模式》，2020 年 4 月 13 日，https://jj.jxnews.com.cn/system/2020/04/13/018848032.shtml。

③ 参见《沙场点兵！新区盘城街道建立全员绩效考核管理体系》，2019 年 8 月 26 日，http://njna.nanjing.gov.cn/jd/pcjd/jddt/201908/t20190826_1636048.html。

第六章 新时代城市社区党建功能整合的创新形态

党的十九届五中全会提出，“社会治理特别是基层治理水平明显提高”是“十四五”时期经济社会发展的主要目标之一。城市社区是基层治理的主要场域，城市社区治理的核心内容体现为在党的领导下建立与基层群众自治制度相契合的多主体参与共治的治理模式，其关键目的在于有效回应基层社会结构快速变迁导致的基层治理问题，解决行政化社区发展惯性所积累的治理困境，维护稳定的基层社会秩序，以此巩固党的领导和执政基础。

新时代，城市社区作为党领导国家治理基础单元的作用更加凸显。首先，在全面深化改革时期，现代市场体系的建立与完善进一步清除民营经济发展壁垒，城市社区快速积累现代性要素。新经济组织成为激活城市发展动能的关键力量，吸引大量劳动人口迁入城市。在很大程度上，人口的流动性及其居住空间的不稳定性改变了传统社区的凝闭性，在要求社区增强开放性的同时，也对社区安全、管理与服务机制变革形成新的要求。其次，随着社会组织审批制度的改革以及社会组织孵化器的设置，在趣缘或业缘基础上建立的社会组织数量大幅增加，“社会组织在数量、结构优化、社会创新和内部管理等诸多方面呈现出积极繁荣的景象，各类社会组织之间的网络体系和结构框架已初步成型，社会组织不断涌现、能力不断提升，参与国家社会治理的需求和动力日渐增强”[①]。在城市社区治理过程中，社会组织在居家养老、子女教育、社区环境改善等方面积极提供保障性服务；同时，社区社会组织的发展也在一定程度上创设了社区居民的公共活动空间，有利于增进社区居民的日常交往进而改变社区内部的“陌生人”结构，推动社区共同体建设。再次，城市社区居民的生活需求与价值

① 王名、蔡志鸿、王春婷：《社会共治：多元主体共同治理的实践探索与制度创新》，《中国行政管理》2014 年第 12 期。

诉求呈现多元化发展趋势，尝试通过基层自治参与渠道进行利益表达并要求政府对其回应，“从对政府权威‘普遍服从’的治理，到居民拥有更大控制权的参与式治理，必须向社区居民自主治理价值回归，回归到由非职业人员和公民拥有更大控制权的参与式社区治理中来”①。因此，对于城市社区治理而言，急需领导性力量整合社区市场资源与社会组织资源，同时引导社区居民有序参与，以构建共建共治共享的基层社会治理新格局。在政府权力逐步回归合理化的背景中，党作为领导性治理主体通过党建引领社区治理成为推进城市社区治理体系和治理能力现代化发展的题中之义。

习近平总书记指出，“提高社区治理效能，关键是加强党的领导”②，“基础不牢，地动山摇。只有把基层党组织建设强、把基层政权巩固好，中国特色社会主义的根基才能稳固”③。在此意义上，党建引领治理并实现党建与治理的功能整合成为城市社区党建工作的重要创新形态。一方面，通过推进城市社区党的建设系统工程，加强社区党组织政治引领、组织动员与统筹服务等党的“内部功能”整合式建构，增强党对城市工作的全面领导力，在强化城市社区党组织战斗堡垒作用的同时厚植党的执政基础；另一方面，通过探索党的建设引领城市社区治理的可行路径，将其“内部功能”延伸至整合社区治理需求，以党建为政治轴心，以坚持和完善共建共治共享社会治理制度为基本要求，重塑社区治理体系，再造社区治理流程，提升社区治理质量，以此激活社区治理效能，有效回应社区异质性、多元性、分散性等转型发展趋势带来的现代治理难题。

第一节　创新城市社区党建政治引领功能，重塑社区治理体系

随着社会治理重心向基层下移，城市社区作为承接基层管理职能、保障基层安全、提供基层服务等职能的核心场域，其治理职责逐渐增多。现代化社区治理体系是整合城市社区治理资源、统筹解决城市社区治理问题、提升城市社区治理效能的系统性工程，是完善党委领导、政府负责、民主协商、社会协同、公众参与、法治保障、科技支撑的社会治理体系的基层体现。其中，始终坚持党对

① 周庆智：《中国基层社会自治》，中国社会科学出版社 2017 年版，第 98 页。

② 《习近平谈社区治理：提高社区治理效能的关键是加强党的领导》，2020 年 7 月 24 日，http://www.xinhuanet.com/politics/leaders/2020-07/24/c_1126279898.htm。

③ 习近平：《在基层代表座谈会上的讲话》，2020 年 9 月 19 日，http://www.xinhuanet.com/politics/leaders/2020-09/19/c_1126514697.htm。

社区治理的全面领导是城市社区治理体系建设的核心要义。通过党的建设系统工程，把党的领导落实到城市社区治理各方面，充分发挥党建政治引领功能，是解决城市社区治理结构性困境的根本政治保障。

政治建设是党的建设工作的重中之重，政治引领功能则是社区党建的根本功能。“政治引领能力是党的生命力所在，也是党的凝聚力、战斗力和创造力的集中体现，是党领导国家和整合社会的基础能力。”[①]在全面深化改革时期，城市社区面临更加复杂的治理环境。特别是社区发展的行政化惯性以及社区居委会职能的内卷化倾向不断压缩社区的自治空间；在从“街居制”向“社区制”的转型过程中，社区仍然在很大程度上依赖街道或政府为其提供发展资源，进一步模糊其公共服务供给功能，导致社区治理方向的偏离，产生诸多结构性困境。在党的领导下，使城市社区治理始终保持正确的发展方向，使其作为国家治理基础单元，保障党和国家治理政策在城市基层的贯彻与落实，夯实党全面领导国家治理的根基；同时，发挥城市社区党组织和基层党员的组织与垂范作用，领导社区居民建立协作关系，推动社区共同体建设。此外，使社区重回其作为基层自治场域的基本定位，创设社区居民协商参与空间，真正落实“以人民为中心”的治理原则。

一、党建创新引领社区治理结构向“一核多元”转型

重塑社区治理体系需要社区党组织、社区居委会、业委会、物业公司、社区居民以及社区中的市场组织与社会组织等主体良性互动，以建构适宜的社区治理结构。改革开放以来，城市社区经历急剧转型。单位体制的解体使得城市社区居民不再单纯依赖单位福利住房分配获得居住空间，住房商品化在打破“职住合一”的同时，更带来居民物权意识的增长，“其基本权利之一就是成立业主委员会（简称业委会），并利用业委会这样一种自治组织形式，直接监督物业公司的服务，在利益相关者之间建立有效的契约关系”[②]。业委会、物业公司开始成为重要的社区治理主体，改变了社区居委会“一元主导”的社区治理局面。此外，当市场组织渗透社区，并且社会组织开始承接政府转移的部分职能，如何在改善城市社区封闭性格局使城市多元治理资源深度下放社区的同时，在社区、市场组织与社会组织之间建立规范的交往结构，共同提升社区居民服务供给质

---

① 曹海军、刘少博：《新时代“党建＋城市社区治理创新”：趋势、形态与动力》，《社会科学》2020年第3期。

② 叶娟丽、韩瑞波：《吸纳式合作机制在社区治理中为何失效？——基于H小区居委会与物业公司的个案分析》，《南京大学学报》2019年第2期。

量,成为社区治理现代化的主要目标之一。这就需要一个领导性治理主体,整合社区治理中多元化的利益相关方,并对治理资源进行统筹安排,避免"分散性治理结构会造成越来越多的利益和价值冲突,进而阻碍整体性公共价值的生产和社区共同体的生成"①。

新时代,社区党组织成为领导重塑社区治理整合性结构的主体,并将该过程内蕴于党建工作创新中。在社区治理结构中,社区党组织作为"一元领导核心",发挥"总揽而不包揽,协调而不代替"②的功能;社区居民、业委会、物业公司等"多元主体参与",塑造社区集体行动愿景并促进社区公共价值生成;市场组织与社会组织"多元资源渗透",以资源竞争获取服务质量升级。

当前,北京、上海、深圳等城市社区在党建工作创新的基础上重塑社区治理新格局。

探索"一核多元"党建引领社区治理结构,推动社区治理精准化。北京市西城区创新设置"以社区党组织为核心,社区居民、居委会、业委会、物业公司、产权单位、职能部门、社会组织等多元主体共同参与的物业管理委员会",并在党的领导下成立街道"物业联盟",以统筹解决物业管理历史遗留问题,提升物业管理服务质量。与此同时,西城区在物管会的试点基础上,分步骤、分阶段推动社区党的组织和党的工作覆盖率、物业管理委员会组建率和物业管理覆盖率达到100%,以完善党建引领下的物业管理协商共治新机制。此外,在西城区统筹布局并落实党建引领物业管理服务升级的基础上,各街道亦制定相应的针对性政策,以更有效地回应街道现实治理问题。陶然亭街道党工委依据辖区内社区类型多样化、社区资源禀赋差异化、社区服务需求多元化等治理场景要素,出台《陶然亭街道加强党建引领打造"红色物业"的实施意见》,并在实践中形成党建引领"市场型"物业服务模式、党建引领"公益型"物业服务模式、党建引领"托底型"物业服务模式,培育"红色管家"党建品牌,推动党建工作与物业服务功能融合提升。③

探索"一核多元"党建引领社区治理结构,推动社区治理精细化。在上海浦东新区浦兴路街道,荷五小区以党建引领"一核多元"治理结构探索城市老旧小

① 容志、孙蒙:《党建引领社区公共价值生产的机制与路径:基于上海"红色物业"的实证研究》,《理论与改革》2020年第2期。

② 王明杰、周隆武:《"坚持党对一切工作的领导"的当代实践》,《前线》2019年第1期。

③ 参见《北京首家物业管理委员会将落西城》,2020年5月2日,https://www.bjxch.gov.cn/xcdt/xxxq/pnidpv855507.html;《西城区陶然亭街道加强党建引领着力提高"三率"》,2020年8月21日,http://zjw.beijing.gov.cn/bjjs/xxgk/ztzl/djylxwy__sqzldms/dxaljlhj/10852878/index.shtml。

区精细化治理的可行路径。作为动迁房小区，荷五小区既面临公建配套不足、基础设施更新滞后、管理服务相对落后等现实问题，也存在因社区社会资本流失而影响居民建立互动型邻里关系网络等问题。在深入调研并精准把握社区治理问题基础上，荷五小区党总支探索社区共治机制，引领社区业委会、物业公司、社区居民共同参与改造社区环境，通过规划拓展社区停车位实现社区基础设施改造升级；通过整治社区花园、建筑立面、房前屋后等环境，打造宜居社区新面貌。为提升社区管理服务质量，在社区党总支的领导下，社区居委会、业委会与物业公司在明确各自职责的基础上，利用"三位一体"会议机制实现服务协同；同时，社区党总支积极构建共建合作平台，以项目制为基础吸纳驻区单位参与社区服务供给，精准聚焦社区居民服务需求，优化升级社区服务。同时，为进一步改善社区治理生态，荷五小区党总支探索社区之间党建联建新路径，通过社区党组织之间的交流促成社区之间的治理协作，以"居居合作"拓展社区共治格局。此外，针对社区邻里交往弱化等问题，社区党总支引领组建社区自治团队，创设居民参与社区规划、管理、服务等各项事务的组织化平台，在建立居民交往关系网络的同时，也能够通过公共活动场景的构建增强居民对社区作为生活共同体的认同感与归属感。①

探索"一核多元"党建引领社区治理结构，增强社区治理的协同性。相较于北京与上海聚焦社区治理内部场景，深圳市在探索建构"一核多元"社区治理结构的实践中，将社区治理场景外延至区、街道，在解决党建"碎片化"问题的同时，实现对区、街道、社区三级资源的统筹协调，以高效回应社区居民的利益诉求；与此同时，在"社区党委统一领导、条块统筹协作、部门联勤联动"基层治理模式的基础上，探索党建单元与治理单元相统一、党建责任与治理责任"一肩挑"，实现基层党建网与基层治理网"两网融合"。其中，在深圳市光明区玉塘街道，根据光明区委组织部印发《党建引领基层治理改革推进工作方案》，其作为试点街道积极探索建立"一核多元"社区治理新结构。在田寮社区，创新打造"红色蜂巢"治理模式，即通过"蜂王引领"建立以社区党委为领导核心、政府、市场组织与社会组织广泛参与的党群服务联合体，打造多功能"红色驿站"；通过"蜂联固巢"，制定街道、社区、片格、个人四级处置事项权责清单，实现社区治理事件分级分类流转，提高事件整治率；通过"引蜂筑巢"，形成社区长指挥调度、

① 参见《浦东荷五小区：党建引领自治共治焕新小区活力》，2019年2月13日，http://dangjian.eastday.com/jcdj/xl/u1ai12270974.html；《搭建多元平台 共促社区发展》，2018年1月2日，http://dj.shjcdj.cn/djWeb/djweb/web/binarystar/binarystar! info.action? id = 8aafb7056078ea640160b5282ff40173。

片格长具体负责、成员团结协作“蜂巢治理”队伍体系，提升社区治理效能[①]。

二、党建创新引领建构社区治理主体间领导与协作关系

现代城市社区治理是社区党组织领导动员社区内相关治理主体参与社区公共事务共治的过程。新时代以来，城市社区通过党建体系创新，凭借区域性党建、层级式党建以及网格化党建的整体安排建立起基层党组织、政府相关部门、企事业单位等驻区组织之间的主体协作共治机制。具体到社区治理问题的利益相关者，还涉及社区居委会、业委会以及物业公司等社区内部主体以及作为直接参与者的社区居民。在社区治理过程中，社区居民将作为社区治理的关键主体力量，既可以通过业委会间接参与社区治理，也能够对社区事务进行自主表达，通过与社区党组织以及社区居委会直接对话而将其利益诉求与意见建议有效输入社区决策过程。如何组织并动员社区居民参与社区共建共治，是当前社区共同体建设面临的主要问题；而如何将基层治理改革成果惠及全体社区居民亦是党建创新的关键落脚点。进入全面深化改革时期，城市社区的公共事务愈加呈现复杂性、多发性与抗解性等特征，需要在社区党组织领导下将社区居民有序组织起来，协作参与社区公共事务的治理过程，通过理性协商寻求合理决策。然而，当前在部分社区中，年轻职业群体参与频度相对较低，并不利于形成社区共同体，建构社区居民间的协作关系。

社区共同体意味着社区不仅作为城市居民聚集居住的物理空间，更加强调社区作为社会空间的本质属性，即社区居民通过社区公共生活而产生协作式交往关系，进而增进情感联系，增强其社区认同感与归属感。在推进城市社区治理体系现代化进程中，培养社区居民（特别是职业群体）的社区共同体价值有赖于社区党组织领导并动员其参与社区公共生活，以在该过程中建立信任与网络关系，改变城市社会的“陌生人”结构；同时，通过发挥党密切联系群众、服务群众的组织优势，精准获取职业群体利益诉求，以社区作为向其提供精细化服务的基本单位，在建立社区居民与社区之间相对紧密的经济联系与社会联系[②]的同时增强社区凝聚力。

---

① 参见《光明区激活红色动能　党建引领　推动基层治理现代化精准化》，2019 年 6 月 26 日，http://iguangming.sznews.com/content/2019-06/26/content_22207479.htm；《玉塘街道创新打造“红色蜂巢”网格化治理工程》，2019 年 12 月 19 日，http://iguangming.sznews.com/content/2019-12/19/content_22716009.htm。

② 参见桂勇、黄荣贵：《城市社区：共同体还是“互不相关的邻里”》，《华中师范大学学报》2006 年第 6 期。

新时代以来，党组织作为城市社区治理的领导者，积极组织动员社区居民参与社区共建共治过程，并推动社区治理成果更加公平地惠及全体社区居民。一方面，在社区党组织领导下，社区针对性创造公共参与空间，组建社区居民团体，在公共活动中增进居民之间的协作；另一方面，通过社区在职党员“双报到”管理机制以及非党员职业群体的组织动员机制，以在职党员领导示范为前提，实现对社区职业群体的治理吸纳，进一步激活社区居民的协作共治资源，增强职业群体的社区归属感。

在实践中，上海、重庆等地社区积极探索党建创新，在增强社区党组织领导力的同时引领社区居民参与社区治理，弱化邻里之间的陌生感。

党建引领创新社区治理主体参与模式。在上海市康健街道，长青坊居民区作为以多元化群体格局为特点的混合型社区，如何动员离退休干部、机关干部、高级知识分子、动拆迁居民以及租房户等社区主体协作参与社区治理是其党建过程中面临的重要问题。[①] 在实践中，长青坊居民区积极创新党建工作方式，以志愿服务为主要载体，探索以党总支领导为核心的双向网络联动团队模式，动员社区群众组建志愿团体并在志愿活动中实现居民的凝聚与协作。具体而言，长青坊居民区注重发挥党建引领作用，在党总支领导下，将“长青春风”志愿者团队工作模式制度化、规范化，使其成为整合社区服务项目、吸纳社区群众参与社区治理的主要载体。当前，该团队已发展至21支分队，如“民情交流团队、金点子议事团队、精神关爱团队、环境整治团队、军干所老同志志愿者宣讲团、医疗咨询团队、楼组党建服务点”[②]等。在团队成员建设中注重对职业群体的吸纳，动员包括教师、医生、律师等在内的专业人才参加社区志愿团队；同时，注重志愿者团队中的梯队人员结构建设，将更多中青年居民吸纳至服务队伍，提高社区志愿服务质量的同时也能够增强其社区治理的参与感，增进彼此之间的联系，进而培养其社区归属感。此外，在“楼组党建服务点”建设过程中，在社区党总支领导下，“长青春风”团队发挥积极能动作用，定期召开楼道碰头会，“居民自主讨论楼道内热点、难点问题，在美化楼道环境、解决楼道公共设施改造等问题中，制定合理方案，提交居民区党组织”[③]。针对楼道治理问题，志愿者团队与

---

① 参见《(康健街道)长青坊居民区党建引领社区治理创新，扎实推进城市社区离退休干部党建工作》，2019年4月16日，http://dj.xh.sh.cn/HTML/xhdj/kjjd_jmqdj/2019-04-16/Detail_178666.htm。

② 《上海徐汇：探索党建引领下的社区团队自治新模式——以康健街道长青坊居民区DNA团队模式为例》，2017年8月10日，http://dangjian.people.com.cn/n1/2017/0810/c412046-29461870.html。

③ 中共上海市委老干部局：《党建引领社区治理创新——记徐汇区康健街道“长青春风”团队》，2020年10月26日，http://www.shlgbj.gov.cn/view/6368。

楼组长之间紧密配合,动员居民协作拆除楼道内违章铁门,并倡导其利用楼组资源主动进行学习与交流,以党建引领楼组自治,进一步密切楼内居民的关系。

党建引领激活社区治理主体参与协同动能。党员是社区居民中的能动性治理主体,全程参与社区治理并依其先进性发挥引领示范作用。在职党员"双报到"机制是调动党员职业群体服务社区的主要党建创新工作方式。重庆是较早探索在职党员"双报到"机制的地区,并完善在职党员社区服务考核制度,以最大限度地激活其治理功能。在重庆市合川区,针对治理主体分散且无法形成治理合力的问题,区委创新推动在职党员到居住社区"双报到"工作办法,以"站好位、带好头、干好事"为基本要求,细化"每周至少参加一次志愿服务、每人至少办一件好事"的工作任务。为实现在职党员的服务资源聚合,合川区建立在职党员专业特长信息库,精准匹配在职党员的资源优势与社区服务诉求,提高在职党员的社区服务效能;与此同时,为督促在职党员履行服务职责,提高服务质量,合川区制定内部督导考核办法,将在职党员服务社区情况纳入年度考核,并作为工作单位内部评先评优、提拔使用的重要依据。[①] "截至 2020 年 8 月,合川区 3.4 万余名机关党员已'回归'97 个社区 389 个小区,帮助群众解决 3000 余个大大小小的难题,打通了基层治理的'毛细血管'。"[②]为进一步增强职业群体的社区归属感,重庆市探索党建工作创新,利用"三清单"(需求清单、资源清单、项目清单)工作机制,精准获取社区职工群体服务诉求。在巴南区红光社区,社区党委在深入调研的基础上,确定社区职工群体面临"孩子放学后无人接、作业无人辅导"的问题,并将其列入"需求清单"。对此,红光社区充分利用"1+X"城市党建联盟资源,在驻区高校重庆理工大学主动对接社区之后,社区联合高校志愿服务者团队开设"四点半"课堂,为社区职业群体子女提供课后辅导等服务,切实满足职业群体的现实需求,增强职业群体对社区作为服务供给主体的依赖感与信任感。[③]

---

① 参见《重庆合川:社区小区"吹哨" 党员干部"报到"》,2019 年 11 月 25 日,http://m.xinhuanet.com/cq/2019-11/25/c_1125269614.htm;《重庆市合川区:坚持党建引领基层社会治理结构 构建共建共治共享的城乡治理新格局》,2020 年 6 月 9 日,http://www.myzaker.com/article/5edefcc28e9f093e086a9888。

② 汤艳娟:《运用大数据防范化解风险隐患——合川区推进社会治理现代化调查》,2020 年 10 月 12 日,https://epaper.cqrb.cn/html/cqrb/2020-10/12/003/content_rb_272120.htm。

③ 参见《重庆市巴南区:组建"1+X"党建联盟 激发城市党建新活力》,2018 年 10 月 8 日,http://dangjian.people.com.cn/n1/2018/1008/c420318-30328354.html;《巴南创新组建"1+X"城市党建联盟 凝聚各方力量 共治共享激发组织活力》,2018 年 10 月 17 日,https://epaper.cqrb.cn/html/cqrb/2018-10/17/005/content_215389.htm。

三、党建创新引领社区治理议题的公平协商解决

基层协商是社会主义协商民主体系的重要组成部分，也是将社会主义协商民主制度优势转化为治理效能的实现机制。习近平总书记指出："有事好商量，众人的事情由众人商量，找到全社会意愿和要求的最大公约数，是人民民主的真谛。"[①]当前，持续发展的政党协商、政府协商、人大协商、政协协商以及社会领域中广泛构建的基层协商、人民团队协商以及社会组织协商共同形塑中国特色社会主义协商民主体系，构成中国民主政治发展的主要形态，"在党的层面，能够创造多党合作中的肝胆相照、荣辱与共的共生格局；在国家层面，能够创造各民族、各阶级大团结、大发展的共生格局；在社会层面，能够创造人与人和谐共生，全面发展的共生格局"[②]。其中，稳步开展基层协商创造基层群众有序利益表达的制度化空间，对于化解基层社会矛盾、稳定基层治理秩序具有至关重要的作用。

党的十八大以来，全国各地积极探索基层协商实践。"百姓议事厅""居民议事会""民主恳谈会"等基层协商论坛塑造基层群众参与社会治理的可行渠道；而基于"地方领导留言板"、地方政府门户网站、手机程序终端等开发的网络虚拟对话板块则进一步消解基层群众意见表达壁垒，拓展其协商参与的实质性平等机会。在实践中，基层协商内容往往是与基层群众切身利益密切相关的基层治理议题，如基础设施的更新改造、公共预算的合理分配、村(社区)经济社会发展规划等。基层群众对治理议题的关切构成其协商参与的内生动力，而规范化协商程序则是决定基层协商效能的关键要素。其中，基层群众须在协商前获取与协商议题相关的全面、真实信息；协商规则的制定则有利于使基层群众享有平等表达意见偏好的机会，并能够在话语交往过程中寻求可被接受的共识；基于该过程的协商结果能够被合理期待成为集体决策的主要依据。

城市社区作为基层治理的基础单元，也是基层协商的主要发生场域。新时代以来，伴随城市社区党建创新的系统化深入，基层协商与党建工作之间呈现复合治理效应。一方面，服务群众是基层党组织的重要职能，不断增强人民群众的获得感、幸福感、安全感则是城市社区党建工作的重要落脚点。要密切党与群众之间的关系，深入群众、服务群众，需要基层党组织利用相应的协商工作

---

① 《习近平在庆祝中国人民政治协商会议成立65周年大会上发表重要讲话强调　推进人民政协理论创新制度创新工作创新　推进社会主义协商民主广泛多层制度化发展》，《人民日报》2014年9月22日。

② 林尚立：《协商民主：中国特色现代政治得以成长的基础——基于中国协商民主功能的考察》，《湖北社会科学》2015年第7期。

机制精准获取群众的服务诉求，以实施精细化治理，提出针对性的服务方案。另一方面，增强基层党组织领导力是城市社区党建的出发点。在城市社区治理现代化的背景下，党的领导力不仅意味着基层党组织具有总揽治理全局、协调治理资源、经受治理考验的强大能力，更意味着其能够作为能动性治理主体，主动承担引领建构治理规则、引领动员治理主体、引领完善治理机制、引领提升治理效能的职责。因此，由城市社区党组织引领搭建协商平台并规范协商议事规则成为党建工作的重要内容，城市社区党组织的领导成为进一步规范协商程序的关键因素。

进入新时代，北京、吉林、浙江等地将党建工作创新与基层协商发展有序融合。在基层党组织领导下，社区居委会、业委会、物业公司以及社区居民等治理主体通过协商对话解决其共同面临的社区治理议题。

党建引领创新社区协商议事制度。在北京市平谷区，园丁社区作为老旧小区，面临物业服务质量不高、物业公司与社区居民关系紧张等现实问题。在创新党建引领物业服务的过程中，园丁小区建立“五方共议、五步协商”制度，以协调物业公司与社区居民之间的关系，提高物业服务质量。其中，“五方共议”是在社区党组织领导下，每季度组织网格长、楼长、物业公司负责人、社区居民就相关问题进行协商。问题的数据来源于“12345”热线、物业服务热线、居民向居委会直接反映以及社区工作人员进楼入户等，涉及“公共设施、环境卫生、安全管理与矛盾调节”四种类别。“五步协商”包括“收集问题、确定议题、协商议事、分流落实、监督评审”五个步骤，保证居民意见能够有效输入社区决策过程，同时依赖“监督评审”机制保障协商结果能够取得实际的治理效果，也进一步督促物业公司切实履行职责。[①]

党建引领创新社区协商议事机制。吉林省长春市二道区作为老工业区，面临老旧小区基础设施配套不健全、公共服务质量不高等治理难题。近年来，二道区以城市基层党建“书记一号工程”为契机，着力推动党建引领提升老旧小区治理效能。在建立完善的基层党组织体系并将其进一步向社区楼栋、单元延伸的基础上，打造红色物业联盟“大党委”，着力提升物业服务标准。针对社区矛盾纠纷等相关问题，该区积极探索党建引领“协商共建式”治理机制，以“1＋3＋N”(其中，“1”为街道社区党组织；“3”为小区党支部、业委会以及物业公司；“N”则包括网格长、楼栋长、单元长、业主代表等多元主体)模式构建社区协商议事

① 参见《园丁社区：突出党建引领，助推物业服务与社区治理融合共进》，2019 年 7 月 25 日，http://zzb.bjpg.gov.cn/show-673-5829-1.html。

的基础。就社区协商议事机制的运行而言，该区创新“主动问事、会议议事、民生定事、合力办事、居民评事”“五步协商法”，打造“自维化”自治共商议事新平台，有效解决居民“急难愁盼”问题。[①]

党建引领提升社区协商议事效能。浙江省是全国较早开展基层协商实践的地区，其创新推动的基层协商民主恳谈制度为基层群众参与地方治理决策提供可行渠道，并通过其规范化运作提高决策的科学化与民主化水平。近年来，浙江省各级地方党委进一步探索基层协商的稳态化发展路径，凭借制度规则的权威性规范协商参与主体的协商行为，以“微协商”与“微治理”助力浙江“努力成为新时代全面展示中国特色社会主义制度优越性的重要窗口”。其中，宁波市在推进城市社区党建创新过程中，着力打造“开放空间协商模式”等协商治理品牌，同时制定《关于加强社区协商的实施意见》，以“五有五化”标准规范协商议事程序，提升协商议事效能。具体而言，“五有”即“有一个议事组织、有一份议事目录、有一个议事平台、有一张协商流程图、有一套协商议事制度”；“五化”包括“协商主体多元化、事项清单化、形式多样化、程序规范化、成果效能化”[②]。湖州市积极探索党建引领社区协商议事制度化发展，出台社会工作者参与社区协商议事的首个地方标准——《社会工作者参与社区协商议事规范》，促进“3＋1四方会谈”（其中，“3”为“引领方”“主体方”与“资源方”，“1”为“技术方”）规范化。具体而言，社区党组织与社区居委会作为“引领方”，引导社区居民、业主、业委会等“主体方”主动参与社区共治，同时充分发挥物业公司、驻区单位、共建单位、下沉单位等“资源方”的治理资源整合性优势，将专业社会工作者作为“技术方”吸纳至社区治理过程，提高社区协商质量，打造党建引领基层协商议事的“吴兴样板”。[③]

发挥党建政治引领功能、重塑社区治理体系是新时代党建功能整合的重要创新形态之一，其核心要义为以城市社区党建工作创新为契机，通过推动党建工作与实现社区治理现代化目标的有效融合而实现党建引领构建“一核多元”的治理结构，并引领社区治理主体向领导与协作关系转型，以此促使社区治理议题通过公平协商渠道得到合理解决。具体而言，“一核多元”治理结构是党建引领治理的创新成果。虽然各地在实践过程中亦探索出诸多适应性发展样态，

---

① 参见《长春二道区：党建引领“四式治理”模式　推动老旧散弃小区自治共治提质升级》，2020年6月28日，https://www.ccxfw.gov.cn/csdj/5632.jhtml。

② 《服务为本　打造基层社会治理共同体》，《中国社会报》2020年10月14日。

③ 参见汤姗姗：《浙江省湖州规范社会工作者参与社区协商议事》，2020年11月12日，http://trade.swchina.org/trends/2020/1112/37568.shtml。

但始终维持该结构的基本内核。其中，党的领导是社区治理的政治轴心，党建的首要功能在于增强社区党组织作为社区治理领导核心的政治引领能力，其在保障社区治理正确方向的同时，坚持和完善党对城市社区工作的政治领导；社区业委会、物业公司、社区居民、辖区内市场组织、社会组织等主体作为社区治理利益相关者，通过党建引领开拓治理参与渠道，创设社区共治平台，共同解决社区治理问题。此外，通过社区党组织的组织动员以及基层党员的先锋模范作用，引导社区居民参与社区公共生活，为解决社区职业群体的服务诉求制定并实施精准化治理方案，增强社区居民的归属感，凝聚社区共同体的价值共识。在该过程中，党建引领协商议事机制的建立与完善使“一核多元”治理结构有效运转。在社区党组织领导下，社区协商议事机制得到制度化规范化发展，社区治理主体在协商参与过程中也进一步巩固其协作关系。在此意义上，党建引领社区治理体系重塑，能够切实发挥共建共治共享的社会治理制度优势，并将其更好转化为城市社区治理效能。

第二节　创新城市社区党建组织功能，再造社区治理流程

推进党建引领社区治理，城市社区党建的组织功能创新就成为必然要求。传统上城市基层党建主要以党内组织建设为重心，以强化基层党组织执行功能为主要目的。但这一传统的党建模式在面对新时期党建与社区治理嵌合关系的构建时就显得不合时宜。城市社区党建的组织功能需要契合党建引领社区治理这一发展趋势，必须跳出“就党建而党建”的传统理念，转向坚持和加强党对城市社区治理全面领导的认知。党的十八大以来，城市社区党组织进行了许多党建组织功能创新实践，助力社区治理的流程再造和治理质量转型。从“治理规划”到“决策执行”再到“绩效评估应用”，社区治理流程在社区党建的组织功能下实现了再造与优化。

一、党建创新引导社区治理规划的系统设计

改革开放以来，城市社区逐渐出现并成为城市基层社会再组织的主要单元。然而，在市场化不断推进和社会自由度持续提升的改革趋势下，城市社区建设由于缺少一个核心的引领主体，在治理规划发展方面产生较多问题。在很长一段时间内，城市社区的空间发展缺乏系统规划，这一方面体现为城市内棚户区、老旧小区、商品房小区等各种类型的社区相互混杂、整体管理体系混乱，另一方面体现为单一社区内的社区公共管理与服务水平参差不齐。在此状况

下，国家提出“基层党建”议题和其重要内涵就是期望基层党组织担负起引领、协调、规划的“元治理”责任，解决城市基层社会治理中多元主体的集体行动困境。

党的十八大以来城市社区党组织推动党建创新，在引导社区治理规划设计方面发挥了关键的引领作用，形成了许多创新性的做法和经验，将原来无序发展的社区治理导向更加系统的规划设计。概而言之，党建引领社区治理规划更加系统的创新实践主要体现在两个方面：一是治理主体的系统定位；二是社区治理机制流程的系统规划。这两个方面的创新实践共同擘画出党建引领社区治理的系统化图景。

首先，在治理主体的系统定位方面，城市社区党组织作为在领导性治理主体，对社区党建和社区治理的相关主体及其主体间关系进行了系统定位与建构，明确了社区党组织在社区治理中的引领地位。与此同时，社区居民、社区群团组织、社区自治组织、物业等多元主体则被定位为党组织领导下的参与主体。由此，城市社区党建就构建起以社区党组织为核心的“一核多元”的系统性主体关系结构。具体来说，社区党建创新主要体现在以下几点。

以实践落实党建引领思想，明确党组织领导地位。城市社区党建通过自下而上和自上而下的实践方式，落实“党建引领社区治理”的指导思想，确立社区党组织在社区治理中的领导地位，从而为社区党建引领社区治理的系统规划奠定了主体间的结构秩序。

北京市海淀区万寿路街道和曙光街道的党建创新实践，克服了将“党建引领”作为抽象的口号或精神，通过将党建引领融合进社区治理实践，落实了党建引领的内在精神，明确了社区党组织的领导地位。万寿路街道党建将社区党组织的工作下沉到社区居民的日常生活之中，以倾听社区居民诉求、帮助解决居民日常生活困难的实践方式重建社区党组织与群众的情感联系，巩固与夯实了党在社区群众中的权威和认同基础。这种“自下而上”的方式将“党建引领”的思想落定在社区个体成员心理认同的基础上，使社区党建在社区治理中的引领作用更加明确、坚实。曙光街道党建在明确社区党组织领导地位方面，采取了自上而下的实践落实方式，即以“责任划定”的方法将不同的治理责任分配给社区党组织和其他社区治理主体。其中，社区党组织被定位为领导社区治理发展的首要责任主体，特别是通过建立党组织领导下的社区治理合伙人机制，明确了社区党组织是城市社区治理的“第一推动力”“第一责任人”和“第一示范者角色”,[①]系统地厘清社区治理中多方责任主体的权责界限。这种以责任次第分配为主要内容的定责方式,本质上是将社区党组织和社区多元治理主体的相对地位明确地标识出来,从而使社区党组织的领导地位更加清晰、明确。

以党组织为“链接纽带”,建立系统的主体间关系。当前城市社区党建通过“社区党组织”这一“链接纽带”,在纵向与横向两个维度上建立起社区多元治理主体之间的关系。

在纵向上,社区党组织充分发挥党建引领社区治理规划的功能,构建了“街道—社区—社区群团组织—社区居民”多级联动模式,使社区治理的多层级主体链接为一个纵向的治理系统,从而让层级主体间的联系更加紧密。实际上,在各地城市社区党建实践中,“联动模式”丰富多样,从较高层级的联动到微观层级的联动,展现出各地党建的独特性和灵活性,甚至在一定程度上体现了各地区党建的精细化和系统化水平。广东省深圳市宝安区构建了以社区党委为核心、以党群服务中心为基点的基层治理新体制——“宝安模式”。该模式在纵向上实现了“区—街—社”三级链接,将社区治理关涉的单位、行业和各级党组织以及各种服务资源都整合到一个系统中来,并且由于该链接的层级较高——上达“区”一级,这对于社区党组织获得上级的政治、政策支持具有重要意义。除此之外,当前城市社区党建在社区治理中还有许多较低层级的纵向链接。上海静安区党建就以基层组织的纵向链接为主,“街镇总网格—居民区网格—微网格”的三级联动使社区党组织能够直接通过“微网格”调动多元治理主体参与社区治理的热情,真正达到了“向基层赋能,激活‘神经末梢’”的效果,让社区党组织和其他社区治理主体建立了更加稳定、系统的主体间关系。[②]

在横向上,城市社区党建实践的创新形式更加丰富多样。从宏观上的区域化党建到微观层面单一社区内的协商平台建设,都呈现出党建引领社区治理主体间关系构建的系统规划。以天津市宝坻区的区域化党建为例,该区按照“区域统筹、资源整合、优势互补、共建共享”的原则,建立了街道“大工委”和社区“大党委”体制,构建了以街道党(工)委为核心、以社区党组织为基础、辖区单位

① 参见《海淀区曙光街道创新党建引领基层社会治理》,2019 年 5 月 23 日,http://www.bjdj.gov.cn/article/1011.html。

② 参见《上海静安向基层赋能,激活“神经末梢”》,2019 年 5 月 19 日,http://dangjian.people.com.cn/n1/2019/0519/c117092-31092249.html。

党组织共同参与的区域化党建格局。[①] 这种以党建引领驱动的区域统筹打破了单一社区党建的局限,使特定区域内的资源、主体能够联合成一个系统的整体,从而共同推动社区治理发展。另外,在单一社区之内,许多创新性的党建实践也努力实现了社区内多元主体间的关系整合。例如,上海市嘉定区李园二村社区着力引导社区"两委"、业委会、物业公司分别成立功能型党支部,并以党支部为链接纽带建立起多主体间的联系网络,通过党总支牵头建立及建全联席会议制度、"有事必沟通"制度,形成了居委会、业委会、物业公司三者的协商合作关系。[②]

显然,无论是纵向上的层级联动还是横向上的区域整合,上述党建创新实践本质上都是社区党组织对社区治理规划的系统设计。其中,社区党组织和其他社区治理主体的地位确认、关系构建是系统设计的核心内容,保障了社区党组织与其他治理主体间领导与被领导的基本关系结构,赋予了社区党建主导社区治理规划的实际功能,从而为城市社区党建进一步系统地规划设计治理机制、治理流程奠定了基础。

其次,在社区治理机制和流程方面,社区党建创新的诸多实践体现了党建对社区治理机制和流程系统的规划设计作用。

党建引领居民意见表达机制的规划设计。现代化社区治理注重社区居民的日常诉求能否有效表达以及是否得到有效回应,这关系到社区成员参与治理的积极性,进而决定着社区治理水平。当前城市社区党建的主要任务就是推进社区治理现代化,因此在党建实践中社区党组织有意识地规划设计了居民诉求表达渠道。以北京市延庆区香水园街道新兴东社区的党建为例,该社区在党建引领下,一方面将"联系居民、代办事务、调节矛盾"等职责明确地赋予党组织及党员干部;另一方面充分利用信息技术支持开通了"民生热线",让社区居民的日常需求能够及时传递给社区党组织。对于居民诉求的后续回应,社区党组织通过精心设计标牌、胸卡、服务记录簿以及通过电子屏、宣传栏、楼宇提示板等方式,将相关内容、党员姓名、照片、手机号码、监督电话等进行公示。由此,社区居民能够通过掌握社区党员的身份、职责、联系方式等信息,对其进行精准监

① 参见《宝坻区全面实行街道"大工委"社区"大党委"推进区域化党建工作的实施意见》,2015年9月15日,http://www.baodidj.gov.cn/jcdj/201509/t20150915_12261.html。

② 参见《嘉定区李园二村社区:党建引领社区治理"三驾马车"齐头并进》,2019年5月14日,http://www.shjcdj.cn/djWeb/djweb/web/djweb/index/index!info.action?articleid=8aafb7056b46baba016b792d7aa10546&catalogid=8aafb7056b1392d8016b206a758600a4。

督和问责，确保意见表达机制有效运行。[①]

党建引领社区治理议事协商机制的规划设计。目前，在城市社区普遍呈现为“陌生人社区”“原子化社区”的现实背景下，社区居民间的交往关系基础较为薄弱，对社区公共事务治理缺乏关注。究其原因，关键在于社区治理缺乏一套自治的“启动机制”。对于城市社区而言，能够让社区居民拥有一套系统的表达意见、交换意见、协商讨论的机制，很大程度上需要依靠外在主导力量。而社区党组织正是为社区治理建立议事协商机制的主导主体。以山东省烟台市莱山区黄海路街道黄海社区为例，该社区在党建引领下建立了联席会议制度，每季度召开一次专题例会，主要目的是谋划开展社区共建活动。社区居民共同研究商讨服务事项，通过制度化的党员议案提交制度，激发社区党员为社区建设发展建言献策的积极性。这种议事性质的联席会议使社区群众打破了最初的“隔阂”，形成了议事协商的良性循环和日益浓厚的自治氛围。

党建引领社区合作治理工作流程的规划设计。当前在党建引领下，社区多元治理主体参与社区公共事务治理的具体流程基本建立，并且根据各地社区的特定情况，参与流程呈现多样化特征。安徽省安庆市大观区集贤路街道创新党建引领治理形式，构建了区域化运作的多元主体合作参与的工作流程。该区域组建大党（工）委，凝聚了辖区内的党组织力量，形成了上下联动、横向互动的区域化党建模式。街道以党（工）委组织体系为“线”，串联起辖区内 17 家重点单位和有一定影响力的非公企业党组织，并由 24 名街道、社区、医院、学校、企业等成员单位分管党务工作的同志担任兼职委员，建立起联席会议制度。由此，整个区域内的企事业单位、社会组织和社区构建了共同合作、共同参与的社区治理参与流程。[②] 上海市青浦区泉华社区的党建创新引领建构了另一种社区多元主体合作参与治理的工作流程。该社区通过结对共建、齐抓共管的方式，建立了与 11 家党支部和单位的共建关系，以每月召开居委会、业委会、物业、社区民警四方联席会议的形式将多元治理主体凝聚在社区治理的工作流程中，充分提升了社区合作治理的效能。[③]

综合而言，党建引领社区治理最直接的实践形式就是党组织作为领导性治

---

① 参见《延庆县香水园街道新兴东社区党委“马上零距离”服务室聚力邻里亲如一家》，2014 年 8 月 7 日，http://www.bjdj.gov.cn/article/17747.html。

② 参见《安庆市大观区集贤路街道党工委：组织结构画“线”成“面”，社区治理区域共建》，2020 年 5 月 14 日，http://www.ahxf.gov.cn/Home/Content/1068020? ClassId＝6169。

③ 参见《青浦区泉华社区：探索“360”工作法助推网格精细化管理》，2019 年 6 月 21 日，http://www.shjcdj.cn/djWeb/djweb/web/djweb/index/index! info.action? articleid＝8aafb7056b46baba016b74bb4ad00482&catalogid＝8aafb7056b1392d8016b206a758600a4。

理主体对社区治理发挥规划设计作用，促进城市社区治理更加系统地发展。自单位体制解体后城市基层社会呈原子化、分散化的发展状况，社区治理的相关利益主体虽然多元，但是各主体彼此难以跳出各行其是的合作困境并难以达成社区自治的理想状态。在此背景下，城市社区党建嵌入社区治理，并凭借社区党组织强大的组织功能再造社区治理的机制、流程，对于推进社区治理现代化具有重要意义。

二、党建创新助推社区治理决策的高效执行

在城市社区治理中，治理决策的执行效率往往决定着社区治理的有效性。特别是在面对多元治理主体共同参与社区治理时，如何协调决策执行主体间的关系、规范执行主体的行为，具有关键意义。而城市社区党建在社区治理决策高效执行方面发挥了积极的助推作用。

规范社区治理决策执行的具体流程。决策执行依靠具体的执行人员并遵循一定的执行步骤。由于社区公共事务比较琐碎、繁杂，决策执行人员在大量的治理决策落实中如果没有一套规范的执行程序或执行流程往往会事倍功半。城市社区党建正是基于此，在党建引领社区治理的实践中十分重视规范治理决策的执行流程。各地区的党建实践创造了许多贴近实际、具有创新性的经验。

上海市徐汇区的城市社区党建在实践中摸索出了一系列有助于提升决策执行效率的做法。首先，在日常社区治理中社区党组织注重建设以党员干部为主体的基层服务队，党总支、居委会通过该服务队可以及时了解每个楼组内住户的动态情况，最终做到底子清、人员明。这为社区决策执行打好了信息基础、组建了执行队伍。其次，社区党组织领导建立了常态化的志愿服务机制，以制度化的方式将志愿服务的相关流程固定下来。例如，“周四党员民情接待日制度”，由党员、小区民警、居委会干部、业委会成员、楼组长、离退休老同志等参与建立的“金点子”议事会制度，每周星级楼组巡视制度，党员志愿者团队建立的“美丽小区”巡逻制度以及“精神关爱”服务队定期走访结对老人的制度等。[①] 这些微观制度虽然都有其具体的目的，但是在客观上形成了社区治理的多元渠道和网络，为社区治理决策的高效执行提供了稳定、规范、制度化的机制流程。

如果说上海市徐汇区党建为决策执行建立了非正式的机制流程，那么山东省潍坊市奎文区工福街社区党建在引领优化社区治理流程方面则更加具有针

---

① 参见《上海徐汇：探索党建引领下的社区团队自治新模式——以康健街道长青坊居民区DNA团队模式为例》，2017年8月10日，http://dangjian.people.com.cn/n1/2017/0810/c412046-29461870.html。

对性、专门化和标准化的特征。工福街社区的党建创新致力于建设社区治理的标准化流程，制定了《工福街社区党建工作标准化流程》《工福街社区日常工作标准化流程》及《工福街社区社会工作服务标准化流程》。[①] 这些明确于文件的治理流程清晰地规定了社区治理决策的执行程序，切实体现了党建对决策执行的助推作用。实际上，无论是上海市徐汇区还是潍坊市奎文区，这些党建创新经验体现了党建嵌入社区治理之后展现出的强大的整合、组织和规划设计功能。

建立社区治理主体分工协作的责任体系。在实践中，城市社区党建创新助推社区治理决策高效执行的另一种方式是划分执行主体的责任，保证决策执行过程分工明确。具体的创新性做法有以下几种：一是确定决策执行的主要责任人，通常是社区党组织的首要负责人。通过对他们进行定责，促使首要责任人重视对决策执行过程的监督，包括执行是否规范、执行效率是否达标。福建省厦门市海沧区城市社区党建的实践创新就采用了此种做法，该区的社区治理在党建引领下确定了党委和直属党（工）委负主体责任、基层党支部负直接责任、党支部书记负第一责任人责任。这一责任分工体系将社区治理决策的执行效果直接纳入社区党组织主要负责人的工作内容之中，促使执行主体能够高效落实治理决策。二是采用更加精细的责任划分方式，以“党员责任清单”制度赋予决策执行的相关党员干部明确的责任。[②] 上海市青浦区泉华社区党建采用“三员联动”的责任划分体系，成立了以支部书记为组长、班子成员为组员的精细化网格管理工作领导小组，每个班子成员均落实有对应的责任区域，实现了划片包干、责任到人。与此类似，上海市嘉定区金中社区也以“党员联勤岗”的形式分类设立了联勤岗位，对党员干部的身份进行了“亮牌公示”，一方面明确了党员在社区治理中的职责，另一方面也使社区群众能够对相关治理决策的落实进行精确监督。这些责任划分方式有效地促进了社区治理决策的高效执行。[③]

构建多主体协同参与的决策执行监督体系。对决策执行进行监督是保证决策高效执行的有效方式。城市社区党建在监督体系的规划设计方面发挥了引领性作用，许多城市社区建立了包括社区居民在内的多元主体监督体系。具

① 参见《心系百姓“贴心人” 情注基层“好公仆”——记全省城市“担当作为好书记”马丽丽》，2018年11月28日，http://wfrb.wfnews.com.cn/content/20181128/Articel03004TB.htm。

② 参见《厦门海沧：“党日五件事”舞动基层党建龙头》，2017年3月1日，http://dangjian.people.com.cn/n1/2017/0301/c406978-29116680.html。

③ 参见《青浦区泉华社区：探索“360”工作法助推网格精细化管理》，2019年6月21日，http://www.shjcdj.cn/djWeb/djweb/web/djweb/index/index!info.action?articleid=8aafb7056b46baba016b74bb4ad00482&catalogid=8aafb7056b1392d8016b206a758600a4。

体的做法大致有以下几种：一是对监督对象进行“标识性”公开，既让监督更加精准，又为社区群众参与监督提供可行途径。目前许多社区都采用“亮身份”的方式将社区党员干部的身份公开，将其治理行为置于公众的监督之下。例如，天津市和平区要求“党员亮明身份、建立信息台账”；吉林省长春市新春街道大力推行“身份‘亮’起来”的党建制度并设置民主监督“公开栏”。二是组建专门的监督组织，将社区党员、社区群众代表等多元主体纳入其中。上海市金山区海欣居民区就组建了以党员、社区贤能为主的居民区“顾问团”和“考评督查组”，专门发挥治理监督的作用。三是构建自上而下的层级责任监督架构，一方面明确层级主体间的责任划分，另一方面通过上级对下级的监督来形成层层监督的压力系统，促进纵向治理主体的协同监督。例如，湖北省十堰市张湾区车城路街道就采用此种方式，建立健全了“一把手负总责，分管领导各负其责，班子成员齐抓共管，纪委监督”的领导体制监督机制。可以看出，城市社区治理在党建创新的引领下已经逐步构建起较为完善的多元主体协同合作的监督体系，这对于社区治理决策的高效执行具有积极保障作用。

在决策执行中创新性地使用现代信息技术。技术对提升决策执行的效率具有积极作用，能够实现决策执行过程中信息的快速传递与共享，并能够让执行主体、监督主体打破多种限制，从而有效解决多主体协同合作的沟通问题。在当前城市社区党建中，社区党组织主动引入了许多新技术，构建了多元化的信息平台，为社区治理的决策执行提供了助力。例如，北京市密云区鼓楼街道社区党建基于互联网开发建设了集服务、指导、管理和监督为一体的“鼓楼街道党建智能网络平台”，该平台由社区基本情况、党建全程记实、社区服务、社区科普、民情民意收集和网上办公六大板块构成。这一综合性、系统性、智能化的网络平台提升了社区治理决策执行的效率。①

三、党建创新促进社区治理绩效评估的应用

在党建引领社区治理发展的背景下，社区治理发展水平和治理质量越来越被党和政府所重视。特别是对于基层党组织来说，城市社区治理效果被社区群众认可，党对城市基层治理的领导能够加强，是城市社区党建的重要内容。因此，在党建创新实践中城市基层党组织十分重视对社区治理的绩效评估，努力推动绩效评估在社区治理中的实践应用。从具体的党建创新实践来看，绩效评

① 参见《密云县鼓楼街道建成党建智能网络平台》，2015 年 1 月 13 日，http://www.bjdj.gov.cn/article/14875.html。

估的应用范围主要体现在两大方面：一是在正式的党建体系内部，党组织评估考核自身引领社区治理的相关任务指标是否完成；二是对社区治理是否得到群众认可十分看重，并将群众满意度纳入绩效考核指标体系。由此，针对这两方面的内容，城市社区党建和社区治理探索创新了许多方式将绩效评估应用到治理实践之中。

明确考核对象，完善考核内容。绩效考核机制的应用首先要确定考核对象和考核内容。在传统党建中，由于党建的主要内容集中在党组织内部，因此基层党组织建设的考核内容也相对集中在党内组织运行与组织管理等方面。随着党建引领社区治理的推进，城市社区党建的内容从原来党内组织建设和管理拓展到引领社区治理，并且社区治理越来越成为党建的核心内容之一。在此背景下，城市社区党建的绩效考核对象和考核内容重点就转变为评价社区党组织引领社区治理发展的成效。

当前城市社区党建在明确考核对象、完善考核标准方面的创新性做法和经验有以下几点。一是重视对在职党员的考核。例如，北京市大兴区天宫院街道党建非常关注在职党员在社区治理中的工作状况，并将其列入党员的年终考核内容。二是除将党员纳入考核对象之外，社区内的其他治理主体也被确定为考核对象。例如，北京市密云区果园街道在党建考核实践中，居民代表和党代表、机关干部、社区干部之间进行“三方测评”，相互考核工作实绩。① 这进一步使考核对象趋向多元化，实现了社区治理考核的全面应用。三是在考核内容方面进行明确的规范化界定。上海市嘉定区金中社区党建通过建立“联勤岗工作考核小组”，明确工作职责并制定详细的考核内容和办法，党员每月将联勤岗的工作情况在党员公开栏进行公开并接受社区居民监督。这些党建实践方式尽管在不同地区各有差异，但是能够看出城市社区党建在绩效考核机制的应用过程中基本都对考核对象、考核内容进行了清晰明确的界定。②

确定多元考核主体，形成群众利益为重的考核格局。随着社区党建的进一步下沉、嵌入，考核主体也要相应拓展和确认，从而形成多元化的考核主体和系统化的考核格局。在考核主体多元化方面，社区党建将社区治理中的多元利益相关方纳入考核体系，特别是重视对社区群众的考核作用，以求实现对社区党

① 参见《密云县果园街道着力加强社区党务工作者队伍》，2014 年 12 月 5 日，http://www.bjdj.gov.cn/article/17740.html。

② 参见《嘉定区金中社区：立足“党员联勤岗”提升党员“新形象”》，2019 年 7 月 23 日，http://www.shjcdj.cn/djWeb/djweb/web/djweb/index/index!info.action?articleid=8aafb7056bf560f0016c1a0ea37500d6&catalogid=8aafb7056b1392d8016b206a758600a4。

建和社区治理的全方位评价。上海市宝山区大场镇由社区党委牵头，赋予了社区、综治、应急管理、社区党群服务中心、文明、城管、房管、网格、信访等部门不同的独立考核分值，围绕年度社区工作重点以“抱团”方式进行多主体参与的社区治理绩效考核。[①] 北京市东城区交道口街道的社区党建则建立了多元考核评价机制，由街道党(工)委、社区党委、居委会和居民自管会对物业公司进行联合考评，以物业管理投诉率、居民满意率等作为物业公司资质升级的重要指标。[②] 这些党建创新实践的实例表明城市社区党建的考核体系越来越趋向多元主体的协同参与。

在重视社区群众的考核作用方面，城市社区党建的创新实践非常丰富。以湖南省长沙市望城区的城市社区党建为例，该社区以党小组为单位开展党员评议，拓宽参评范围，明确要求每场评议会的群众参与比例不低于20%，提高了群众考核的权重；安徽省合肥市庐阳经开区金池社区在党建创新实践中制定了“网格走动率、问题解决率、群众满意度”的考评方案，群众代表对“两率一度”进行公开测评，充分发挥了社区群众在绩效考核中的作用；[③]湖南省浏阳市淮川街道通过开展“把话筒交给群众”的活动[④]，让群众考核评价党员干部。显然，在党建引领下，城市社区治理实践创新赋予了社区群众极大的话语权，使绩效考核的实践应用真正成为促使社区党建和社区治理走向以社区群众利益为重的发展道路的关键要素。

建立规范化的考核制度机制。绩效考核在社区治理中并不是一个固定结果而是一个动态过程，绩效考核必须与党建引领的社区治理同步，也就是要对标社区治理的机制流程，建立与其相匹配的绩效考核制度机制。目前社区党建创新在这方面已经积累了较多实践经验。例如，北京市丰台区市属单位建立了在职党员服务社区的工作机制。在实践中各社区逐步建立信息沟通反馈制度，定期向在职党员所在单位反馈其服务社区的情况，部分单位甚至将反馈结果纳

---

① 参见《宝山区大场镇：创新社会治理探索建立“1＋N＋X”社区考核体系》，2020年6月30，http://www.shjcdj.cn/djWeb/djweb/web/djweb/index/index! info.action? articleid＝ff80808173003dad017300916a47000e&catalogid＝8aafb7056b1392d8016b206a758600a4。

② 参见《东城区交道口街道打造“1234”工作法，探索平房区物业管理党建联建“四有”新模式》，2016年9月30日，http://www.bjdj.gov.cn/article/17190.html。

③ 参见张发见、许小兵：《庐阳经开区金池社区：“网格治理 走动服务” 激活基层治理“神经末梢”》，2020年5月25日，http://www.hfxf.gov.cn/jcdj/djzh/17770821.html。

④ 参见《湖南浏阳市：把“话筒”交给群众　党建引领社区共治》，2018年10月16日，http://dangjian.people.com.cn/n1/2018/1016/c420318-30344397.html。

入个人年终考核体系；[①]上海市浦东洋泾街道在社区党建治理中建立了一种“轨迹化考核”机制，将原来的“主观评价”方式转变为“客观评价”方式并实行积分制，要求各基层党组织将学习和活动的计划方案、开展效果等上报，由上级组织相关主体进行评估审核；[②]与此类似，辽宁省辽阳市宏伟区光华街道在社区党建引领社区治理中也采用了积分制，根据党员志愿服务的内容、时间和强度进行量化打分和日常考核并在年终评比中纳入考核结果，充分调动和激发了党员志愿者的积极性。这种制度化的绩效考核在社区治理实践中逐步成熟、完善，有效地促进了绩效考核在党建落实中的实践应用。[③]

善用考核结果，推进党建引领社区治理发展。在党建引领社区治理中，应用绩效考核的制度机制并不是主要目的，通过绩效考核促进社区治理发展从而坚持和加强党在城市基层治理中的领导地位才是根本目标。换言之，绩效考核的应用合理性主要在于提升社区治理质量，因此只有将考核结果运用到社区治理发展的整体评价中才能发挥考核的真正作用。目前在党建实践中，城市社区党组织对于绩效考核结果的使用已经成为评价党建引领社区治理发展的重要依据。具体来说，一种方式是绩效考核与干部选拔相联系，即将党建与社区治理的工作业绩与绩效考核结果直接挂钩，从而决定干部升迁。例如，福建省福清市在城市社区党建中将考核结果作为干部提拔调整、评先评优的重要依据。另一种方式是将绩效考核结果与社区志愿服务相联系，通过考核奖励来促进志愿服务持续开展。[④] 天津市集贤里街虎林里社区将志愿服务时长以积分方式记录在册，并以此为依据进行积分兑换和先进典型表彰，有效促进了志愿者开展志愿服务的积极性；[⑤]除此之外，绩效考核还被作为一种规范化机制应用于党建实践。湖北省武汉市江汉区致力于完善党建考核结果的运用机制，一是完善考核结果及时通报制度，二是完善问题整改跟踪问效制度，三是完善考核成果与

---

① 参见《丰台区市属单位在职党员服务社区工作呈常态显成效》，2014 年 10 月 28 日，http://www.bjdj.gov.cn/article/14792.html。

② 参见《上海浦东洋泾街道：党员教育微“积分”显实效》，2017 年 3 月 14 日，http://dangjian.people.com.cn/n1/2017/0314/c406978-29144814.html。

③ 参见《辽阳市宏伟区光华街道：推进楼院党建服务城市居民》，2018 年 12 月 11 日，https://www.lndj.gov.cn/uploads/html/site-5/info/15731.html。

④ 参见《福建福清：以“兼职委员”为载体建立党员干部联系服务群众长效机制》，2017 年 3 月 9 日，http://dangjian.people.com.cn/n1/2017/0309/c406978-29134617.html。

⑤ 参见《集贤里街虎林里社区以党建引领社区治理创新》，2019 年 12 月 27 日，http://www.bcdj.gov.cn/jcdj/sqdj/201912/t20191227_5145238.html。

评先、绩效、用人挂钩制度。[①] 可见，各地城市社区党建从非制度化到规范化的绩效考核机制建设，都越来越重视考核结果的有效运用。实际上，这种创新性的党建实践本质上就是重视社区群众满意度的直接体现，有助于增强社区群众对党建引领社区治理发展的认同感和参与感。

综上所述，在城市社区党建实践中，党组织充分发挥了自身的主导地位和引领功能，通过党组织的组织功能创新再造了城市社区治理流程。从对多元主体的赋能到决策执行的机制建设，再到绩效考核制度的配套完善，我国城市社区治理在党建引领下实现了组织结构体系的现代化创建，为社区治理质量提升奠定了坚实基础。

第三节 创新城市社区党建服务功能，提升社区治理质量

随着党建下沉到城市社区，社区党组织的日常工作就与社区公共事务治理产生了更多的直接联系。从党建内容的实际变化来看，城市社区党建在一定程度上拓展了许多新功能，党建不再是传统上的党内组织建设，而是更多地倾向于引领社区治理并提升社区治理质量，从而加强党在城市基层治理中的引领地位。在此背景下，城市社区党建功能拓展的主要内容是服务功能创新。在传统的单位体制党建时期以及单位体制解体后的较长一段时期，城市基层党组织更多地担负着城市基层行政管理的职能，而对服务社区治理的功能要求相对较低。党的十八大以来，随着党和政府对城市社区治理的重视，城市社区党建工作重点转向坚持和加强党对城市社区的全面领导，具体实践体现为党建引领提升社区治理服务效能。城市社区党建的服务功能创新拓展了城市社区治理的服务范围，有效提高了社区治理的服务效率，将社区治理的服务效能扎实地落实在常态化的党建工作中，有效地提升了社区治理质量。

一、党建创新拓展社区治理服务范围

中国现代城市社区形成于改革开放之后，发展速度较快，发展形态多样。一般来说，目前城市社区的形态包含老旧小区、商品房小区、保障房小区、安置小区等诸多类型。这就直接造成城市社区治理统一管理的困境，无论是基层政府还是基层党组织都无法在统一的政策指导下实现社区管理的标准化。正是

① 参见《武汉市江汉区：落实党建工作责任制的路径探索》，2014 年 12 月 22 日，http://dangjian.people.com.cn/n/2014/1222/c391467-26254264.html。

在此基础上，创新城市社区党建、引领拓展社区治理的服务功能才具有了现实必要性和合理性。推进城市社区党建创新，社区党组织能够对自身所在的社区进行因地制宜的服务和治理，从客观上拓展了服务范围，包括服务对象的多元化、服务内容的多元化和服务形式的多元化，极大提升了社区服务质量。

党建创新对社区治理服务对象的多元化拓展。从当前城市社区党建实践来看，在社区党组织的引领下社区服务的目标对象已经更为具体和多元，涵盖了社区党员干部，社区中的老党员、退休党员和口袋党员，社区困难群众、老人、儿童等普通居民，以及社区群团组织等多元主体。例如，北京市顺义区石园北三社区在实践中充分发动社区在职党员、青年团员和妇女代表等组成工作组，为社区空巢、独居老人提供暖心服务；[①]山东省临沂市经济技术开发区朝阳街道朝阳东社区开展服务各类人群的文化活动，投资30余万元配备各类文体娱乐设备，建立妇女儿童活动中心、老年活动中心，组建老年棋牌队伍、秧歌队，开展经常性的居民娱乐活动，极大地丰富了社区各类人群的娱乐生活。[②] 由这些现实的党建创新案例可见，通过推进城市社区党建工作创新，社区党组织进一步拓展了服务对象，并根据特定服务对象的服务需求来提供精准服务。

党建创新对社区治理服务内容的多元化拓展。为社区居民提供更为丰富的服务是党建服务功能创新的重要内容。当前有以下几种实践做法。一是在社区党组织领导下丰富基础服务供给清单。以山东省滕州市龙泉街道滨江花苑社区为例，该社区在服务实践中创建了党组织领导下的“1365”党建服务模式，并投入资金建设了1000平方米的社区党群服务中心，将党建、社保、计生、民政等“一揽子”公共服务纳入其中，极大地丰富了社区基本公共服务的具体供给清单。除此之外，该社区还建设了图书阅览室、老年活动中心等多样化的文体服务场所以及社区银行、放心家政、维修维护等市场化的便民服务点，这些服务设施与社区群众的日常生活需求密切相关，极大便利了社区居民的日常生活；[③]二是专门设立服务社区老党员项目，为行动不便和家庭困难的老党员提供上门服务。例如，天津市集贤里街虎林里社区通过开展“党课到家”项目，为行动不便的老党员提供接受组织教育的机会；三是党组织与基层政府合作为社区

---

① 参见《顺义区石园北三社区打造“五个阵地”加强基层服务型党组织建设》，2014年9月1日，http://www.bjdj.gov.cn/article/17800.html。

② 参见《以党建引领促进社区融合——临沂市经济技术开发区朝阳街道朝阳东社区党总支事迹材料》，2017年6月7日，https://www.dtdjzx.gov.cn/staticPage/jcdzzjsw/citytypecial/20170607/2376602.html。

③ 参见《立足服务强党建创新载体促和谐——滕州市龙泉街道滨江花苑社区党支部事迹材料》，2017年6月13日，https://www.dtdjzx.gov.cn/staticPage/jcdzzjsw/citytypecial/20170613/2376935.html。

治理购买公共服务，进一步充实丰富社区公共服务供给内容。内蒙古自治区鄂尔多斯市的城市社区党建就采用购买公共服务的方式，提升了基层党组织和基层政府的服务供给能力，并且结合社区治理中的志愿服务、自治服务，充分完善了党建引领下的社区治理服务体系。①

党建创新对社区治理服务供给主体的多元化拓展。传统上，公共服务的供给主体一般是政府，改革开放以后，随着社会主义市场经济体制建立和发展，政府在提供公共服务方面逐渐与市场中的企业、非政府组织等社会主体力量相合作，通过购买、交易等新手段拓展了服务供给的来源和供给方式，极大地满足了人民群众的服务需求。具体到微观层面的社区治理，当前在党建引领下，市场组织、社会组织等也参与社区公共服务供给，丰富社区服务供给内容。例如，广西壮族自治区玉林市的城市社区党建在实践中十分重视“社区组织＋社区服务”的社会治理模式，引导社会组织进入社区，为社区群众提供政府公共服务之外的服务事项，完善了社区服务体系。② 广东省汕头市澄海区的城市社区党建在实践中开展“‘机关＋企业＋社团’共推服务进社区”的活动，并且该区街道党(工)委负责牵头联系辖区内的司法、社保、卫生服务中心、移动、妇联、志愿服务社等单位组织，共同为社区提供多样化的服务。③ 总之，当前城市社区党建中社区治理服务的供给主体和供给方式都趋向多元化，极大促进了社区服务功能的现代化转型。

党建创新对社区治理服务形式的多元化拓展。党建创新在拓展社区服务形式方面，主要体现在以下几点。一是针对多元化的服务资源建立清晰的台账，以便系统地掌握服务事项和供给主体的对应关系。北京市丰台区市属单位与驻地社区在党建实践中结成相互合作的关系，社区党组织按照“社区所需、党员所长、人岗相适、人尽其才”的原则，设立了治安维稳、爱心帮扶、公益宣传、环境维护等八大类 30 余个服务岗位。社区党委在前期的单位信息登记、建立服务意向台账的基础上对报到单位的服务资源进行了系统地梳理和归类，建立了辖区单位服务资源信息库。④ 这一创新性做法有效整合了社区治理的服务资源

---

① 参见《内蒙古鄂尔多斯：全面推行街道社区“一核心三融合”党建工作机制》，2017 年 3 月 2 日，http://dangjian.people.com.cn/n1/2017/0302/c406978-29119232.html。

② 参见《玉林市：“小个专”党建“234 工作法”促“双创”蓬勃发展》，2018 年 1 月 16 日，http://www.bgxf.gov.cn/staticpages/20180116/newgx5a5d5dc9-10931.shtml。

③ 参见《广东汕头市澄海区：“机关＋企业＋社团”共推服务进社区》，2019 年 4 月 29 日，http://dangjian.people.com.cn/n1/2019/0429/c117092-31057537.html。

④ 参见《丰台区市属单位在职党员服务社区工作呈常态显成效》，2014 年 10 月 28 日，http://www.bjdj.gov.cn/article/14792.html。

和服务主体，能够高效地为辖区内的社区治理提供精准的服务供给。二是构建多主体协同合作的服务形式。上海市松江区白马居民区在党建实践中，党总支发挥引领作用，积极整合多方服务资源，以居民区党组织为核心、居委会为治理主导、业委会为治理主体、物业公司为治理主力、警务站协助治理、居民骨干为自治主体成立了“手牵手社区联盟”，成功构建了“七位一体”合力做事的社区服务体系；[①]三是结合精细化的社区网格构建“贴近居民身边”的服务网络，为社区群众提供精准服务。山东省潍坊市奎文区工福街社区实行网格化精细管理，按照“规模适中、便于服务、便于管理”的原则将社区划分为5个二级网格，28个三级网格，每个网格建设固定活动场所并配备网格管理员33人，“四长三员”64人，将社区服务力量、服务职能整合下沉到居民身边，打造社区10分钟服务圈。[②] 这种服务供给形式直接将党建聚合的多元服务主体和服务资源精准高效地投放到社区居民身边，有效提升了社区服务的综合质量。

综上所述，在城市社区党建引领下，社区治理的服务范围得到了极大拓展。与改革开放前的单位体制党建相比较，当前城市社区服务体系建设正逐步实现从“无”到“有”，并从“有”趋向“质”的跨时代进步，而取得这一成就的关键就在于城市社区党建的引领作用。

二、党建创新提高社区治理服务效率

城市社区治理服务效率是衡量社区治理质量的关键指标。如前所述，当前城市社区服务范围极大拓展，服务内容事项、服务供给主体、服务对象都趋向多元化，为社区治理质量提升奠定了坚实的基础。但是，将这些服务资源转变为现实的服务效能则离不开社区治理服务效率的提升。城市社区党组织在致力于提升服务效率方面十分注重服务力量的系统整合、服务平台的完善建设和信息技术的实践应用。这些方式和做法在党建实践中确实提升了社区党组织和其他治理主体在服务供给方面的专业性，保证了较高的服务效率。

党建创新整合城市社区服务力量，形成服务合力。所谓服务合力是指社区中的服务供给主体、服务资源、服务对象能够集合成一个良性的服务系统。服务对象提出服务需求，服务主体依据需求来调整、配置自身的服务资源，最终实

---

① 参见《松江区白马居民区：党建引领社区治理“手牵手”创美好社区》，2019年1月30日，http://www.shjcdj.cn/djWeb/djweb/web/djweb/index/index!info.action?articleid=8aafb7056b7ac87e016b888fe56903ed&catalogid=8aafb7056b1392d8016b206a758600a4。

② 参见《潍坊市奎文区工福街社区：创新“一核三擎”社区党建工作模式》，2020年6月18日，https://www.dtdjzx.gov.cn/staticPage/jcdzzjsw/cityexper/20200618/2713986.html。

现社区治理服务的高效率运行。具体来说,社区党建创新实践在整合服务力量方面有以下几种方式:一是在社区党组织的领导下注重社区服务“元件”的链接,将主体、资源和需求有效地组织起来。例如,北京市丰台区角门东里二社区通过建立社区居民的需求“分析”、服务提供主体的“分级”以及治理服务的任务“分解”的实事办理机制,使群众“需求”、服务“主体”和组织“资源”实现了有效对接,使得服务力量得以有效整合。① 这对于提升社区治理服务效率具有基础的纽带作用。二是培育专业化的服务队伍,进一步提升服务主体的服务能力。上海市徐汇区凌云街道党(工)委探索建立的“选、育、用”后备人才培养工作机制,从“梯队建设、教育培训、锻炼培养”三方面对社区党建的干部党员和后备人才进行专业化的教育培训,既打造了社区治理后备干部的成长渠道,又提高了社区治理服务主体的专业化服务能力,保障了社区服务的高效率。另外,除建设系统性的服务体系和提升服务主体的服务能力之外,社区党建还对社区治理的相关资源进行了分类整合,依托一些便民服务点将服务资源直接对接社区群众,为社区居民提供“近在咫尺”的即时服务。实际上,该方式是将服务资源进行整合式嵌入特定的社区空间中,从而在保证社区治理决策高效执行的同时提升社区治理的服务效率。②

党建创新塑造多元服务平台,协调服务事项。从服务平台的建设类型来看,存在官方主导建设的服务平台以及非官方性质的群众自发组织的便民服务平台等形式。首先,在官方主导的便民服务平台建设中,由于资金、场地等资源充足,服务平台建设更为规范标准,从而担负社区基本公共服务供给的职责。具体而言,在党建引领社区治理的实践中官方主导建设的平台主要以大型的便民服务中心为主。例如,上海市浦东南汇新城镇在推进区域化党建的过程中构建了“大党建”格局下的社区党建服务中心,将区域内的园区、校区资源引入社区并通过该实体中心为社区治理提供服务。北京市顺义区牛栏山镇第一社区在党建引领社区治理的过程中也建立了标准的一站式便民服务大厅,并开设了就业和社会保障服务岗、文化体育卫生服务岗、社会事务服务岗、流动人口服务岗、社区综合服务岗等六个窗口。③ 官方主导建设的这些服务中心是大型的社

---

① 参见《丰台区角门东里二社区深化民情图工作法构建服务群众新格局》,2014 年 9 月 15 日,http://www.bjdj.gov.cn/article/17829.html。

② 参见《徐汇区凌云街道:“三重”强化社区后备干部培养力度》,2019 年 3 月 7 日,http://www.shjcdj.cn/djWeb/djweb/web/djweb/index/index! info.action? articleid = 8aafb7056b7ac87e016b8863b2390219&catalogid=8aafb7056b1392d8016b206a758600a4。

③ 参见《顺义区牛栏山镇第一社区“三为本,三有度”强化社区党建》,2019 年 8 月 23 日,http://www.bjdj.gov.cn/article/3073.html。

区治理服务供给平台，为社区居民提供诸多基本的公共服务。这些服务对于社区群众性自治组织、社区中的企业组织来说很难独立提供，而官方的主导和支持恰好解决了这一难题，社区公共服务供给系统的构建，保障了服务供给的基本效率。

与此同时，群众自发组织的便民服务平台也进行微观服务和多样化服务供给，为社区居民提供更加贴合其日常生活需求的服务事项。因此，在社区党建引领下，社区治理中的非官方主体也积极地展开自治，组织建设了一些非官方的社区治理服务平台。例如，湖南省长沙市开福区的街道党建坚持建设“一社区一品牌一特色”的社区党建治理模式，在党建引领下社区居民积极开展社区自治行动，成立民主自治议事会，以协商议事的形式处理社区公共事务并为居民提供具体的日常服务。① 再如，山东省威海市高新区田和街道西河北社区在党建引领下建设“红色物业”服务模式，以社区物业公司为主开展服务活动，目的在于更好地提升物业服务效率。一方面，物业是企业组织，服务供给更具高效和针对性特征；另一方面，在社区党建引领下，物业与社区群众的协商式平台建设使得物业服务能够更精准地满足社区群众需求。② 可以说，党建引领下的社区服务平台构建，切实增强了社区服务的针对性和实用性，极大提升了服务效率。

党建创新应用现代信息技术，建立“智能”服务系统。在党建实践中信息技术的应用有助于实体服务平台协调能力的提升，并进一步提高社区治理的服务效率。实际上，上文提到的两类服务平台（官方建立与非官方建立）在实践中或多或少都借助了现代信息技术，同步构建网络虚拟平台以辅助实体平台的服务工作。从当前城市社区党建实践来看，党建引领下的社区治理对信息技术的运用已经较为普遍，大到成本高昂的大型服务平台系统，小到微信群、QQ群，有效地支持了社区治理主体间的链接与合作，便利了信息沟通，提升了社区治理的服务效率。基于案例考察，信息技术在社区治理服务中主要有以下几种创新应用方式。

一是建立社区居民“服务需求”的聚合系统。提高社区治理服务效率的一个基本前提是要了解社区居民的真正需求，然后针对真实的需求来提供相匹配的服务。问题的关键在于面对社区居民日益复杂的日常生活需要和复杂的服

---

① 参见《长沙市开福区：打好“三张牌” 实现“三提升” 筑造大党建》，2018年4月8日，http://www.hxw.gov.cn/content/2018/04/08/3515434.html。

② 参见《威海高新区田和街道西河北社区：以红色物业“小切口”写好精致社区“大文章”》，2020年6月29日，https://www.dtdjzx.gov.cn/staticPage/jcdzzjsw/cityexper/20200629/2717653.html。

务事项，服务供给主体很难及时准确把握相关信息。在此背景下，依靠现代信息技术的帮助是一个有效途径。山东省青州市社区党建和社区治理依托线下实体服务平台构建了线上服务系统。在市党委和市政府的协同引领下，整合了青州联通、青州移动、青州政务平台、青州广电网、青州新闻网五个网络平台，制作了为民服务的专业化网页。[①] 该举措将与百姓联系密切的部门单位和城市社区的千家万户联系起来，形成了党群干群互联互通的网上党群服务中心。城市社区广大群众的需求被有效聚合并传递给相应的服务主体，最终实现了服务提供的精准性和高效率。

二是建立社区服务流程的监督系统。服务主体提供服务的过程是否规范、有序也与服务效率密切相关。由于城市社区治理服务与民众日常生活需求直接相关，其服务事项十分繁杂，社区治理主体的服务流程秩序混乱。推进城市社区党建工作实现了领导性治理主体对多元主体的规范约束，但是这一规范约束具体落实到服务实践中还需要具体的流程以及对流程的控制、监督。应用现代信息技术能够加强对服务流程的监督，提高服务效率。在党建创新实践中多地的社区党建都采用了类似做法。例如，北京市密云区鼓楼街道创建“党建智能网络平台”，基于互联网的平台化应用将社区治理的服务、指导、管理和监督等功能集于一体。该平台具体包括社区基本情况、党建全程记实、社区服务、社区科普、民情民意收集系统、网上办公系统六大板块，充分涵盖了社区党组织提供的各项工作和服务。[②] 在该平台系统的规范约束下社区治理的服务流程得到有效监督，避免了非规范化运作，最终保证了服务的高效率。

三是建立“服务满意度”的反馈系统。在社区治理服务过程中注重社区居民对服务满意度的反馈情况，实际上也对服务效率有很大影响。对于社区居民来说，服务是否满意意味着服务需求的解决成效，如果服务没有达到解决需求的最终结果，就意味着整个服务流程并未结束。在服务需求尚未满足的情况下，社区居民仍然会继续寻求服务供给。在这个意义上，如果服务提供者能够拥有一套信息反馈系统随时了解服务对象的满意情况，就可以灵活、及时地对服务流程做出调整以达到最优效果。这有利于确保服务流程“一次性”完整地运行成功，避免服务失灵，降低服务成本，提高服务效率。在党建引领社区治理的实践创新中，山东省枣庄市薛城区临城街道龙潭社区依托现代信息技术创建

---

① 参见《山东青州：密织五级网格　搭建两个平台构建科学完善的党群服务体系》，2017 年 3 月 1 日，http://dangjian.people.com.cn/n1/2017/0301/c406978-29115991.html。

② 参见《密云县鼓楼街道建成党建智能网络平台》，2015 年 1 月 13 日，http://www.bjdj.gov.cn/article/14875.html。

了智慧党建服务平台。该平台以高标准为民服务为宗旨，建立了社区网络电视台，科学整合了手机客户端、“事事为民”微博微信、基层党建二维码墙等资源，将党务服务、政务服务和生活服务集于一体，打造智慧社区服务网络体系。在技术平台的加持下社区服务主体和服务对象在服务过程中得以及时互动，服务流程的灵活调整极大提升了服务效率和成功率。[①]

三、党建创新提升社区治理服务效能

党建引领下城市社区治理的服务功能创新有效提升了社区治理质量。从服务范围的扩展到服务效率的保障与提升，社区治理服务效能厚植在社区党建理念与过程之中，摆脱了党建悬浮于社区治理之上的传统困境。从城市社区党建创新实践来看，党建引领治理实现了社区服务的全面性、高效性、持续性，推动了社区治理的现代化转型。

“效能”是指事物在一定条件下所起的作用。显然，社区治理的“服务效能”是指“服务”在社区治理中所起的作用。具体言之，可以从两方面予以阐释：一方面是从目的与手段的正当性来理解；另一方面是从效果的有利性来理解。前者主要考察治理实践中党组织与其他社区治理主体创新服务功能、提供公共服务的核心目标，与此同时考虑服务提供的手段是否合理；后者主要评估服务功能的具体实现是否有利于社区群众的利益以及是否增加了社区群众的利益。

从社区治理服务功能创新的目的来看，城市社区党建在实践中致力于引领社区多元治理主体参与社区治理，为社区群众提供高质量的社区服务。除此之外，社区党组织的服务动机具有另一层面的含义，即通过提供服务来获取社区群众对党组织的认同，塑造党在城市基层治理中的权威和领导力。在诸多城市社区党建实践中，服务供给对象以社区群众为主，希望通过党建引领来提升社区服务质量，从而获得群众的支持与认同。例如，上海市社区党建努力形成党组织、社会组织和物业公司等多元治理主体与社区群众之间的合作共治格局，将满足社区群众的日常需求作为评估党建工作的基本依据。当所有的服务行动最终都指向社区群众的日常需求时，社区党建的创新经验也深植于社区治理之中。为群众提供服务与加强党的领导具有内在逻辑的一致性。事实上，党组织要真正增强党在城市基层治理中的领导力，必须将服务社区居民作为首要目标，将加强党的领导力建设与为社区群众提供服务的目标融合在一起，从而保

---

① 参见《党建先行抓服务智慧平台惠民生——枣庄市薛城区临城街道龙潭社区党支部事迹材料》，2017 年 6 月 11 日，https://www.dtdjzx.gov.cn/staticPage/jcdzzjsw/citytypecial/20170611/2376798.html。

证城市社区党建以人民利益为重的真实性。因此，从服务目标的分析来看，城市社区党建确实提升了社区治理的服务效能。

从社区治理服务的供给手段创新来看，虽然在党建实践中城市社区党组织发挥着引领和主导作用，但党建对社区治理并没有明显的强制与干预，而是以引领方式动员社区治理力量，营造社区自治环境。以天津市宝坻区为例，该区以区域化党建为引领构建街道“大工委”和社区“大党委”体制。从表面来看，庞大的区域化党建整合似乎以一种必要的主导、规划、领导乃至一定的强制手段予以推行，但事实上这种区域化党建具有浓厚的协商特征，公共参与度也较高。该区建立的决策议事机制、双向沟通机制、双向服务机制、共驻共建机制都鲜明地体现了党组织对其他社区治理主体的重视。可以说，在民主化的“共建、共治”机制中，城市社区治理的服务效能得到了根本保障。

除此之外，在城市社区党建实践中，党员干部基本都具备“边界意识”，即“到位不越位”。党建引领的核心内容是发现问题，然后协调相关主体共同解决问题，在此过程中社区党组织的职责主要是做好服务工作，如提供协商场地、构建协商机制、动员主体参与、凝聚民意等。这些工作实际上赋予了城市社区党建推动城市社区治理现代化转型的内在驱动力。对于城市社区来说，社区居民的有序参与有赖于社区党组织强大的组织动员功能，而社区党建恰是增强社区党组织组织动员能力的有效途径，通过为社区自治做好基础性服务工作，引领社区多元治理主体参与社区公共事务治理。在“到位不越位”的边界意识指导下，多元社区治理主体获得了充分的参与机会，并在党建引领下逐渐走上积极自主的治理道路。可以说，当前城市社区党建创新在具体的手段应用方面充分考虑到了社区治理的未来发展，为社区自治奠定了良好基础，培育了社区发展的内在驱动力。显然，党建创新的服务功能已经深深地植根在社区治理中。

从社区治理服务创新的效果来看，城市社区党建创新切实增进了社区群众的利益，为社区群众提供了高质量的社区服务。第一，党建创新增加了城市社区总体性的资源输入。在党建引领下，社区外的资源聚合到社区治理的场域，增加了社区治理的力量。例如，在财政资源方面，由于社区党建将重点放在社区治理这一核心内容上，党组织和相关部门会将一部分资金直接投入社区治理，从而保障了社区治理的资源。上海市嘉定区嘉定新城党(工)委就注重加大对社区建设的资源保障力度，每年下拨约 1300 万元财政资金至每个社区，用于开展基层党建、社区服务、社会管理、队伍建设等各项工作。另外，除上级财政资金投入之外，在党建的动员引领下，社区之外的社会力量也投入到社区治理中来，为社区提供人力、物力等各种资源。[①] 黑龙江省牡丹江市的社区党建十分重视通过资源共享来提升社区服务功能。全市八所小学将放学后的学校操场无偿开放给辖区居民开展文体活动，多家房地产公司分别为所在社区文化宣传队伍更新添置演出服装和音乐器材等硬件设备。[②]

第二，党建创新注重社区服务资源的公正分配和高效使用，从而保证社区治理服务效能。目前，城市社区治理的资源稀缺已经不是首要问题，随着党和国家越来越重视社区治理并持续投入治理资源，如何有效使用资源以及如何将资源用于满足群众的服务需求，成为社区党组织和相关治理主体需要直接面对的现实问题。从党建创新实践的现实效果来看，社区党建采用了多样化的方式方法来实现服务资源的公正分配和精准投放。一是创建党建运行的社区治理组织架构，依托社区党员干部形成相互联动的网络，将社区中每一位成员都纳入统一的治理体系，一方面服务供给主体能够直接面对居民获取服务需求的相关信息，另一方面社区居民也能够方便快捷地反映自己的服务需求。例如，山东省青州市的城市社区党建就以构建完善的联动网络为核心内容，通过五级服务网络建立群众诉求上下左右相互联动的解决机制。二是利用现代信息技术，充分助力党建与社区治理的运行机制，提高其运行效率。在这一方面，当前我国城市社区党建都或多或少地引入了信息技术，如虚拟网络服务平台的建设。上海市徐汇区田林街道创新性地使用了“AI 赋能”，构建了“触觉感知”“数据协同”“流程再造”的高智能化党建模式。而对于更多的城市社区来说，由于资金等因素制约，对信息技术的应用更多地体现为微信群、QQ 群和公众号的使用，这些常规的信息技术平台灵活有效地被融入党建网格，极大提升了党建机制运行的效率。三是最为关键的一点，各地城市社区群众无论是在实体性的组织网络中还是在虚拟网络中都发挥了重要作用，社区治理的服务资源在治理主体和治理对象之间通过互动协商的方式实现了公正分配和高效分配。

总之，党建引领社区治理的上述创新性做法，为社区自治培育了公共参与的氛围和习惯。在党建引领下，参与社区公共事务治理、积极表达自身意见和建议正逐渐成为社区群众的日常习惯。在这一自治发展的基础上，“党建＋社区治理”模式产生的服务效能也切实惠及社区，推动社区治理体系和治理能力现代化。

---

① 参见《嘉定区嘉定新城：社会治理新模式社区党建新格局》，2020 年 1 月 6 日，http://www.shjcdj.cn/djWeb/djweb/web/djweb/index/index! info.action? articleid = ff8080816f394cd2016f7544352600e0&catalogid＝8aafb7056b1392d8016b206a758600a4。

② 参见《牡丹江市：构建社区大党委共建机制激发社区党建新活力》，2016 年 9 月 2 日，http://dangjian.people.com.cn/n1/2016/0902/c406978-28686490.html。

第七章 新时代城市社区党建资源支持的创新形态

习近平总书记强调，“社区是党和政府联系、服务居民群众的‘最后一公里’”[①]，“推进国家治理体系治理能力现代化，社区治理只能加强，不能削弱”[②]。提高社区治理的水平，关键是要做好社区党建，首先要保障党建资源供给。

新时代，城市社区党建资源的供给对党建工作有重要意义。首先，政治资源是基层党组织有力有效开展工作的根本保证。一方面，充分的政治授权使基层党组织具有一定程度上的自主性。较大的政治授权能够使基层党组织根据社区治理情况自主开展党建工作，有效引领社区驻区单位、社区自组织、群团组织等主体，提高社会治理权威性。另一方面，明确的政治授权能够厘清基层党组织的权责范围。不断下放的权力保证党组织有能力办事，保证权责一致，解决基层党组织“看得见却管不着”的问题。

其次，财力资源是党组织开展行之有效的党建工作的物质保障。人民群众对党建服务质量提出新要求，充足的财力资源能够保障基层党组织创新服务形式，如建设“互联网＋”党建服务平台，开展内容丰富、形式新颖的党建活动，建设设施齐全的党建活动场所，提升社区居民精神文化生活水平。

再次，群众资源是基层党建工作的力量源泉。一方面，基层党组织在处理大量社区事务时面临巨大的工作任务和压力，引导群众共同开展党建服务工作可缓解基层党建工作负担，调动群众参与社区治理。另一方面，基层党组织需要紧紧围绕人民群众的需求开展工作，吸纳群众参与协商议事能够准确把握居

---

① 《提升社区治理效能应牢牢把握这“三大优势”》，2020 年 9 月 9 日，https://baijiahao.baidu.com/s? id=1677339450062626705&wfr=spider&for=pc。

② 《习近平在吉林考察时强调　坚持新发展理念深入实施东北振兴战略　加快推动新时代吉林全面振兴全方位振兴》，《人民日报》2020 年 7 月 25 日。

民关心的焦点,将党建工作做到居民心里,提高居民对党建工作的认同感、满意度。

最后,信息技术资源是提高党建工作质量的重要载体。一方面,信息技术资源的运用是党建工作适应产业技术革新的重要表现,能使党建工作有效应对复杂变化的社会环境带来的新治理需求,实现党建服务与医疗、文化、教育、物业管理等方面的有效衔接,减少基层党建工作人员的工作量,提高工作效率。另一方面,各类智慧党建平台的建立使社区流动党员管理、党员教育、开展组织生活会等工作打破了时空的限制,使党建工作更加便捷高效。

基于以上意义,城市社区党建需要注重对政治资源、财力资源、群众资源、技术资源等资源的汲取。第一,上级党委要主动将管理服务力量下沉,向各街道、社区赋权,使其有能力开展党建工作。第二,加强对社区的财力资源支持,以上级党组织的拨款为基础保障,鼓励各基层党组织扩大财力资源供给渠道。第三,要注重群众资源的吸纳整合,发挥党员带头作用,主动拉动群众参与社区治理。第四,要将"互联网+党建"作为开展党建工作的重要抓手和平台,加强党员干部教育和管理,探索建立网络服务新平台,以有效回应居民诉求多、办事难等问题。

第一节　城市社区党建政治资源的授权式驱动

政治资源主要包括三方面内容:一是政治制度,这是社会形态的基本上层建筑;二是政治权力,这是社会公共意志的象征;三是政治意识,这是社会成员的政治价值选择[①]。从政治共同体的意义上出发,政治资源涉及政治制度、政治权力、政治理论和组织资源四部分,其中政治制度包括基本政治制度、具体政治制度和政治运行机制;政治权力则指各上级政府向下级授予的权力;政治理论包括马列主义、毛泽东思想、邓小平理论、"三个代表"重要思想、科学发展观、习近平新时代中国特色社会主义思想;组织资源包括人才队伍、组织架构等。其中,政治制度为保障,政治理论为指导,组织资源为支撑,这三类资源的流动以政治权力为载体和表现形式,而在已有的政体下,政治权力的来源有两种情况:一是上级组织主动授予;二是下级组织请示授权。因此,新时代城市社区党建政治资源的获取也主要是政策授权驱动和请示授权驱动两种。

① 参见包心鉴:《论政治资源的科学配置与使用》,《理论学刊》2004年第2期。

一、由政策授权驱动的城市社区党建任务推动

《中国共产党地方委员会工作条例》第十五条规定："党的地方委员会必须始终在思想上政治上行动上同党中央保持高度一致，坚决贯彻执行党中央决策部署和上级党组织决定，坚决维护党中央权威，任何地方工作部署都必须以贯彻中央精神为前提。"[①]在日常工作中，下级党组织的工作内容、工作权限、指导原则是根据党中央政策文件展开的，因此在城市社区党建任务推进过程中，基层党组织必须紧紧围绕党中央的精神，根据党中央政策统一部署开展工作。党的十九大报告指出："党的基层组织是确保党的路线方针政策和决策部署贯彻落实的基础。要以提升组织力为重点，突出政治功能，把企业、农村、机关、学校、科研院所、街道社区、社会组织等基层党组织建设成为宣传党的主张、贯彻党的决定、领导基层治理、团结动员群众、推动改革发展的坚强战斗堡垒。"[②]这明确了基层党组织的建设方向和工作重点。各级党委据此统一部署新时代城市社区党建工作，在这一过程中存在政策目标与政治授权的同步下沉，上级党委出台的政策实际上体现了政治权力的下放，允许下级党委在以实现新时代党建任务的前提下，根据自身情况开展党建创新工作。

新时代背景下，创新社会治理的重心在社区，加强城市基层党建的重心也在社区。为进一步加强城市基层党建，多地区根据党中央统一部署，主动向基层赋权，明确基层权责，配备干部队伍，总结理论资源指导城市社区党建。北京、上海、成都、杭州等地主动向街道社区赋权，将管理与服务的力量下放，实现权责统一，为城市社区党建发展提供政治资源，做强做实街道社区，激发基层党组织的活力。

北京市平谷区治理金海湖镇金矿盗挖盗采时主动向乡镇各部门执法人员赋权，摸索出了"乡镇吹哨、部门报到"的经验。北京市委市政府以此为启发，在北京市各社区推行"街乡吹哨、部门报到"的创新机制，出台《关于党建引领街乡管理体制机制创新 实现"街乡吹哨、部门报到"的实施方案》[③]，主要在四方面开展工作。第一，在"赋权、下沉"方面，梳理街乡职责清单，明确各街道事权，推动治理重心下移，实现了执法管理重心、基层治理人员、管理服务力量下沉。第

---

① 《中国共产党地方委员会工作条例》，人民出版社 2016 年版，第 10～11 页。

② 习近平：《决胜全面建成小康社会　夺取新时代中国特色社会主义伟大胜利——在中国共产党第十九次全国代表大会上的报告》，人民出版社 2017 年版，第 65 页。

③ 参见全国党建研究会秘书处编：《城市基层党建理论与实践——全国城市基层党建工作理论研讨会资料汇编》，党建读物出版社 2019 年版，第 59 页。

二，在增效方面，深化街道管理体制，主动为社区减负，完善党领导下的共商共建共享机制，提高街乡服务实效。第三，在“吹哨”方面，吹好关系群众生活所需的“日常哨”、城市治理重点难点的“攻坚哨”、各类突发事件的“应急哨”。第四，在考核方面，以基层和民意为导向，强化考核结果的应用，激励广大干部积极担当作为。在这一政策文件指导下，2018 年以来，北京市西城区展览路街道党(工)委从治理实践难题和群众服务需求入手，以问题解决、基层认可、群众满意为标准，下移重心，下沉力量，将“街道吹哨、部门报到”工作机制向社区延伸，以社区综合治理工作站为载体，明确规定“吹哨报到”流程，吸引热心居民、楼宇楼长等多元主体参与治理，探索形成社区综合治理条块联动新路径。截至 2018 年 9 月底，辖区 22 个社区“吹哨”340 次，驻街科站队所到社区报到 3305 人次，仅通过“吹哨”就拆除违法建设 387 处，共计 12804.68 平方米，辖区的可防性案件发案率在 2017 年同比下降 48%的基础上同比再下降 40.91%，15 个社区实现零发案，居民的满意度大幅提升。[①]

上海市委针对城市街道社区权责不一、条块不顺的问题，主动向街道党(工)委下放五项权力：对区职能部门派出机构负责人的人事考核权；对区职能部门派出机构负责人的征得同意权；街道规划参与权；综合管理权；对区域内事关群众利益的重大决策和重大项目的建议权。[②] 这些赋权极大激发了基层党组织活力，使街道社区在管理过程中能够根据现实发展情况自主决策，提升了基层党组织的治理能力。例如，2019 年上海市静安区党委发现大城市基层党建存在居委会力量有限，社区党支部力量薄弱无法有效动员职能部门的问题。据此，静安区党委向街道社区赋权，建立“街镇总网格—居民区网格—微网格”的网格党建三级架构，将党的领导力有效延伸至基层，充分利用城市社区党建政治资源中的组织资源，让社区党支部依靠领导力调动各职能部门积极性，动员党员主动参与社区治理，切实解决了之前街道“办不了、办不好”的事情。

四川省成都市武侯区在赋权方面，聚焦权责对等，推进提权赋能。武侯区形成街道职责清单 144 项，建立部门职责下沉街道准入审批制度，做到事随职转、权责同步。同时把人事、财务等重要职能交由街道负责，赋予街道对辖区事关群众利益重大决策和重大项目的建议权、对辖区公共事务的综合管理权、对辖区规划的参与权，让街道“指挥权”“话语权”得到切实提升。

---

① 参见《西城区展览路街道将“街道吹哨 部门报到”工作机制向社区延伸》，2018 年 11 月 13 日，http://www.bjdj.gov.cn/article/18212.html。

② 参见全国党建研究会秘书处编：《城市基层党建理论与实践——全国城市基层党建工作理论研讨会资料汇编》，党建读物出版社 2019 年版，第 11 页。

2017 年以来，浙江省杭州市为解决物业管理难题，坚持以党建为引领，充分发挥党的政治优势和组织优势，健全党的组织体系和工作体系，加强物业行业指导监管和保障支撑。杭州市构建街道社区党组织领导下的居委会、业委会和物业公司联动服务机制，授予基层党组织监督、管理权力，明确业委会党组织、物业公司党组织责任清单，力图解决物业管理问题。

山东省烟台市、四川省达州市、陕西省韩城市等地赋权则是以人事考核、组织队伍建设为焦点。山东省烟台市为解决街道党（工）委管理权限的“掣肘”问题，赋予街道对市县部门派驻当地机构负责人的人事考核和征得同意权、制定建设规划和公共服务设施布局的参与权、对综合性事项进行统筹协调和考核督办的综合管理权力。四川省达州市达州区制定《建设小区党支部“红管家”十条意见》《业主委员会候选人党建引领十项承诺书》，通过“赋权力、定规则”，全面加强党支部对小区治理的引领力，强化小区治理“主心骨”。[①] 陕西省韩城市制定《驻区单位共驻共建（在职党员进社区）活动情况反馈表》等，要求对在职党员、驻区单位党组织荣誉表彰前要征求镇办党委和社区党组织意见建议，事实上授予了社区党组织对驻区单位党员干部的人事考核权和监督权。宁夏银川授予街道社区对职能部门的人事考核权、选拔任用的征得同意权、考核赋分权等权力，保障街道（社区）的“裁判权”落到实处。

政策授权是目前党建工作中最常见的权力授予形式。各级党委在党中央的统一部署下，根据党建任务实际需求，通过政策将权力层层下放。政策的出台既能保证基层党组织权力的合理性、合规性，明确党组织权责清单，合理划分各类治理主体的权责范围，保证城市社区治理的“一核多元”格局，又能从规章制度方面保证党组织在推行党建任务时权力的有效利用，保证党的各项任务能够顺利推进，解决基层党组织“没能力办事”的问题，使城市社区党组织建设更加坚强有力，提高社区治理的力量和水平。

二、由请示授权驱动的城市社区党建试点试验

请示，表面上是下级就某项工作或问题向上级请求指示，上级给予相应的批复，实质上却是一种权力的交、移，是请求上级授给下级一定的指挥、处理、使用等权力，即请求授权。[②] 新时代以来，城市社区治理不断面临新变化、新问题，同时各地城市社区党建工作推进中出现不平衡现象。一方面，由于社区居民存

---

① 参见《达州市达川区：创新小区党建“五个在线”解难题惠民生》，2019 年 12 月 31 日，http://www.gcdr.gov.cn/content.html? id=41862。

② 参见张勇：《请示与授权》，《江汉大学学报》（社会科学版）1988 年第 1 期。

在文化、收入、职业、阶层、地域等方面的差异，不同社区都有自己的独特性，如高收入群体与低收入外来务工人员在社区治理需求、治理参与能力等方面存在显著不同。因此，基层党组织在开展工作时需要结合社区自身实际，探索符合社区情况的工作模式。另一方面，新时代以来，虽然城市基层党建工作取得显著成效，但是各地在工作推进中出现不平衡现象，这就促使各地区需要根据自身短板开展工作。如有的城市社区党组织的领导核心作用有待增强；有的城市社区党建工作理念与社区治理要求脱节，仍然停留在“大党建”层面上，单纯抓党组织工作；有的城市社区“互联网＋”技术还没有完全运用到社区党建中，只停留在建立微信工作群等较为基础的层面上。在该情况下，城市社区党建根据自身实际情况自主创新成为必要。

习近平总书记在中央全面深化改革领导组第七次会议上强调：“要鼓励地方、基层、群众解放思想、积极探索，鼓励不同区域进行差别化试点，善于从群众关注的焦点、百姓生活的难点中寻找改革切入点，推动顶层设计和基层探索良性互动、有机结合。”[①]在新时代城市基层党建过程中，党中央始终强调要鼓励基层自主探索创新，在党中央统一指示下各级党组织主动请示上级党委，探索党建引领社会治理新模式，不断革新体制机制，不断刷新服务形式，推动城市基层党建工作获得新发展。目前，全国市、县、社区各级党委主动请示授权，出现了自主创新的典型案例，涉及服务平台建设、服务方式创新、社区治安服务、党建工作评议、党员教育管理等方面。

在服务平台系统建设方面，2018 年以来，河南省开封市建立“一中心四平台”，整合条块力量，激发基层活力。“一中心”是指市、县(区)、乡镇(街道)和社区建立以综合指挥中心，“四平台”是指社会治安平台、市场监管平台、综合执法平台、便民服务平台，突出平台建设，建立社区工作者职业体系，推动社区减负增效。[②] 在平台建设方面，乡镇(街道)综合指导中心将辖区内各类信息和服务事项统一收集，协调四个平台内的条块管理力量处置各类事项。例如，依托综治办建立社会治安平台，统筹公安、司法等工作力量，推进落实平安建设任务；依托食药监系统建立市场监管平台，统筹工商、质监等市场监管工作力量，负责保障群众食品药品安全，维护正常的市场经济秩序。在建立社区工作者职业体系方面，河南省开封市探索从社区干部中定向招聘事业编制人员，对连续任职

① 《习近平主持召开中央全面深化改革领导小组第七次会议强调　鼓励基层群众解放思想积极探索　推动改革顶层设计和基层探索互动》,《人民日报》2014 年 12 月 3 日。

② 参见全国党建研究会秘书处编:《城市基层党建理论与实践——全国城市基层党建工作理论研讨会资料汇编》,党建读物出版社 2019 年版,第 320 页。

两届以上、表现优秀的社区党组书记，经过规定程序优先纳入事业编制。在推动社区减负增效方面，开封市建立社区事务准入制度，精简社区任务清单和对外挂牌任务，同时精简各职能部门、乡镇(街道)对社区的检查事项，凡是与社区工作无关的会议，不得要求社区参加。通过整合区域内条块力量，创新发展平台运行机制，开封市基层党组织的工作效率提高，服务由原来的“点单式”变为“主动接单”，提升了基层社会治理和服务群众水平。[①]

在创新服务方式方面，陕西省合阳县提出“12365”城市社区党建工作法。其中，“1”是指以建强街道社区党组织为核心，“2”是党员十二分制和“党建＋3C”两大品牌，“3”是三级联动、共建共享、社区兜底管理服务三项工作机制，“6”是社区工作者、在职党员、志愿服务队、社区“五老”、文艺服务队、党员经营户六支队伍，“5”是打造书香家园人文美、文明家园乡风美、宜居家园环境美、平安家园和谐美、富裕家园生活美的“五美”城市社区。[②] 这种工作法提升了群众对基层党组织工作的认同感，为建设美丽宜居合阳夯实了基础，有效凝聚了辖区内服务资源，有利于打造共建共治共享的社会治理格局。

在社区治安服务建设方面，2017年以来，广西壮族自治区北海市海城区创新性提出“党建＋警务＋N”社会治理模式，激活社会细胞，织密治安联防网。[③]“党建＋社区警务＋N”的社会治理模式是以小区党支部为核心，推进警务工作进小区，做实做细社区警务工作，并不断凝聚居委会、物业等社会细胞，提高社区治理密度。在“党建＋社区警务”方面，北海市海城区公安分局在海城区委组织部指导下探索推进警务室进驻小区，利用智慧党建提升小区安防水平，将每个派出所辖区划分成若干个网格警务区，每个网格设立警务工作室，把每个民警调整划分到网格区中，实现警务进社区常态化。同时，以移动互联网、物联网和大数据三大核心技术为支撑，实现实时动态监管小区安防，提高小区治安水平。在整合社会力量方面，多个小区建立由小区党支部、居委会、物业公司、社区民警和居民代表组成的住宅小区党建联席会议，凝聚多方力量，提升住宅小区治理水平。[④] 综上，海城区自主创新的社会治理模式极大改善了小区治理面

---

① 参见全国党建研究会秘书处编：《城市基层党建理论与实践——全国城市基层党建工作理论研讨会资料汇编》，党建读物出版社2019年版，第321～325页。

② 参见《陕西合阳县“12365”工作法夯实城市发展之基》，2018年9月13日，http://dangjian.people.com.cn/n1/2018/0913/c420318-30291298.html。

③ 参见全国党建研究会秘书处编：《城市基层党建理论与实践——全国城市基层党建工作理论研讨会资料汇编》，党建读物出版社2019年版，第384～389页。

④ 参见全国党建研究会秘书处编：《城市基层党建理论与实践——全国城市基层党建工作理论研讨会资料汇编》，党建读物出版社2019年版，第384～389页。

貌，推动了社会治理重心向基层下移。

在党建工作评议方面，新疆维吾尔自治区昌吉回族自治州利用党建网、微信“零距离”等微媒体网络，全面公示州、市县党委书记抓基层党建问题清单、任务清单、责任清单和评议意见，让全民评党建成为风尚。新疆塔城地区制定了《在职党员积分量化考核办法》，建立“联合党委”委员、功能型党支部书记专项考核制度，将驻区单位参与、支持社区“联合党委”工作情况纳入各级党建、精神文明、综合治理以及班子业绩等考核内容，事实上是把驻区单位的考核评价权交到社区手中，调动驻区单位参与社区党建的积极性。①

在党员教育管理方面，北京市各地区根据城市社区党建工作的部署安排，结合自身情况探索出新形式。房山区拱辰街道将党员分为三类——在职党员、无职党员和退休党员，分别设置三种管理模式——在职党员“领岗认责”、无职党员“设岗定责”、退休党员“结对帮扶”。② 东城区体育馆路街道长青园社区党委创新推出“五赞党员”点赞评优制度，从参加支部学习、任岗认责、志愿服务、建言献策、遵规守纪五个方面，以积分点赞的形式对社区党员的全年表现进行考核评价，着力提升党员教育管理实效。③

请示授权是目前激发下级党委主动性、创造性的主要授权方式。请示授权既有利于保证全国各地党委的工作能够处在党中央的统一领导下，使基层党组织的工作不至于偏离党的路线方针政策，又有利于给予地方、基层一定的权限，使之根据自身情况创新体制机制，更好地提升党建引领城市社区治理的效果。以上都是在响应党中央鼓励基层自主创新号召下涌现出的典型案例，在获得上级授权的情况下进行的自主创新，均取得了显著成效。

第二节　城市社区党建财力资源的多渠道供给

财政资源是政府为实现国家经济社会发展目标据其财政职能使用的各种要素的总和，短缺性、公共性以及财政资源使用的无偿性是财政资源概念的总特征，对财政资源进行有效、科学的配置则是财政资源存在的客观要求。④

---

① 参见《新疆开展党委书记抓基层党建工作综述》，2016 年 8 月 9 日，http://dangjian.people.com.cn/n1/2016/0809/c117092-28622775.html。

② 参见《房山区拱辰街道创新社区党员教育管理模式》，2015 年 4 月 15 日，http://www.bjdj.gov.cn/article/14960.html。

③ 参见《东城区体育馆路街道长青园社区党委实行“五赞党员”制度，创新党员教育评优模式》，2018 年 8 月 10 日，http://www.bjdj.gov.cn/article/18248.html。

④ 参见段国旭：《财政资源配置学论纲》，中国财政经济出版社 2006 年版，第 15 页。

新时代以来，城市社区党建更加需要持续、充足的财力资源供给，这是由城市社区居民需求的变化以及党建面临的繁重工作决定的。一方面，随着经济的发展，城市社区结构快速转型，人民物质生活水平不断提高，对社区党建的服务要求也越来越高。为快速提升服务质量和水平，社区党组织主动购买社区服务，升级社区基础服务设施，培训社区工作人员，建立社区活动室等党建活动场所，这些工作的开展需要充足的经费支持。另一方面，新时代强调"党委领导、政府负责、社会协同、公众参与、法治保障"的社会治理格局，落实到社区层面，则更加强调党建引领城市社区治理，党组织的工作涉及社区治理的各个方面，这事实上增加了基层党组织的工作量，工作量的增加导致党建工作对人力物力资源的需求增加，原有的资金支持不能充分保障党建工作的开展。基于以上两方面的原因，要把街道社区党组织建设得更加坚强有力，建立长期有效的财力资源供给机制是至关重要的。

《关于加强和改进城市基层党的建设工作的意见》指出："确保社区党组织有资源有能力为群众服务。"①城市社区党建的财力资源供给的主要来源有两个：一是上级部门，主要是上级党委和政府根据已有的规章制度进行的资金拨款；二是城市社区党建多主体自主发掘的资源渠道，城市社区治理中存在诸多的社会组织、市场组织，如企业、民营企业、公益型社会团体等，它们在社区党组织的引导下为社区提供财力资源。

一、多级多部门党建资金分配

自上而下的资金拨款是指各上级部门根据特定的规章制度向社区党组织分配资金，资金分配的主体有上级党委和各级政府。这是城市社区党建获取财力资源的主要渠道，具有制度化、稳定性、缺乏弹性等特征。制度化是指上级部门在分配资金时根据党中央、国务院统一规划，按照政策文件分配资金，所有的资金流动都是有章可依、有据可查的。稳定性是指多级多部门的资金分配都是有国家财政、党费保障的，在确定分配金额和分配时间周期后，上级部门会按时向社区拨款，相较于社区党组织自行筹款更有稳定性。缺乏弹性是指各级各部门的资金分配都是定额的，不会因单个社区的要求改变。当社区党组织因开展某项工作而需要大量资金时，多数情况下需要自行筹集资金补齐资金缺口。但多级多部门的党建资金由于具有制度化、稳定性特征，目前已经成为城市社区党建资金的基础性来源。

① 《关于加强和改进城市基层党的建设工作的意见》，人民出版社 2019 年版，第 5 页。

《关于加强和改进城市基层党的建设工作的意见》指出："加强对社区的工作支持和资源保障，统筹上级部门支持社区的政策，整合资金、资源、项目等，以社区党组织为主渠道落实到位。"[①]近年来，多省市发布政策文件，要求保障上级部门对城市社区财力资源的供给，增加对社会治理领域的资金投入，由市级、区（县）级、乡镇街道层层落实，为城市社区党建提供有力的基础资源保障。

省级抓好顶层设计，健全经费保障机制。为实现力量向基层下沉、资源向基层下放，多省市致力于加强基础保障，让社区党组织有钱办事。山东省在《中共山东省委山东省人民政府关于加强和完善城乡社区治理的实施意见》中强调："进一步完善城乡社区治理经费保障机制，市、县（市、区）财政部门要确定统一的社区经费预算列支科目，确保行政或事业编制之外的社区专职工作者报酬待遇统一及时足额发放到位。从 2018 年起，省财政对财政困难县的城市社区'两委'成员补贴报酬，按照每人每年 12000 元的标准给予补助。不断拓宽城乡社区治理的资金来源渠道，鼓励和支持有条件的企业和个人进行慈善捐赠或设立社区基金，引导社会资金向社区治理领域投入，参与社区治理工作。"[②]

市级贯彻落实，强化党建资金保障。为切实加强基层基础保障，多地市在省委统一部署下，根据各地区实际情况制定财政经费管理办法，将管理服务力量向街道下沉。2015 年，上海市市级财政向区级财政转移支付资金中，社区管理一般性转移支付增加 3.3 亿元，强有力的资金支持有效保障了社区公共服务质量。山西省太原市全面推进人财物向基层聚集，增加与提高社区党建工作经费和服务群众项目经费标准，平均每个社区经费达 34.5 万元。该市大幅度提高社区工作者工资待遇，市、区两级财政投入由 1.4 亿元增加至 2.4 亿元，人均增幅 1500 元，月收入达 4427 元。深圳市明确将基层党组织活动经费纳入财政预算，以每个社区每年 10 万元为基数，再按照每名党员 500 元的标准拨付党建经费，市、区财政每年投入社区、园区服务群众的经费达 30 亿元。[③] 广西壮族自治区南宁市为了适应社会治理创新对城市基层党建提出的新要求，增加对基层党组织的资源投入。从 2012 年起，每年市财政和城区财政按照 1∶1 的标准向每个城市社区划拨 20 万元社区惠民资金，专用于解决社区居民最关心、最迫切

---

① 《关于加强和改进城市基层党的建设工作的意见》，人民出版社 2019 年版，第 5 页。

② 山东省民政厅：《中共山东省委山东省人民政府关于加强和完善城乡社区治理的实施意见》，2018 年 7 月 1 日，http://www.dtdjzx.gov.cn/staticPage/zcfg/sdzcwj/20180701/2453627.html。

③ 参见《加强城市基层党建　夯实党在城市的执政基础——各地加强城市基层党建工作探索综述》，《中国组织人事报》2017 年 8 月 22 日。

需要解决的民生问题。[①] 安徽省宿州市出台文件提高社区工作者报酬，规定每年社区工作经费10万元，服务群众专项经费不低于15万元，极大地保证了社区基本工作运转及各项为民服务工作的开展。福建省福清市建立了典型的多级多部门资金分配模式，每年由市财政安排800万元，每个市直机关单位节约5%～10%的公用经费，镇街拨出20万～50万元，作为社区项目建设专项经费。以上措施有效激发了基层社区工作者的工作活力，实现了党建资源的下沉，提升了基层社区组织力。

县(区)级设立服务专项经费，保障社区资金落实。为进一步落实专项党建资金，保障资源在基层有效流通，多地在上级党委领导下设立专项经费，细化资金使用范围，督促街道落实，保障城市基层党组织有钱有能力办事。湖南省长沙市开福区以服务居民为导向，以规范运作为宗旨，以强化监督为保障，为社区(村)党组织设立服务群众专项经费，让基层党组织有钱干事、干得成事。从2018年起，每年为每个社区(村)党组织安排20万元的服务群众专项经费，通过定额拨付、以奖代投两种方式拨付；街道工委全程监管党组织服务群众专项经费的投向、使用和成效，按照"征集需求、确定项目、组织实施、公示评估"四个流程进行使用。项目实施过程中，向党员群众公开推进情况和阶段成效；项目完成后，将资金使用情况、实际效果等进行公示；年底，在述职会议上再对全年项目进行公示。[②] 北京市石景山区自2015年起设置每年8000万元的"社区党建统领服务群众经费"，并制定管理办法，着力强化了基层基础保障。石景山区各街道根据区委统一部署，严格落实区委部署，进一步细化经费使用范围，严格民主管理流程，统筹推进项目实施，打造了800余个党建服务项目，有效丰富了党建工作载体，实施的党建服务项目受到了社区党员群众的普遍欢迎。[③] 同样，自2019年以来，重庆市巴南区委设立了基层党组织服务群众专项工作经费，按照每个村5万元、每个社区20万元标准，每年向22个镇(街道)301个村(社区)划拨财政资金3050万元，专门用于解决群众牵肠挂肚的"关键小事"。截至2020年6月，巴南区基层党组织使用服务群众专项经费1852万元，解决各类民生事

---

① 参见全国党建研究会秘书处编：《城市基层党建理论与实践——全国城市基层党建工作理论研讨会资料汇编》，党建读物出版社2019年版，第381页。

② 参见《长沙开福区为社区(村)党组织设立服务群众专项经费》，2018年4月28日，http://www.hxw.gov.cn/content/2018/04/28/3621092.html。

③ 参见《石景山区各街道落实社区党建统领服务群众经费，增强社区党组织服务功能》，2016年3月23日，http://www.bjdj.gov.cn/article/17398.html。

项3342件，切实提升了服务质量。[①] 不同于以上地区，辽宁省营口市西市区和安徽省马鞍山市当涂县在社区工作者经费管理方面也设置了经费支持专项。辽宁省营口市西市区在保证每个社区2万元党建经费和10万元服务群众专项经费的同时，建立健全了以财政投入为主、党费向基层倾斜的经费保障制度，增加了社区工作者工资报酬，以更好地调动社区工作者积极性。安徽省当涂县出台《当涂县城区社区工作者薪酬管理办法》，社区工作者月基本工资增长约1500元，明确社区工作者绩效工资和社会保险（集体缴费部分）由乡镇全额承担，基本工资调资参照事业单位调资幅度，每两年调整一次。仅2019年，当涂县财政拨付全县13个社区工作经费、社区党组织服务群众专项经费400多万元，县管党费拨付社区奖补资金100多万元，有力保证了社区党组织"有人办事、有钱办事"。[②]

新时代背景下，由于基层党组织面临社区治理的新问题，党建工作需要更多的资源支持，各地不断增加对基层党组织的活动经费、活动场所建设经费、社区工作者经费的投入，增设社区党组织服务群众专项经费，确保社区党组织有资源为群众服务，这为城市社区党建提供了基础性保障。

二、社区多主体党建资金筹集

多级多部门的资金分配虽然是城市社区党建资金的主要来源，但是仍有部分社区自行筹集党建资金，以满足社区党建工作需求。这是由城市社区党建的现实状况和多主体多部门资金分配特性决定的。一方面，城市社区党建所涉及的工作范围较广，居民对党建活动的形式内容不断提出新要求，社区工作者需要薪资报酬的激励，这些方面都需要党组织投入大量资金，但上级部门的资金分配是定额的，不能完全满足社区党建工作的需求，对社区开展各类服务工作形成制约，影响了党建工作的效果。另一方面，上级部门的资金配额是由相关政策文件规定的，一般各社区的资金分配不会随意发生变化，缺乏弹性，不能随时根据社区治理需求调整数额，因此社区内部各主体自行筹集资金成为缓解社区党组织资金短缺问题的重要手段。

社区治理中的主体包括基层党组织、政府、市场组织、社会组织、社区居民等，除多级多部门的资金分配外，这些主体募集资金的方式一般可以表现为驻

---

① 参见《巴南基层党组织服务群众 1852万元专项经费解决民生事项3342个》，2020年6月15日，https://www.12371.gov.cn/Item/559256.aspx。

② 参见《马鞍山市当涂县：资源服务沉下去 社区治理活起来》，2020年3月26日，http://www.ahxf.gov.cn/Home/Content/1065121? ClassId=6169。

区单位对口帮扶、辖区企业和公益性社会团体捐赠、社区党员和居民的捐款等。这种多主体、多渠道的资金募集方式如今已被广泛运用于各地城市社区党建实践中，有效保障了基础资源的供给。新时代以来，上海市闵行区在城市社区党组织的带动下，社区内的多元主体助力党建财力资源。闵行区创设“自治基金”，该基金有四个来源，其中两个是区域化党建单位捐赠和党员个人捐赠。除了上海，其他地市在社区多主体募集党建资金方面也有很多典型的做法。

驻区单位对口帮扶社区是新时代城市社区党建的创新模式之一，帮扶内容多为社区居民的民生服务事项和物资支持。这有利于整合社区资源，汇集共驻共建单位力量，解决许多社区想解决但解决不了的问题，提升社区治理效能。近年来，甘肃省金昌市永昌县设立县委办、县司法局、县市场监督管理局、永昌大酒店等12家共驻共建单位参与的区域化党建联席会议，以此为载体，解决各社区党建服务工作诉求。2020年，永昌县城关镇永福苑社区党支部着手启动“巾帼家美超市”项目，该项目以志愿服务积分兑换物品的方式促进居民参与公益活动。[①] 该社区党支部主动召开党建联席会议，利用已有驻区单位资源作为项目募集资金，获得县妇联、县卫健局捐献的启动资金和部分物资，有效保证该项目挂牌运营。

党员捐赠是党组织自行募集资金最常用的方法之一，通常是社区内党员干部、在职党员响应社区党支部号召，针对某一特定事项捐款捐物，这一行为具有较强的针对性，能在短期内缓解党建资金不足问题，也能发挥党员模范带头作用，号召更多的社区居民、社会组织、市场组织等参与社区党建。贵州省黔南布依族苗族自治州贵定县创新机关在职党员进社区报到模式，号召在职党员主动参与社区楼宇、爱心超市等品牌党建工作，累计捐款捐物近25万元。湖南省长沙市天心区赤岭路街道芙蓉南路社区建立“党员E刻服务圈”平台，辖区内区人大代表、斯特尔泵业党支部书记肖雄发起成立了“合望达”慈善资金，筹集款项近40万元，通过网上爱心捐赠、志愿服务等，对社区贫困居民子女就学、残疾人康复等公益项目进行资助。[②]

社区党员、党组织的捐赠不局限于资金，社区急需物资的精准捐赠也能有效缓解社区面临的资金压力。广西壮族自治区桂林市在2020年初新冠肺炎疫

---

① 参见《永昌县：“三项机制”构建城市基层党建“共同体”》，2020年4月27日，https://www.gsdj.gov.cn/detialsMain.html? title = urbanCommunity&nodeId = 127&childNodeId = 115&nodeIdFlag = 34739&state=1。

② 参见《“党员E刻服务圈”》，2013年7月2日，http://www.hxw.gov.cn/content/2013/07/02/426848.html。

情暴发后，迅速组织动员市直机关事业单位党组织和在职党员干部到社区“双报到共战疫”。针对社区防疫物资匮乏问题，市直单位党员干部们主动帮助社区筹集物资。截至 2020 年 2 月 26 日，共为社区捐赠口罩 18687 个、消毒酒精 2306 斤、消毒液 4338 斤、红外测温仪 95 个、消毒喷壶 177 个、手套 8375 副、方便食品饮料 1054 件，解了社区的燃眉之急。[①] 陕西省西安市曲江新区曲江社区一名党员利用自己在慈善服务社团的身份，积极搭建援助渠道，为辖区捐赠 84 消毒液 250 公斤、酒精 100 公斤，用实际行动支持战“疫”。[②]

在城市社区治理中，居民是社区的主人，城市社区党建必须获得社区居民的支持。在党组织的领导、社区在职党员的模范作用带动下，社区居委会与社区居民在社区服务设施、社区公益性项目上捐款捐物，用于社区服务设施建设和社区公益性项目开展。2019 年，四川省巴中市平昌县住建局家属院小区通过住户筹款、政府补助、社会捐赠等方式，筹资 56 万元安装电梯，解决了群众最大的“揪心事”。

市场组织助力党建资金募集一般表现为各类企业在社区党组织、街道党（工）委的协调领导下，根据社区的需求清单，以捐款捐物的方式帮助社区解决党建资金不足的问题。在这方面，广东省做出了诸多探索。2019 年广东省东莞市黄江镇基层党组织引导美江实业投资有限公司参与横沥镇隔坑社区的“你请老人食斋，我为莞嫂增收”莞嫂敬老项目，每月认捐 100 份斋菜送给老人，到年底共资助 1.59 万元，扩大了社区党建服务的种类与范围。而广东省汕头市澄海区把单一的财力资源直接转化成可以面向社区居民的服务资源，实现“机关＋企业＋社团”共推服务进社区。该区街道党（工）委牵头联系辖区内的司法、社保、移动公司、志愿服务社等单位组织，整合便民服务项目，形成包括社保卡激活、家庭医生签约、移动电信套餐办理、邮政小额信贷、银行普惠金融，以及免费体检诊疗、心理健康咨询等 18 项“服务清单”；社区按需定制服务项目，向街道党（工）委提交“需求清单”，街道党（工）委根据各社区上报的“需求清单”和活动开展日期，与各服务提供单位进行统筹协调，提前安排准备物资和人员，做好服务资源的优化配置，力求服务精准配送。[③] 无论是企业直接提供资金捐助，还

---

① 参见《桂林市社区党组织吹响“防疫哨” 万名机关党员干部报到共战疫》，2020 年 2 月 26 日，http://www.bgxf.gov.cn/staticpages/20200226/newgx5e5639b6-108178.shtml。

② 参见《曲江新区：党建引领 奋战“疫”线》，2020 年 2 月 7 日，http://www.sx-dj.gov.cn/a/csdj/20200207/18701.shtml。

③ 参见《广东汕头市澄海区：“机关＋企业＋社团”共推服务进社区》，《中国组织人事报》2019 年 4 月 29 日。

是将财力资源转化为可用的服务资源，以上两种财力资源供给方式都是调动社区内多元主体积极性为社区党建提供财力资源的重要形式。

社会组织同样也是在社区党组织或者上级党委的指导下，对口帮扶特定社区党建工作。甘肃省敦煌市坚持转变发展观念，以社区党组织为核心，积极吸纳商务协会、社会服务机构等社会组织组建党建联盟，号召各类社会组织为城市社区提供服务资金。浙江商会党支部以桥北社区为平台，大力开展"六心双强"活动，积极组织会员单位参与"光彩助学"献爱心行动，先后为中小学捐赠学习生活用品共计 50 万余元。[①]

无论是自上而下的财政拨款还是社区多主体自主进行的资金筹集，都有利于保证城市社区党建财力资源的有效供给。同时，鼓励社区多主体自主筹集资金有利于充分调动基层社区治理主体的积极性，根据自身实际情况拓展财力资源渠道。

第三节　城市社区党建群众资源的激活与吸纳

《中国共产党章程》指出，"我们党的最大政治优势是密切联系群众，党执政后的最大危险是脱离群众。"[②]群众资源主要是指广大人民群众对中国共产党的支持和拥护，是党领导基础的来源。从中国共产党成立百年的历程中可知，群众资源是中国共产党必须始终紧紧依靠的资源，无论是中华人民共和国的成立还是改革开放的伟大事业实践，都离不开广大人民群众的支持和拥护。

群众资源是新时代城市社区党建的基础性资源，对于应对城市社区党建的新挑战有重要意义。首先，社区志愿者、群团组织等能够为社区党建工作提供人力物力支持，减轻基层党建工作负担。新时代背景下，受社会发展客观现实和巩固党的执政基础的需要的影响，基层党组织的工作量日益增加，吸纳社区志愿服务队、社区在职党员居民和群团组织等参与社区管理服务，能够有效减轻基层工作者工作量，提高工作效率。其次，带动社区居民参与社区治理能够有效解决党建的内容与形式同社区治理需求的脱节问题。群众路线是党的生命线和根本工作路线，倾听群众意见、实行群众议事制度可保证基层党组织的工作始终与居民需求紧密结合，党建工作行之有效。最后，调动群团组织参与

---

① 参见《敦煌市："四进四联"汇聚城市基层党建新动力》，2019 年 5 月 29 日，https://www.gsdj.gov.cn/detialsMain.html? title = urbanCommunity&nodeId = 127&childNodeId = 115&nodeIdFlag = 2583&state=1。

② 《中国共产党章程》，人民出版社 2017 年版，第 10 页。

治理能够有效整合社区治理资源。"随着现代社会治理重心的下移以及'小政府、大社会'治理格局的不断发展,分散的基层力量和资源难以应对社会治理的需要。"[①]群团组织涵盖科教、文、卫等多个方面,基层党组织团结带领群团组织参与社区治理、建立社区需求响应机制能够有效凝聚社区治理资源,实现资源利用最大化。

社区党组织需要进一步凝聚群众力量,巩固群众资源。第一,实现党员干部社区全覆盖。将党员下沉到社区中,与群众深入交流,准确了解居民的实际需求;发挥党员带头作用,主动参与社区公益服务,引导社区居民形成主人翁意识。第二,实行群众议事制度。在议事时听取社区居民建议,找准党建工作短板,解决居民的难题,同时更近距离听取群众意见,改进党建活动方式。第三,调动各类群团组织、社区居民参与社区党建,为社区治理注入新的力量,缓解社区党建人力物力不足的问题。

一、党建融入群众:全覆盖式党员干部联系服务群众

党员干部联系服务群众是激活群众资源的第一步。只有先和群众建立联系,才能够准确把握群众的思想动态和实际需求,为开展社区党建教育和服务活动提供依据。党员干部联系群众首先需要制定相关的规章制度,保证联系渠道的制度化、规范化、常态化。其次,党员干部应该明确党员联系群众、服务群众的内容,应在强调政治、思想引领的前提下,注重就社区内的各类服务事项与居民沟通,倾听群众心声。最后,联系服务群众的形式要多样化。基层党组织要改变学习会议精神、传达文件、节日帮困慰问等传统的党建活动形式,要做实网格党建,把党员融入社区治理网格中;同时建立党员志愿服务队,将驻区单位党员和社区在职党员全都吸纳进来,扩大党员服务群众的队伍。

《关于加强和改进城市基层党的建设工作的意见》指出,"建立街道社区党员干部包联网格、走访群众制度,打通联系服务群众'最后一公里'","建设覆盖广泛、集约高效的党群服务中心"[②]。为充分调动群众资源,多地动员党员干部下沉群众,针对城市党员队伍构成特点,注重采取多种有效形式,如建立党员干部联系群众制度,将党员纳入网格化管理,党员干部带头开展志愿服务工作、创新工作形式等。

以制度为保障,实现党员联系群众常态化。河北省石家庄市为保证党员联

---

① 杨妍、王伟江:《基层党建引领城市社区治理:现实困境、实践创新与可行路径》,《理论视野》2019年第4期。

② 《关于加强和改进城市基层党的建设工作的意见》,人民出版社2019年版,第11～12页。

系群众常态化，建立完善党员干部联系群众制度，为32名市级领导干部和驻区112名“两代表一委员”确定了社区服务联系点，对街道干部实行分片包户包网格，主动解决民生问题，听取群众诉求。[①] 辽宁省本溪市平山区探索实行“三联三促”联动管理制度，其中“一联”就是在社区内建立党员联系群众制度，以此完善党员干部“下基层、进万家”联系社区、走访群众、解决问题的服务机制。

党建融入“网格”，实现党员联系群众全覆盖。湖南省益阳市坚持党建引领，以人民为中心，创新“四微一体”模式，做强“微网格”，充分发挥政治引领作用。在主要中心城区社区设立网格党支部456个，实行社区党组织、社区居委会、社区服务站加N个网格党支部的“3＋N”治理模式，每个网格配备1名有特长、有威信、善做群众工作的网格党支部书记，并从市、区直部门，街道干部以及党员志愿者中选派1名党建工作指导员，为社区网格化党建提供指导。网格内每名党员就近联系5～10户居民，每年走访不少于4次，全市结对帮扶70931人，实现党员联系群众全覆盖，切实推动“人在网中走、事在格中办”，基本做到“小事不出社区、大事不出街道”。[②] 江苏省宿迁市宿豫区豫新街道的“党旗飘到楼宇”也有异曲同工之妙。豫新街道将住在街道辖区的3000多名党员的干部形象、单位公开，推选以党员为主体的楼栋长（单元长），协助支部工作，化解邻里纠纷，打通联系服务群众的“最后一百米”。北京市平谷区滨河街道滨河社区将居民区划分为20个服务区，每个服务区内有若干岗位，横向有社区工作者专职负责，纵向有党员代表、楼长和单元长，形成社区党建网络，党员实时采集所服务网格内家家户户的情况，实现全面联系群众，密切党群干群关系，完善为民办实事的长效机制。[③]

凝聚服务合力，提升党员“双报到”制度成效。多地调动驻区单位党组织积极性，号召驻区单位党员加入社区党员服务队伍中，扩大党员干部队伍，提升服务能力，以高水平服务质量凝聚群众。上海市组织驻区单位党组织和在职党员到社区报到，积极参加社区各类活动，每年驻区单位和在职党员分别向社区党组织提交履行社会责任、参与社区情况活动报告，实现驻区党员干部主动融入群众。与上海市的“报到”形式不同，河北省保定市高碑店市实行所有在职党员

---

① 参见全国党建研究会秘书处编：《城市基层党建理论与实践——全国城市基层党建工作理论研讨会资料汇编》，党建读物出版社2019年版，第160页。

② 参见《益阳市创新“四微一体”模式　抓实城市基层党建工作》，2017年12月22日，http://www.hxw.gov.cn/content/2017/12/22/2354585.html。

③ 参见《平谷区滨河社区党总支“党员亮身份、社区双兼职”强化党员意识》，2018年4月16日，http://www.bjdj.gov.cn/article/16016.html。

"双报到"即分别到所在单位驻地社区和居住地社区党组织报到,将党员吸纳进社区志愿服务队伍。利用在职党员的职能优势,组织报到党员开展"爱我家园""守护蓝天"等多种志愿服务活动;利用党员自身所长,丰富志愿活动形式,如动员退休老干部、老教师加入志愿服务队伍,听他们讲党课、交流读书心得,丰富社区群众精神文化生活。[①]

创新党建形式,提升党员队伍服务质量。湖南省浏阳市关口街道落实"1530"党群零距离连心工程,即一名党员联系5个家庭、影响带动30名群众。甘肃省定西市岷县岷阳镇南关社区打造品牌党建工作室,确定"党员接待日"时间,统筹安排辖区党员轮流驻室接待来访群众。同时,依托党建工作室,发放党员"民情联系卡",鼓励广大群众主动向党组织反映问题,有效地推动党员联系群众、了解群众、服务群众。[②] 江苏省徐州市泉山区苏山街道社区党组织通过网格员、党员走访和"民生月谈"等多种方式,与居民建立联系,及时解决居民群众最关心、最直接、最现实的问题。

调动群众资源首先要融入群众,而要融入群众首先要获得群众的认可。各基层党组织通过开展各类服务活动,主动将党员干部下沉至社区,实现党员干部联系群众常态化,可以加深群众对基层党组织的认同感,提升群众对基层党组织的满意度,从而有利于下一步激活群众力量,调动广大群众参与基层党建。

二、党建激活群众:党群协商议事激发群众参与治理

2017年,中共中央、国务院发布的《关于加强和完善城乡社区治理的意见》指出:"坚持以人民为中心的发展思想,把服务居民、造福居民作为城乡社区治理的出发点和落脚点,坚持依靠居民、依法有序组织居民群众参与社区治理,实现人人参与、人人尽力、人人共享。"[③]可见,居民群众参与社区治理、实现社区自治是社区治理的核心内容。激发群众参与社区治理是发展社会主义民主政治,创新社区治理,实现国家治理体系和治理能力现代化的重要环节。

但是,由于居民的"社区自治态度、社区自治实际控制感、社区社会资本、社区自治认知和人格倾向"[④]等方面存在问题,社区居民参与制度机制尚不健全,

---

① 参见全国党建研究会秘书处:《城市基层党建理论与实践——全国城市基层党建工作理论研讨会资料汇编》,党建读物出版社2019年版,第159页。

② 参见舒贵荣:《岷县:岷阳镇南关社区党支部"232"工作模式提升社区服务能力》,2018年12月4日,https://www.gsdj.gov.cn/detialsMain.html? title=urbanCommunity&nodeId=127&childNodeId=115&nodeIdFlag=1195&state=1。

③ 《中共中央国务院关于加强和完善城乡社区治理的意见》,人民出版社2017年版,第2页。

④ 张雷、张平:《提升社区治理中居民参与自治的动力研究》,《天津行政学院学报》2015年第3期。

我国城市社区治理仍存在“社区居民参与不足的状况”[①]。在政治学中，就政治系统而言，“平等的政治参与是政治系统汲取合法性的重要途径，而一个参与渠道畅通、能够以系统内大多数民众的利益和意愿为依归的政治系统必然能增强民众对该系统的信任感和归属感”[②]，其统治能力也会增强，从而增强其统治的合法性。新时代，基层党组织要培育社会资本、提高民众对于政治系统的信任感和支持度，必须激活群众力量，动员社区群众参与社区治理。

首先，要在社区内以宣传教育、党员引领等方式，倡导“自我管理、自我服务、自我教育”的理念。浙江省宁波市镇海区招宝山街道充分发挥退休党员干部的先锋模范作用，在社区内弘扬以“家人治家”的理念，帮助社区居民形成主人翁意识。甘肃省兰州市社区工作人员走进小区、楼院，与居民主动沟通，引导居民有序表达利益诉求。江苏省扬州市邗江区双桥街道康乐社区在“网格化”管理基础上，发挥网格中“党建睦邻点”的示范作用和纽带作用，由党员干部带头说需求，带头做实事，带头立章程，营造小区自治管理的浓厚氛围。[③]

其次，要畅通居民的参与渠道，满足居民的表达诉求，逐步增强居民的政治主体意识和治理参与能力。北京市以“街道吹哨，部门报到”为背景，采取接诉即办机制，快速响应、解决群众诉求，提升民众对基层党建工作的满意度，从而使民众认可现有的参与治理渠道，激发群众参与基层治理的热情。具体来说，北京市将各部门、各乡镇街道服务热线统一合并进“12345”市长热线，实行紧急情况 2 小时内反馈，基本生活保障诉求 24 小时内反馈，一般事项 7 天内反馈和疑难杂症 15 天内反馈。该热线由各区党政“一把手”承担“接诉即办”主体责任，考核指标量化，使热线有温度更有力度。[④]“接诉即办”的工作方法降低了群众实现诉求的难度，居民只需拨打电话即可快速参与基层治理，简化了居民参与社区治理的程序。

随后，建立各种协商议事机制和组织载体，就社区内关系居民切身利益的大事小情进行协商，调动居民积极性，引导群众参与社区治理。北京市顺义区社区党组织定期通过设立意见箱、电话热线、下发调查问卷、召开居民代表座谈会、入户走访等多种形式，广泛征集社区居民最关心、最直接、最迫切的民生问

---

① 周亚越、吴凌芳:《诉求激发公共性:居民参与社区治理的内在逻辑——基于 H 市老旧小区电梯加装案例的调查》,《浙江社会科学》2019 年第 9 期。

② 孙关宏、胡雨春、任军锋:《政治学概论》,复旦大学出版社 2008 年版,第 192 页。

③ 参见《邗江区双桥街道:“三加三治”探索社区治理新模式》,2017 年 7 月 26 日,http://www.jsxf.gov.cn/jsxf/jcdj/zgsx/201908/t20190821_418207.html。

④ 参见《“12345”打通首都城市治理“最后一百米”》,2019 年 6 月 22 日,http://blog.sina.com.cn/s/blog_5c91c4f50102z6dk.html。

题，倾听社区居民的意见建议。甘肃省金昌市出台了《关于开展基层协商民主试点工作的实施方案》，在各试点村（社区）组建了由村（社区）党组织书记兼任主席的村（居）民协商议事会，建立了“1＋7＋X”［“1”即村、社区党组织书记；“7”即村、社区“两委”班子代表，村监委会班子代表，两代表一委员，法律工作者，辖区内经济组织和社会组织代表以及德高望重，公道正派的村（居）民代表；“X”主要包括协商事项涉及的利益群体代表、政府相关职能部门代表等］基层协商民主议事制度，实行“六步议事”程序，在征集民意的基础上，由协商会固定成员讨论各项议题，开展民主协商议事。截至 2019 年 4 月，共征集议题 186 件，协商落实 43 件，有效解决了土地流转、环境整治、物业管理、民生保障等群众普遍关切的热点难点问题。[①] 除以上形式外，甘肃省兰州市城关区白银路街道甘家巷社区设立“民生党建服务中心”规划开放式协商议事会，吉林省长春市新春街道各社区定期召开协商议事专题会议，上海市长宁区虹桥街道把人大基层立法联系点、市民议事厅、业委会主任沙龙、物业经理联席会议“四平台”作为民主协商议事平台。

目前，全国多地已经在探索实施基层民主协商议事机制，做到社区党组织重点工作公开，广泛接受群众的建议监督。但在参与协商议事机制的主体中，部分青年人由于工作压力大、空余时间较少等原因，存在没时间参与、不愿意参与协商等情况。基于此，上海市宝山区党组织借助互联网的平台优势，利用微信、邮箱、贴吧等载体直接听取和吸纳年轻人的意见建议，50 岁以下群体上线占比已经达到 59％，参与讨论议题的广度和深度实现质的提升，切实有效扩大基层党建的群众覆盖面，有利于实现群众资源主体的多元化。[②] 北京市东城区在回迁楼房集中的民安社区生成“网络民情日记”，将此作为意见箱，融合传统民情日记和“胡同恳谈会”的成果，在社区服务网开设“民情民意”留言专区，为党员群众随时随地反映自己的诉求提供了新平台。[③]

最后，落实、公示协商结果，给予制度、物质、人力资源方面的保障，形成正向反馈。河南省郑州市“一征三议两公开”工作方法是对这一过程的真实写照。2014 年以来，河南省郑州市根据现代化城市的特殊情况、已有的党建创新成果，

---

① 参见《金昌市：创新推进党建引领基层协商民主》，2019 年 4 月 29 日，https://www.gsdj.gov.cn/detialsMain.html? title=urbanCommunity&nodeId=127&childNodeId=115&nodeIdFlag=2044&state=1。

② 参见全国党建研究会秘书处编：《城市基层党建理论与实践——全国城市基层党建工作理论研讨会资料汇编》，党建读物出版社 2019 年版，第 228～229 页。

③ 参见《东城区北新桥街道工委打造“网络民情日记”实现服务群众内通外联》，2015 年 1 月 21 日，http://www.bjdj.gov.cn/article/14820.html。

建立基层科学民主决策机制，实施社区“一征三议两公开”工作办法。[1]“一征”即在事前征求社区建设意见，旨在充分发扬民主。通过设立征求意见箱、入户走访、开座谈会等方式，广泛征求社区居民、经济组织、社会组织和驻区单位对楼院管理、设施改造、环境优化、文明创建等方面的意见建议，在此基础上进行研判，为下一步工作提供依据；“三议”是指社区“两委”提议、相关单位商议、党员和居民代表会议决议，旨在把党的领导、发扬民主与科学决策充分结合；“两公开”是指决议的内容与实施情况公开，社区党组织以政务公开栏、社区微信公众号等媒介为载体，对会议内容，决议实施情况进行公开，接受社区党员、居民和监督委员会监督。[2] 为保证该工作办法的运行，河南省郑州市主动给予制度、财政资源等方面的保障。上述工作办法提高了社区居民的自治水平，进一步推进社区治理重大事项的公开透明，密切了党群干群关系。

以上各地市在培养群众议事意识、扩大群众协商议事渠道、提升协商议事力度、落实协商议事结果等方面做出了重要创新。通过上述系列措施，群众认识到自己能够有效、有力、便捷高效地参与社区治理，这样可以提升民众参与基层治理的信心和意愿，有利于更有效地激活利用群众资源。

三、党建吸纳群众：党建整合群团组织发展实现共治

群团组织是群众性社会团体的简称，包括共产主义青年团、妇联、工会、工商联、残联、文联等。“群团组织的定义在动态演变的过程中也具备一致的共性，即群团组织大致可以被认为是党和国家处理党与群众、政府与社会关系的一项制度安排，是由党设立并领导的社会组织体系，兼具政治与社会双重属性，并配合党和国家建设任务以及执政思维的变化，在功能发挥、组织角色等方面呈现动态调整的特征。”[3]群团组织在中国共产党领导革命、建设、改革的过程中不断发展壮大，在不同时期承担不同的职能，在中国共产党领导社会革命、巩固国家政权、推进治理体系治理能力现代化的过程中发挥了重要作用，是中国共产党坚强的依靠力量，始终是党联系群众的桥梁和纽带[4]。

新时代背景下，我国要构建共建共治共享的社会治理格局，需要党组织引

---

① 参见全国党建研究会秘书处：《城市基层党建理论与实践——全国城市基层党建工作理论研讨会资料汇编》，党建读物出版社 2019 年版，第 312 页。

② 参见全国党建研究会秘书处：《城市基层党建理论与实践——全国城市基层党建工作理论研讨会资料汇编》，党建读物出版社 2019 年版，第 312 页。

③ 陈佳俊：《群团组织改革研究》，浙江大学博士学位论文，2018 年，第 45 页。

④ 参见《深化党和国家机构改革方案》，人民出版社 2018 年版，第 52～53 页。

领多方主体参与社区治理,激发多方主体积极性。而群团组织作为党密切联系群众的纽带,在团结群众、组织各类社区社会组织、汇聚公益性社会团体力量等方面发挥重要作用。群团组织是党委、政府在社区治理中的协同管理者,帮助党委、政府落实各项政策决议;群团组织是市场组织、社会组织的凝聚者,能够将他们的力量和实际需求凝聚起来,准确反映给党委和政府;群团组织在社区治理中能够吸纳整合社区民众力量和利益诉求,使之变被动为能动,成为社区治理的主动参与者。①

《关于加强和改进城市基层党的建设工作的意见》指出:"领导群团组织和社会组织参与基层治理。坚持党建带动群建,党组织通过给群团组织派任务、提要求,促进党组织和群团组织资源共用、功能衔接。"②具体来说,可从以下几个方面整合群团组织参与社区共治。第一,出台关于整合群团组织参与治理的规章制度,明确整合群团组织的作用、意义及机制。山西省长治市致力于发挥群团的桥梁纽带作用,构建新时代市域治理新格局。近年来,该市结合实际,出台《关于组织引导社会力量参与社会治理的实施意见》,重点对机关企事业单位、群团组织、社会组织、"社区党员+社工+社区工作者"、城乡巡逻队、专兼职调解员、网格信息员、志愿者八方社会力量参与社会治理定位赋能,充分发挥八方共治的作用;主动整合群团力量,倡导工会、青年团、妇联、科协、残联、红十字会等群团组织团结引领群众投身社会治理实践。截至 2019 年 11 月,长治市创建了 50 个工人示范工作站、50 个团员示范工作站和 50 个巾帼示范工作站,带动和引领广大职工、青少年和妇女积极参与市域社会治理。③ 2015 年湖北省武汉市发布《关于组织引导社会力量参与社区治理的实施意见》,强调"整合组织资源力量……加强对基层自治组织、群团组织、经济组织和社会组织的领导"④。安徽、山东、上海、云南等多地同样发布引导社会力量参与社区治理的相关文件,文件中均将群团组织资源的整合利用作为重点工作。

第二,扩大群团组织规模,主动链接各类社会组织、市场组织。湖南省在此方面做法较为典型。湖南省长沙市岳麓区主动号召众创空间建立群团组织,以更好地融入党组织,目前 19 家众创空间已成立 6 个党组织、6 个团组织、12 家

---

① 参见葛亮:《群团组织参与社会治理创新——共同参与和搭台唱戏》,《浙江社会科学》2017 年第 5 期。

② 《关于加强和改进城市基层党的建设工作的意见》,人民出版社 2019 年版,第 11 页。

③ 参见王一平、赵冰川:《坚持党建引领 发动八方共治——山西长治着力构建新时代市域治理新格局》,2019 年 11 月 8 日,http://dangjian.people.com.cn/n1/2019/1108/c117092-31444820.html。

④ 《武办发〔2015〕34 号市委办公厅市政府办公厅印发〈关于组织引导社会力量参与社区治理的实施意见〉的通知》,2015 年 11 月 26 日,https://www.pinlue.com/article/2018/11/2411/487617086728.html。

工会组织，真正实现了“哪里有职工群众，哪里就有群团组织”。湖南省长沙市望城区探索群团组织链接市场组织机制，建立以园区党委为核心，以下辖市场（企业、商会）党支部为枢纽，各群团组织共同参与的“1＋3＋N”工作体系。[①] 湖南省邵阳市北塔区状元洲街道也组建了群团之家，统筹组织工会、共青团、妇联等群团组织不定期开展各类活动，促进群团组织健康发展。[②] 广东、山西等地也有类似做法。广东省佛山市禅城区发挥群团组织的枢纽作用，联结250个社会组织、176个志愿者团队参与区域化党建。市区两级团委组织在禅城实施“青年123社区行动”，开展“农村分红青年创业就业”项目试点；区妇联在兰桂等社区试点，以妇建促党建，推动商圈党建取得明显效果。[③] 甘肃省甘南藏族自治州合作市通钦街道党（工）委发挥牵头抓总作用，按照“党建引领，群团共建，创新服务，凝聚人心”的工作思路，灵活设置工会、共青团、妇联的基层组织，整合党建和工会、青年团、妇联等群团组织优势，实现党、政、群资源共享，使群团工作与服务社会、服务居民有机结合，努力扩大群团组织的覆盖面和影响力。[④]

第三，引导群团组织参与社区志愿服务供给，建立“党建＋群团服务”的实践机制。湖南省浏阳市关口街道积极探索“党建＋群团志愿”运行机制，以党总支为核心，以党员志愿者为带动，以全体居民群众为主体，支持组建各类群团组织12个，在这些群团组织里，党总支指派党员干部参与并指导其活动开展，而且所有活动事前有报备、事中有督导、事后有总结，确保核心稳定、方向正确、活动安全。[⑤] 湖南省衡阳市雁峰区黄茶岭街道幸福社区由党组织牵头，依托街道、社区群团组织，广泛联系驻区单位群团组织特别是未建立党组织的驻区单位群团组织、各类社会组织，成立群团联合会，开展创业扶持、法律援助、技能培训、志愿服务等为民惠民活动，截至2018年12月，累计开展各类活动2.1万余场

---

① 参见《长沙市望城区推进商圈市场党建的“湾田探索”——需求在哪里，服务就做到哪里》，2018年10月26日，http://www.hxw.gov.cn/content/2018/10/26/4342233.html。

② 参见陈志强等：《北塔区状元洲街道　三融三共　构筑城市基层党建工作新格局》，2019年8月16日，http://www.hxw.gov.cn/content/2019/08/16/10826743.html。

③ 参见《广东佛山禅城区：探索实践区域化党建　引领基层治理创新》，2016年8月31日，http://dangjian.people.com.cn/n1/2016/0831/c406978-28681000.html。

④ 参见《创新城市基层党建模式　激活社区治理一池春水——合作市通钦街道党建工作纪实》，2019年9月9日，https://www.gsdj.gov.cn/detialsMain.html?title=urbanCommunity&nodeId=127&child NodeId=115&nodeIdFlag=4871&state=1。

⑤ 参见《浏阳市关口街道：让城市基层党建“管起来、活起来、连起来”》，2018年12月18日，https://www.hxw.gov.cn/content/2018/12/18/4685318.html。

次。[①] 上海市金山区金龙居民区党总支坚持党建引领，整合工会、青年团、妇联等群团组织力量，践行“五新”党建理念，即助推儿童成长新学堂、共享青年创业新空间、深化基层党建新引擎、打造为老服务新环境、搭建凝心聚力新纽带。同时，该区成立了“玫瑰家园”妇女之家、“益路同行”青年中心、“夕阳红”活动室、“青苹果乐园”等功能室，开展了“点亮满天星愿”“帮一帮”爱心义卖等一系列特色活动。[②] 山东省滕州市创新社会化志愿服务，由社区党组织牵头，群团组织联手，组建文明宣传、敬老助困、医疗保健、法律援助等不同类型志愿者队伍466支，广泛开展巾帼志愿者服务、关爱老人、安全进万家等活动，先后打造“情系桑榆”“快乐同行”“暖心港湾”3个社工服务品牌，在9个社区同步实施15个子项目，每年开展主题活动50余场、小组服务600余次，直接受益居民1.1万余人。[③] 云南省昆明市盘龙区青云街道金沙社区整合工会、青年团、妇联等群团组织力量，成立志愿服务队。2016年，全省街道社区组建志愿服务队5877支，开展医疗保健、法律咨询、环境卫生等组团式服务2.5万余场次。

目前，“党建引领，群团共建”是城市社区吸纳整合党建资源的主要工作思路之一，各地区出台的政策文件从制度上保障了群团组织改革全面推进。群团组织与市场组织、社会组织的协商共建扩大了群团参与党建工作的辐射范围，社区志愿服务的供给使群团服务不断做强。群团组织是基层党建整合群众力量的重要形式，各街道社区在群团阵地建设、党建覆盖、组织资源整合等方面不断创新工作模式，为基层党建汇聚强大动力。

第四节　城市社区党建技术资源的智慧化应用

2015年3月5日，李克强总理在政府工作报告中首次提出：“制定‘互联网＋’行动计划，推动移动互联网、云计算、大数据、物联网等与现代制造业结合，促进电子商务、工业互联网和互联网金融健康发展，引导互联网企业拓展国际市

---

① 参见《衡阳：264个“先锋家园”为城区基层党组织添上浓浓“家味”》，2018年12月27日，http://www.hxw.gov.cn/content/2018/12/27/4738829.html。

② 参见《山区金龙居民区：多元服务架起党群“连心桥》，2019年1月29日，http://www.shjcdj.cn/djWeb/djweb/web/djweb/index/index! info. action? articleid = 8aafb7056b7ac87e016b889139ca03fc&catalogid=8aafb7056b1392d8016b206a758600a4。

③ 参见《山东滕州探索共驻共建“一核多元”机制　拧成一股绳　党群一家亲》，2019年4月17日，http://dangjian.people.com.cn/n1/2019/0417/c117092-31035114.html。

场。”[①]这标志着“互联网”时代的到来，意味着中国共产党需要应对这一趋势，不断提升党建信息化能力和水平。所谓政党信息化，在中国称为党建信息化，就是政党适应信息化发展的时代要求，广泛运用信息技术、网络技术来开展党的建设，更新党建模式、方式与方法。[②]

信息技术的智慧化运用是基层党建工作提升党建服务质量、应对信息技术变革的重要创新举措。首先，信息技术的运用能够帮助党组织改进管理服务的载体和机制。一方面，智慧党建平台能够克服时空限制，动态管理党员信息，丰富组织生活会的开展形式，为党员队伍提供线上学习教育资源。另一方面，“互联网＋”大数据平台能够与医疗卫生、教育、住房等方面衔接，准确把握居民需求，迅速归类出当前社区居民最急需解决的问题，有明确的目标导向，使党建服务工作更加精准、高效。其次，大数据库和智慧党建网络的建立能够扩大与提高党建工作信息的覆盖范围和交互性。互联网使党建工作打破了地域边界的限制，实现了各地区、部门之间信息的实时传递，使党员群众随时掌握党建工作信息，实现资源共享，降低信息传递成本。最后，大数据分析工具能够提高党的调研、统计、决策的科学性。先进的信息分析工具能够帮助党组织快速掌握当前的舆情热点，并根据已有信息数据进行科学预判，有利于提升服务群众的精准性和时效性。

自党的十八大以来，我国党建信息化水平逐步上升，如何将“互联网＋”与党建工作有机融合，促进信息化和服务化协同推进，有效提升党建工作效能，是一项重要的时代课题。[③]

一、技术载体开发：打造“互联网＋”社区党建平台

《关于加强和改进城市基层党的建设工作的意见》指出：“广泛应用现代网络信息技术。整合各级党建信息平台与政务信息平台、城市管理服务平台等，实现多网合一、互联互通，促进党建工作与社会管理服务深度融合。推广‘互联网＋党建’、‘智慧党建’等做法……丰富党建工作内容和形式。”[④]可见，“互联网＋”党建将是提升党建引领社会治理成效的重要举措，是未来一段时间内城市社区党建工作的重心之一。近年来，各级党委、政府部门在“互联网＋”方面投入大

---

① 李克强：《2015年政府工作报告》，2015年3月16日，http://www.gov.cn/guowuyuan/2015-03/16/content_2835101.htm。

② 参见刘红凛：《党建信息化的发展进程与“互联网＋党建”》，《南京政治学院学报》2016年第1期。

③ 参见伍展文：《“宣传＋服务”党建新媒体平台的探索》，《企业文明》2018年第9期。

④ 《关于加强和改进城市基层党的建设工作的意见》，人民出版社2019年版，第9页。

量人力物力，由于不同层级部门在资金、知识人才方面掌握的资源不同，目前“互联网＋”党建发展状况出现差异。一般而言，省、市级部门掌握较多的资金，从全省、全市的智慧党建工作大局出发，多建立各类智能软件、智慧党建网站等，而区县级甚至街道、社区掌握的资金、人才较少，通常会利用省市级已有的平台，并通过现有的微信、微博等新媒体创新自己的工作方式。

搭建智慧党建平台。建立“互联网＋”平台是把互联网与城市社区党建工作融合的第一步。目前全国各地基本上都建立了智慧党建平台，这些平台在形式上一般是建立各种服务网站，开发各类 APP 软件，或者创建微信沟通工作群等。例如吉林省设计“新时代 e 支部”APP，有效促进社区党员学习教育常态化。四川省川珙县探索建立了“134”智慧党建模式其中“1”就是指一网整合各方要素资源，搭建“党建云”平台，成立数字管理服务中心，负责总统筹本县智慧党建工作；同时，开发“智慧珙州数字红云”平台，提升服务水平。这两个平台的建立直接为基层党建提供信息资源支持，降低了基层党组织上传下达工作的成本，提高了工作效率。四川省成都市青白江区彭山区先后投入资金 200 余万元用于智慧党建平台建设，积极推动传统组织优势与现代信息技术深度融合，突出手机、电脑、电视“三屏互动”，创新开发集“彭山 e 支部”“党群互联屋”“党建 ITV”于一体的智慧党建云平台，将全区社区党支部接上互联网、融入大数据，开展支部网上运行、党建网上监管，实现党组织运行状态可视化、可量化，推动支部管理更加精准高效便捷、运行更加标准规范有序。①

北京市大兴区累计投资 3050 万元，完成社会服务网建设及网格化平台建设，为全区 187 个社区开通微信及手机 APP 服务推动便民服务移动互联，初步实现了居民诉求“微响应”；进一步拓展联系服务居民渠道，建成三星级以上“智慧社区”56 个，通过“互联网＋智慧便民”、微信和微博等信息化的手段，实现社区党建、便民服务、社会组织公益活动等信息与居民互通互联。② 丰台区卢沟桥街道社区党委开发微信公众平台，为居民提供 24 小时的便民服务。社区党委通过微信公众平台与居民进行交流，及时发布相关政策、工作通知、办事程序等信息，居民不出家门就可以通过微信平台进行提问和咨询，有效提升了社区工作效率。延庆区儒林苑社区探索“互联网＋”工作模式，社区内 7 栋楼全部创建“楼门微信交流群”，方便居民随时随地发布需求、在线咨询，同时将社区的近期

① 参见《眉山市彭山区创新开发智慧党建平台提升基层党建质量水平》，2018 年 12 月 19 日，http://www.gcdr.gov.cn/content.html? id＝34266。

② 参见《大兴区持续加大社区党建保障力度 夯实社区党建根基》，2016 年 7 月 21 日，http://www.bjdj.gov.cn/article/17516.html。

工程、注意事项等内容在群组内向居民通报，便于群众提前计划安排。①

黑龙江省佳木斯市桦南县搭建了“桦南 e 家”智慧社区平台，对接智慧城市“12345”便民服务热线，整合资源，开发“智慧党建管理系统”，建成实时数据库，实现网上教育管理党员、组织活动、互动交流、便捷服务等一揽子事项、一台受理、一网办结。目前，该平台已录入各类信息数据 8 万条，商家 500 余户，发布信息 200 余条，在促进党建工作有效开展的同时，更为群众提供了高效便捷的服务。② 山东省潍坊市潍城区南关街道人民商城社区以“社情民生手机报”“党群连心微信公众号”“智慧社区”等为载体，创新智慧社区党建服务群众工作模式，有效提升社区科学化管理水平，方便了社区党员群众，拉近了沟通距离，得到了社区居民的一致拥护和好评。③

丰富全面的党建平台是提升“互联网＋”党建效果的催化剂。在内容上一般涉及社区民生服务、党建活动信息、党员管理教育、党建工作公示等方面。上海市奉贤区青村镇“互联网＋”党建内容涉及党务、政务、社会服务、预警信息等。河南省许昌市魏都区将基层党建、社会治理、行政审批、社区管理、便民服务五大网络的信息数据进行功能融合，成功打造了功能齐全的智慧党建信息化服务平台。广东省惠城区东湖社区党委率先在全市推出“社区邻居 APP”，设有“掌上居委会”“智能管家”“社区新鲜事”“社区活动”等模块，“智能管家”可以即问即答为老百姓解决疑问，“掌上居委会”可提供办事指南、办证预约等线上便民公共服务，管家服务还可提供水电维修、管道疏通、保姆阿姨等在线预约家政服务。④

2018 年以来，西藏、广东等地根据自身发展短板，在新的起点上探索“互联网＋党建模式”。西藏自治区拉萨市城关区建立西藏首个智慧化党建平台，涵盖组织管理、党务工作、学习生活资源共享等多个方面。在组织管理方面，开发“党员寻家”“党员风采”“实效月评”等模块，解决流动党员的管理问题，调动党

---

① 参见《延庆区儒林苑社区三步走解决群众需求提高服务实效》，2019 年 12 月 20 日，http://www.bjdj.gov.cn/article/4930.html。

② 参见《桦南县打造“一网三＋基层党建”信息化平台》，2019 年 4 月 25 日，https://www.ljxfw.gov.cn/ljxfwWeb/organizationGardenDetails.html? htmlPage = generalListPage&pid = 05E1162ADB72ADAFF892CFE81459A727&sid = 9C8E6B7B6EE7AEC5B209E0EDDE9B6EB1&infoId = 9B759F7DFF1222BA3C4C3426CA288715。

③ 参见《党社联动融合共建　努力建设最美社区——潍坊市潍城区南关街道人民商城社区党委事迹材料》，2017 年 6 月 16 日，https://www.dtdjzx.gov.cn/staticPage/jcdzzjsw/citytypecial/20170616/2377332.html。

④ 参见《惠城建立“党建＋新兴领域”工作机制，筑牢基层红色堡垒》，2019 年 7 月 12 日，https://mp.weixin.qq.com/s/UYqX8GWrOBRPXU1Do9_4Eg。

员积极性，主动在党建平台发声，对辖区每个党支部、党员实行月考核、季通报、年评比。在学习生活资源共享方面，开发“开放生活”功能，实现社区党组织与驻区单位责任共担、资源共享；开发“书香城关”功能，提供各种线上学习资源，推动党员自主学习拇指化、便捷化、线上化。拉萨市城关区智慧化党建平台填补了西藏自治区智慧化党建领域的空白，为基层党建工作提供了新的发展支撑。[①] 广东省东莞市对标“全国城市基层党建工作示范市”，分析东莞市党建工作存在的突出问题，利用“智慧党建”信息系统，将党务管理、党员服务、信息发布、专项工作、数据分析五大模块包含其中，实现网上缴党费、转接组织关系、流动党员编入组织、开展组织生活、在线学习培训、参与“阳光雨”党群服务中心、大数据分析监管等21项功能，实现党建工作全面信息化，让党员办事和参与组织生活“少跑路”，实现组织学习“全天候”、党员交流“零距离”。[②]

智慧党建引领智慧社区建设。与上述各地区的“互联网＋”党建平台不同，上海市徐汇区无论是在“互联网＋”技术的运用水平上还是服务的覆盖面上都实现了新的突破。徐汇区斜土街道对标上海建设卓越全球城市的目标，探索运用现代化信息技术手段，大力推进智慧社区建设。在技术引进上，探索将人工智能融入社区治理、养老健康、社区服务、绿色环保等各领域，完成江南邻里汇首期“AI＋社区”改造，内容涉及语音交互、人脸识别、政务生活机器人、全屋智能、物理空间一体化、互动游戏、5G音视频传输、AR交互技术等；在“互联网＋”党建平台内容建设上，斜土街道依托江南新村邻里汇在民生服务和社区治理等领域的扎实基础，建设“AI＋医养健康”“AI＋政务服务”“AI＋党建服务”“AI＋亲邻互动”“AI＋科普教育”等应用场景。[③]

以上地区的做法充分将“互联网＋”引入党建工作，搭建起“互联网＋”社区党建平台，为未来信息技术的整合利用，远程党建教育、服务功能的开发打下基础。

二、技术工具运营：建设社区党建数据库实现信息共享

将新技术应用到党建工作中，既是信息化时代的客观要求，也是党建工作

---

① 参见全国党建研究会秘书处编：《城市基层党建理论与实践——全国城市基层党建工作理论研讨会资料汇编》，党建读物出版社2019年版，第444～450页。

② 参见全国党建研究会秘书处编：《城市基层党建理论与实践——全国城市基层党建工作理论研讨会资料汇编》，党建读物出版社2019年版，第117页。

③ 参见《徐汇区斜土街道：提升网格综合管理能级，推进智慧社区建设》，2020年1月8日，http://www.shjcdj.cn/djWeb/djweb/web/djweb/index/index!info.action?articleid=ff8080816f7f88bb016f8053be20002e&catalogid=8aafb7056b1392d8016b206a758600a4。

与时俱进、改革创新的重要体现。当前我国城市社区党建工作内容庞杂，党建数据管理工作存在系统性、连续性、共享性不足的问题。具体来说，由于数据管理缺少完整的制度机制，内容覆盖面、各级各部门职能分工等方面尚不完善，导致服务数据还存在缺口，在信息录入、管理等方面的权责没有理顺。同时，基层党组织面临民生服务统计、党组织活动公开、党员教育管理、平台信息录入等工作，这些工作一般是以"互联网＋"党建平台为载体，大部分地区党建工作信息是靠人工录入，导致基层工作负担量大，数据无法做到实时更新；数据库信息因存在信息安全风险、录入不及时、各地区党建平台没有互联互通等问题，还不能做到上下党建工作信息完全共享，导致工作重复、内容交叉等现象。

同时，党建数据库的建立是党建信息化迈上新台阶的重要举措，有利于实现党建的政治优势、组织优势与信息技术优势的深度融合，进一步提升党建工作的信息化管理、信息化服务水平。在党建数据库建设方面，西藏自治区拉萨市城关区开发"党徽地图"功能，一键查看支部信息，开发"党微矩阵"功能，覆盖131个自媒体平台，实现各类平台信息、资讯等共通共享。[①] 除此之外，吉林省"新时代e支部"建设、江西省鹰潭市的做法同样值得探究。

优化平台内容框架，完善党建大数据系统。在平台内容设计方面，吉林省结合党建工作实际，围绕新时代基层党建工作新形势新任务新要求，设计"新时代e支部"板块和栏目内容，促进基层党建传统优势与信息技术深度融合，筑牢线上党建阵地。一是设立"五大板块"。在"新时代e支部"上设置了W支部、知天下、云课堂、便民宝、发布厅五大板块。二是在五大板块中设置23个一级栏目、多个子栏目，分为学习、新闻、政务、生产、生活、电商六大类，更好满足了基层党组织和党员干部多样化需求。针对不同党建领域，设置了精品党支部推荐、党建资讯等内容，还为每个网上党支部开设了基本情况、支部园地等栏目。[②] 在大数据系统建设方面，吉林省依托"新时代e支部"后台数据统计和党内数据统计，构建贯通省、市、县、乡、村五级的全省基层党建大数据系统。一是设立先锋、堡垒、e支部大数据、综合指标体系四个指标体系。二是建立"四库六档"。"四库"包括全省党支部数据库和省直、市州、县(市、区)基层党组织数据库，主要针对基层党组织；"六档"包括党员、党支部书记、贫困村"第一书记"、乡镇党委书记、街道党(工)委书记、组工干部学习档案，主要针对基层党员和党务干

① 参见全国党建研究会秘书处编：《城市基层党建理论与实践——全国城市基层党建工作理论研讨会资料汇编》，党建读物出版社2019年版，第445页。

② 参见《吉林：打造"新时代e支部"智慧党建平台》，2019年6月12日，http://dangjian.people.com.cn/n1/2019/0612/c117092-31132999.html。

部。吉林省智慧党建平台的设立实现了基层党建指导方式、组织方式、管理方式、服务方式的有效转变，党组织生活的全面覆盖，实现了“新时代 e 支部”与党务政务服务、信息采集与数据应用的有效融合。[①] 贵州省毕节市七星关区洪山街道以兰苑社区作为试点，同样开发建立包括社区党建、政务服务、物业服务、社区安全等内容在内的社区基层党建综合数据信息库，推进社区服务更加规范、高效、便捷。[②]

建立数据库与数据中心，提升党建信息资源承载能力。江西省鹰潭市从三方面提升党建信息资源承载力。一是拓展整合基层党建网络资源，鹰潭市智慧党建以全市电子政务外网和互联网为依托，搭建贯穿各级组织部门和基层党组织的虚拟专网。二是建立基层党建工作云数据中心。鹰潭市智慧党建依托鹰潭云计算中心，建立全市统一的综合性党建云平台，建立党建大数据交互平台和智能分析系统，实现数字、文字、图像、声音、视频等多种形式党建信息的广泛收集、全面分析，及时跟踪、了解基层党建工作情况，全面提升全市党建信息化系统的承载能力及服务水平。三是建立完善各类党建信息数据库，完善全市党员和党组织电子身份信息，建立基础信息库、组织行为库和党建知识库，拓展党建工作信息利用渠道，不断充实记录党建活动和成效的数据信息。[③]

探索信息管理机制，实现党员队伍电子化管理。社区党建数据库的内容不仅只局限于社区生活管理、服务、党建活动信息等，还包括党员流动管理、党员电子档案等党员队伍建设数据。各地市主动将“互联网＋”引入党员队伍管理中，有效应对党员流动性大、党员重复报到等问题。如天津市汉沽街建立电子档案，实现信息化管理，为全街党员建立电子档案，督促各基层党支部及时上传“三会一课”等组织生活信息，实现档案电子化精确管理；利用电子档案系统全面核实 3967 名党员及 153 个党组织的基本信息，做好党员组织关系排查工作，做好党员数据统计工作，确保无新失联党员。[④] 重庆市永川区实行管理教育全上网，运用信息系统数据的追踪、识别和生成功能，为全区 2135 个党组织和

---

① 参见《吉林：打造“新时代 e 支部”智慧党建平台》，2019 年 6 月 12 日，http://dangjian.people.com.cn/n1/2019/0612/c117092-31132999.html。

② 参见《七星关争做毕节中部崛起排头兵》，《贵州日报》2017 年 4 月 18 日。

③ 参见黄德锋：《信息化时代构建智慧党建模式实践与探索——以江西省鹰潭市为例》，《党建干部学刊》2020 年第 2 期。

④ 参见《汉沽街：“互联网＋”打造智慧党建》，2019 年 6 月 3 日，http://www.bhxqzzb.gov.cn/jcdj/201906/t20190603_4069617.html。

47263名党员建立了电子档案。[①] 湖南省株洲市荷塘区各个街道、社区为党员建立“电子档案”，对党组织的下辖党组织数、直管党员数，党员身份证号码、入党时间等基础信息进行了分类汇总、定期更新，全方位建立党建信息大数据库。[②]

应该注意到，党建数据库的建设不仅只局限于社区一级，只有将多级多部门、多地区的党建信息、服务信息统一起来，在全国建立包含服务民生、党员教育管理、党建活动等内容的统一数据库，才能够真正实现全国党建工作的互联互通。

三、技术整合运用：实现远程教育与远程服务的党建智能化发展

城市基层党组织是党在城市全部工作的基础，提升城市社区治理的质量需要全面提高城市基层党组织的人才素质，扩大城市基层党组织的服务范围并提升其服务质量。“互联网＋教育”技术的运用能够使人才队伍教育摆脱时空条件的束缚，整合优势教育资源；“互联网＋服务”有利于更好地利用大数据分析研判，扩大党建平台辐射范围。将党建的远程教育和远程服务实现技术整合，是“互联网＋党建”巩固城市基层治理，推进城市治理体系和治理能力现代化的重要举措。

习近平总书记指出：“我们党依靠学习创造了历史，更要依靠学习走向未来。”[③]“全党要来一个大学习，努力建设马克思主义学习型政党，推动建设学习大国。”[④]因此，加强党员的学习教育有利于保证党的先进性、纯洁性，使党的建设更加坚强有力。伴随着网络信息技术的发展，党中央主动提出要发展全国党员干部远程教育，《国家中长期教育改革和发展规划纲要（2010—2020年）》也明确指出要“大力发展现代远程教育”[⑤]。全国党员干部远程教育有利于提高基层党员干部的综合素质，向广大民众传递党中央精神，是加强阵地建设、服务群众

---

① 参见《永川区打造“互联网＋”党建平台　提升基层组织工作效能》，2018年6月14日，https://www.12371.gov.cn/Item/524722.aspx。

② 参见《株洲市荷塘区：努力探索城市基层党建工作新路径》，2017年12月6日，http://www.hxw.gov.cn/content/2017/12/06/2001264.html。

③ 中共中央宣传部编：《习近平新时代中国特色社会主义思想学习纲要》，学习出版社、人民出版社2019年版，第252页。

④ 中共中央宣传部编：《习近平新时代中国特色社会主义思想学习纲要》，学习出版社、人民出版社2019年版，第254页。

⑤ 《国家中长期教育改革和发展规划纲要（2010—2020年）》，2010年10月14日，http://www.xxs.gov.cn/1876/1884/content_254948.html。

的重要平台。

新时代城市基层党建面临着群众日益繁多的诉求，社会环境复杂，党建必须要不断扩大服务覆盖面，有效应对社会环境变化给党建带来的新挑战。同时，各地党建工作呈现发展不平衡局面，部分地区党建工作能力弱，服务信息碎片化。“互联网＋党建”远程服务的智慧化发展有利于整合各类资源，统筹服务布局，建立服务范围广泛、高效集约的服务平台。

目前，山西省太原市有效将党员的远程教育与远程服务相结合，实现了“互联网＋”技术在党建领域的智慧化运用。在党员远程教育管理方面，太原市迎泽区在“迎泽群工”平台设置“迎泽在线”和“干部在线”栏目，上传各类学习资源，如习近平总书记重要讲话、党规党章、精品党课等，鼓励党员干部利用闲余时间在线学习，累计组织党员在线学习时长超过 810 万分钟。在远程服务方面，迎泽区建立区、街道、社区、网格四级联动平台，街道汇总各社区发起的服务事项，并上传至区级各部门，形成社区受理，部门办理、办结回复的闭环工作机制，构建起党建引领基层治理的信息化平台。太原市杏花岭区“区域党群服务中心”通过“慈善超市”“共享餐厅”“智慧社区服务系统”等平台，实现基本服务“全岗通”，搭配线上技术，为居民提供计生、低保等一站式便捷服务，在智能化的基础上实现集约、快捷、高效的服务。①

相较于山西省太原市，广东省深圳市是典型的创新型、移民型城市，人口结构年轻化，人口流动性大，互联网企业较多，信息技术发达，互联网化程度较深。近年来，深圳市基于自身实际需求，与腾讯合作开发“深圳智慧党建系统”，建立集党建宣传、党员教育、党务工作、党建管理于一体的智慧化平台。“深圳智慧党建系统”在首页设立新时代大讲堂和党群服务中心两大板块。在新时代大讲堂板块，将包含习近平新时代中国特色社会主义思想在内的各类学习资源整合，帮助社区党组织明确主题学习内容，提高学习效率。同时，“智慧党建”系统有机联结“市—区—社区”三级党群服务中心阵地网络，整合全市 1050 个党群服务中心资源，依托线下党群服务中心活动室，形成线上线下服务平台，为社区居民提供更加精准化的服务。②

广东省深圳市是互联网企业密集区，发展“互联网＋”党建比其他地区更有优势。但全国其他地区另辟蹊径，利用已有的信息技术平台，在此基础上发展

① 参见全国党建研究会秘书处编：《城市基层党建理论与实践——全国城市基层党建工作理论研讨会资料汇编》，党建读物出版社 2019 年版，第 112 页。

② 参见《深圳全面推行“智慧党建”系统》，2019 年 1 月 28 日，http://www.xinhuanet.com/info/2019-01/28/c_137780428.htm。

远程教育与服务。上海市浦东洋泾街道发挥“互联网＋”信息优势，将原有的党员后台管理系统、党建洋泾官网、党建洋泾微信公众号有机整合，配合党员学习积分管理制度，实现党员学习教育积分制管理的精准化。① 湖南省永州市东安县以“东安党建”微信公众号、“东安组工网站”“东安党建”手机微网站等为学习平台，及时推送“两学一做”学习教育工作部署和相关学习资料，进一步提升“两学一做”学习教育成效。② 安徽省合肥市庐阳区双岗街道白水坝社区党委按照“一级平台、多级应用、资源整合、共享共建”的原则，利用社区先锋网站、微博、微信等新媒体，定期推送习近平总书记重要讲话精神、党章党规等，实现党员随时在线学习和零距离交流互动。③ 甘肃省白银市平川区兴平路街道组织党员安装使用白银智慧党建云平台，网上开展党员教育，交流学习心得，做到党员干部学习“制度化、规范化、常态化”。④ 甘肃省环县大力推广使用“学习强国”“甘肃党建”等网络学习平台，定期通报学习积分；坚持推行“一支一群”教育管理模式，所有社区党支部都规范建立了支部书记为群主的党员学习交流微信群，定期推送学习内容，确保学习全覆盖，切实提升“互联网＋党建”水平。⑤ 安徽省铜陵市铜官区露采社区也运用学习强国等教育平台，广泛开展自学。

山西省与深圳市分别是典型的内陆地区与典型的沿海地区，经济发展水平、信息技术发展、社会环境等方面差异较大，“互联网＋党建”的技术整合运用水平也有明显差异，这事实上是全国城市社区党建的一个缩影，表明目前在推进智慧化党建的工作上，各地区成效不同，进程差异较大。但是，各地智慧党建的建设表明，将互联网技术引入党建是符合社会发展要求的，是未来城市社区党建发展的趋势。

综合分析以上各地区的经验做法可以发现，目前我国的城市社区党建信息化建设是颇有成效的，主要表现在三个方面。在“互联网＋”党建平台建设上，

---

① 参见《上海浦东洋泾街道：党员教育微“积分”显实效》，2017 年 3 月 14 日，http://dangjian.people.com.cn/n1/2017/0314/c406978-29144814.html。

② 参见《东安县以“五微”工作法开启党建“微时代”》，2017 年 5 月 9 日，http://www.hxw.gov.cn/content/2017/05/09/563219.html。

③ 参见吴姝娴：《合肥市庐阳区双岗街道白水坝社区党委：“五学同步”抓紧抓实党员学习教育》，2020 年 4 月 12 日，http://www.ahxf.gov.cn/Home/Content/1066182? ClassId=6169。

④ 参见《白银市：平川区兴平路街道“三抓一规范”促进党支部建设标准化》，2018 年 11 月 29 日，https://www.gsdj.gov.cn/detialsMain.html? title=urbanCommunity&nodeId=127&childNodeId=115&nodeIdFlag=1197&state=1。

⑤ 参见《环县：“四个坚持”推进社区党建高质量发展》，2020 年 3 月 23 日，https://www.gsdj.gov.cn/detialsMain.html? title=urbanCommunity&nodeId=127&childNodeId=115&nodeIdFlag=27367&state=1。

各种服务网站、各类APP软件、智慧党建系统的建立，为流动党员、“两新”组织的管理提供了平台和方法，丰富了社区党建活动的内容和形式，提升与扩大了党组织的服务效率和覆盖范围；民众表达诉求的渠道也得到增加，网络意见箱的设立提高了收集民意的效率，有利于更加密切联系群众。在党建数据库建设方面，手机移动端和网站上各种学习资源的共享，丰富了党员学习的内容；网站、微信群共享的民生服务信息、党建活动信息，能够提高基层党组织的工作效率，避免工作交叉重复，同时也能提升党建工作透明度，方便群众一键查询服务进度。在远程教育和远程服务方面，学习强国等软件的运用打破了传统的“三会一课”学习形式，党员的学习能够打破时空、地理条件的束缚，学习积分的设立激发党员学习动力，有利于学习型政党的建立；各类涉及医疗、缴费、教育的远程服务丰富了党建服务项目，改变了以访贫问苦、节日祝福为主要形式的党建服务，有利于提升人民满意度。

尽管“互联网＋”党建取得了进展，但是我们也看到还有许多不足之处。第一，平台建设重形式、轻内容，管理不到位现象较为普遍，缺乏全国信息统一同步的党建云平台。第二，党建数据库的学习内容重信息“粘贴”、轻“互动”，缺乏应有的吸引力与影响力；[①]服务信息更新较慢，各单位信息更新进度不一致。第三，各地都建设了属于自己的党建平台，软件、网站数量逐年增加，部分地区将网站的活跃度视为考核指标，这无形中增加了基层党组织的工作量，导致基层党组织无充足时间倾听社情民意，开展服务工作。第四，目前对“互联网＋”技术的运用停留在微信群、电子软件、信息网站的建立上，并没有实现真正意义上的大数据云服务、AI智能服务等。

信息化时代，积极学习运用信息网络技术、运用新技术新手段来推进党建工作是我国实现政党信息化的必然选择。未来，党建工作的范围不仅涉及实体社区，还要探索如何让党的组织和工作覆盖到每一个城市社区所涉及的网络虚拟空间，提升城市社区党建在虚拟网络空间中的领导力。

① 参见刘红凛：《党建信息化的发展进程与“互联网＋党建”》，《南京政治学院学报》2016年第1期。

第八章 新时代城市社区党建创新形态的经验提升

新时代以来，城市社区党建呈现诸多典型创新形态。其中，在党建体系方面，形成纵横连接、网络协同的全覆盖体系。党的基层组织全覆盖是中国政治体系的独特优势，也是中国政治发展的核心保障，通过党建联席会议、党建共治委员会、自治委员会等工作安排以及精准化党建网格设置，实现城市社区党建主体联系与行为联动，有效实现党建对城市社会的组织动员；在党建机制方面，形塑标准化管理、系统性培养、责任性监督与公开化考核相结合的全方位工作机制，深化党建体系从设计走向落实，从组织建设与发展、党员吸纳与管理、党建责任落实与评估等各方面，实现城市社区党建发展升级，为进一步提升基层党组织组织力与凝聚力以及增强基层党建的时效性奠定基础；在党建功能方面，聚焦党建与城市社区治理的逻辑关联，突出党建功能外部延伸，以重塑社区治理体系为逻辑出发点强调党建的政治引领功能，以再造社区治理流程为逻辑着力点定位党建的组织功能，以提升社区治理质量为逻辑落脚点统筹党建的服务功能，实现了全过程功能整合；在党建资源方面，建构政治资源、财力资源、群众资源与技术资源等全链条党建资源支持系统，有效推动城市社区党建由"指令化""封闭化""内卷化"向"合作式""开放式""迭代式"转型，并适应智慧城市建设趋势，广泛应用现代信息技术，着力提高党建效能。

作为国家最高政治领导力量，党参与国家治理全过程，党的领导贯穿于国家治理各领域各环节各方面。因此，党建的战略定位并不能止步于就党建而谈党建，"不能仅拘泥于党组织内部建设任务的完成，关键在于能否将'政党建设'与'国家建设''社会建设''城市治理'与'持续发展'等外部战略需求结合"[①]。

① 韩福国、蔡樱华：《"组织化嵌入"超越"结构化割裂"——现代城市基层开放式治理的结构性要素》，《西安交通大学学报》(社会科学版)2018 年第 5 期。

具体到城市社区党建，当前“构建基层社会治理新格局”的新理念与新要求为城市社区党建创新提出新的时代命题，不仅要强调基层党组织的内部建设，更重要的是统筹推进党的建设与党领导基层社会治理能力建设相结合，使党成为基层治理新格局中“必不可缺的起领导与引领作用的关键性‘因变量’”[①]，推进“党建引领、政府负责、社区组织协同、社区居民参与、法治保障”的现代化社区治理体系。

党的十九届五中全会指出：“坚持把实现好、维护好、发展好最广大人民根本利益作为发展的出发点和落脚点，尽力而为、量力而行，健全基本公共服务体系，完善共建共治共享的社会治理制度，扎实推动共同富裕，不断增强人民群众获得感、幸福感、安全感，促进人的全面发展和社会全会进步。”这对城市社区党建的定位、发展与功能提出更高要求，促使社区党建进一步转移工作重心，以更加开放的党建工作理念以及务实的党建工作格局，更有效回应现代化城市社区治理需求。因此，系统总结城市社区党建创新形态成功经验，形成城市社区党建与治理现代化的内生性嵌合结构，对于推动城市社区党建引领治理创新、加快推进城市社区治理体系和治理能力现代化具有重要意义。

第一节　城市社区党建创新的发展愿景：嵌合式党建创新

党建引领是构建城市社区治理新格局并且实现“以人民为中心”的社区治理体系的根本政治保障。社区党建要在现代城市社区治理中发挥引领作用，关键在于实现党建与治理的相互嵌合。一方面，党建嵌入社区治理结构。从治理的权力空间角度出发，社区治理等“微治理”场域处于国家行政权力直接影响范围之外[②]。在该场域中，“基层党组织具有推动者和参与者的双重身份，是微治理有效运转的外部牵引与内生动力”[③]。要维护社区治理秩序并提高社区治理效能，关键在于发挥基层党组织的领导功能。因此必须构建党建嵌入社区治理的结构性路径，实现党的内部建设与领导基层社会治理功能的关联与衡平；另一方面，党建耦合社区治理需求。要彻底改善城市社区党建空转、虚浮状况，必须突出党建与基层治理的调适性关联。以党的内部建设为起点，使党的基层组织与全体党员成为城市社区治理的积极行动者，组织并服务社区群众，凝聚并

① 刘红凛：《新时代党的建设理论和实践创新研究》，人民出版社 2019 年版，第 169 页。

② 参见谢正富：《治理孵化器：社会工作视角下“微治理”实现机制探索——基于襄阳古城 15 个社区的调查》，《云南行政学院学报》2016 年第 1 期。

③ 程同顺、魏莉：《微治理：城市社区双维治理困境的回应路径》，《江海学刊》2017 年第 6 期。

统筹社区治理资源，在党建引领的政治逻辑下提高城市社区治理能力，厚植国家治理现代化的基层基础。

一、树立城市社区嵌合式党建的创新理念

城市社区党建是一个不断创新发展的领域。在国家治理体系和治理能力现代化的背景中，如何更好地发挥党的全面领导的制度优势并将其转化为治理效能是新时代党的建设所面临的重要课题。城市社区是国家治理的基础单元，“提高社区治理效能，关键是加强党的领导”①。因此，城市社区党建工作与社区治理的发展呈现内生性关联。“嵌合式党建”理念应运而生。“嵌合式党建”是指城市社区党建工作嵌入社区治理结构并适应社区治理需求，能够根据社区治理现状与转型逻辑及时调整党建工作方式。具体而言，嵌合式党建创新理念体现为以下内容：

一方面，党建工作是引领社区治理的核心，其作为支点调动社区治理体系和治理能力现代化。进入全面深化改革时期，城市社区面临复杂的治理环境，治理问题与治理矛盾多发，首先需要社区进一步整合社区资源，提高社区服务水平；其次需要社区进一步织密治理网络，规避人口流动管理所导致社区治安难题；再次需要社区进一步拓宽协商渠道，使社区群众和社区组织等社区治理议题相关者共同商议制定最优解决方案，化解社会风险。该过程需要基层党组织的参与并且发挥政治领导、组织动员与联系群众、服务群众功能，协调社区治理力量，共同致力于提升城市居民的获得感、幸福感与安全感。

另一方面，社区党建工作需要与社区治理实现双向结合。党的建设是全面系统的工作，既不能把党建等同于党的组织建设或党员管理等具体事务，也不能将党建与国家治理发展割裂开来。坚持和加强党的全面领导是党建工作的根本目标，而“把党的领导落实到国家治理各领域各方面各环节”是党建工作的基本落脚点。这体现在城市社区党建工作中，即“不能就党建谈党建，而是必须和社会治理相结合，能够产生社区治理绩效，社区党建才有生命力”②。

因此，“嵌合”不仅强调城市社区党建工作“在场式”嵌入社区治理，也着重构建城市社区党建创新与社区治理现代化之间的“建构式”耦合关系。就前者而言，“在场式”嵌入首先意味着党建楔入社区治理各领域各方面各环节，并能够根据成熟社区、新型社区、转型社区与边缘社区等治理现状调整党建具体工

---

① 《习近平谈社区治理：提高社区效能的关键是加强党的领导》，2020 年 7 月 24 日，http://www.xinhuanet.com/politics/2020-07/24/c_1126279898.htm。

② 李威利：《城市基层党建指导手册》，格致出版社 2019 年版，第 43 页。

作，同时结合社区发展规划更新、经济社会要素增加、自治结构变迁等城市社区治理的发展转型，增强社区党建的嵌入弹性与嵌入韧性；其次，建立社区治理"反嵌"结构，注重社区治理现实与发展对党建提出的新要求，这需要基层党组织及时调整党建工作机制，以回应社区治理需求。就后者而言，建构式耦合意味着党建形态发展与社区治理体系创新之间存在既相互依赖又彼此独立的非线性关系，二者在保持自我创新能力的同时，也能够在相互影响中协同共进，在党建与社区治理的互动过程中提高党建质量，将党的领导制度优势体现于增强社区治理效能中。具体而言，城市社区党建功能需要精准对接社区治理创新需求，这建立于双方学习、回应与协同能力基础上，要求社区党组织能够根据社区治理创新情况及时进行适应性调整，推动社区转变行政化思维，重塑社会属性，并优化治理重心下移后的社区职能；而社区治理也能够根据党建实际及时更新其内部要素安排。

二、厚植城市社区嵌合式党建的创新基础

嵌合式党建作为新时代社区党建工作的创新理念，独特之处在于不仅从坚持和加强党的全面领导制度优势出发，明确城市社区党建工作方式与目标，而且立足于城市社区治理体系和治理能力现代化，把党作为城市社区治理的关键性领导主体，思考如何在党的领导下提高社区治理效能，最终服务于党领导国家治理现代化这一全面深化改革的目标。新时代以来，城市社区党建探索出诸多创新形态，基于此抽象出嵌合式党建的创新理念，一方面契合党的全面领导相关制度安排；另一方面则进一步推动社区党建工作，提升社区党建质量，同时注重党建工作与社区经济发展、民生保障、居民自治等工作彼此嵌合，以党建工作为轴心引领构建共建共治共享的基层社会治理新格局。

（一）嵌合式党建创新的制度基础

新时代以来，党全面领导国家治理的制度安排构成城市社区嵌合式党建创新的制度基础。党的十九届四中全会系统总结国家制度优势，"在公认的基本价值取向之下，对构成国家共同体的各种团体和个人、组织和机构的权力与权利关系做出明确规定，对不同主体的行为给予合理限制，对国家不同体系的功能和职责进行明确划分并在保证各司其职的同时能够支持协同治理"[①]。其中，"坚持和完善党的领导制度体系""坚持和完善共建共治共享的社会治理制度"

---

① 燕继荣：《制度、政策与效能：国家治理探源——兼论中国制度优势及效能转化》，《政治学研究》2020年第2期。

奠定了城市社区嵌合式党建创新的制度基础。

其一，坚持和完善党的领导制度体系，提供社区嵌合式党建理念创新的制度依据。嵌合式党建工作的一项重要内容即是实现党建在社区治理中的嵌入，其本质契合党的全面领导制度安排，落实把党的领导落实到国家治理各领域各方面各环节的制度要求。

首先，党的基层组织体系嵌入社区治理。即以社区党组织为核心，统筹推进社区内企事业单位、"两新"组织、社会团体等党建工作，实现区域党建工作的联动优势，真正做到"全面推进各领域党的基层组织建设，实现党组织和党的工作全社会覆盖，做到哪里有群众哪里就有党的工作，哪里有党员哪里就有党组织、哪里有党组织哪里就有健全的组织生活和党组织作用的充分发挥"①。其次，基层党员作为治理主体嵌入社区治理。通过推进党建工作，加强对基层党员的管理，使其发挥联系群众、动员群众、服务群众与凝聚群众的政治功能，维护社区稳定的治理秩序；而通过加强对基层党员的培训、监督与考核，则能够最大限度地始终保持党员的模范带头作用，使其在引领群众参与社区治理的过程中改善党员与群众之间的联系，增进信任资本，以此巩固党领导和执政的基础。再次，党建工作嵌入社区治理全过程。以社区治理效能作为党建工作的评价基础，在规范层面上，社区治理效能内容为实现"以人民为中心"的治理程度，核心内容为城市社区居民的获得感、幸福感、安全感。将党建工作嵌入社区治理全过程，一方面，在凭借党的严密组织体系实现基层社会管理的同时，以党的使命性、责任性与服务性推动社区治理的自治性、协商性与平等性。另一方面，增强党的领导能力，改变党组织对"脱钩改制"而来的社会组织以及新经济组织缺乏实际控制力的现象，使其组织作用进一步影响和渗透到这些组织中②。

其二，坚持和完善共建共治共享的社会治理制度奠定嵌合式党建理念创新的另一制度基础，契合于中国共产党作为"使命—责任型"政党的党建要求。"在社区治理中，对政治责任的强调使得基层党组织能够实现对党员的社会动员，而对社会责任的强调，使得社区党组织能够与周边区域内的各类党组织进行联动和合作。"③

共建共治共享的社会治理制度对党领导社区治理提出新的要求，不仅明确

① 《中共中央关于加强和改进新形势下党的建设若干重大问题的决定》，人民出版社 2009 年版，第 25 页。

② 参见景跃进：《转型、吸纳和渗透——挑战环境下执政党组织技术的嬗变及其问题》，《中国非营利评论》2011 年第 1 期。

③ 李威利：《联动式治理：关联主义理论视野下的基层自治》，《河南社会科学》2018 年第 10 期。

党建的主体责任，更规范社区作为治理共同体的基本形态。其中，“共建”阐释了基层社会治理新格局的实践路径，前提是发挥党建引领效能，最大限度地转化为党的全面领导制度优势；“共治”描绘了基层社会治理格局的基本形态，强调在发挥党的基层组织与党员垂范作用的前提下，动员市场组织、社会组织、群众等相关治理主体协同参与治理的过程；“共享”涉及基层治理格局的成果惠及范畴，不仅回应中国共产党“以人民为中心”的发展要求，而且进一步夯实党建引领治理的正当性基础。具体而言，党建引领治理以“改善人民生活品质，提高社会建设水平”为基本原则导向，关键任务在于通过党建工作增强基层党组织政治领导、组织动员以及服务效能，提升社区治理能力和推进社区治理体系现代化。首先，通过党建工作加强基层党组织政治领导，确保城市社区治理发展正确方向与根本原则，落实基层党组织与基层党员的政治责任，强化其使命担当，发挥治理引领垂范功能；其次，通过党建工作增强基层党组织的组织动员。“当前基层社会治理在结构上所面临的最大问题就是碎片化，各种治理主体和治理要素分散、零碎，难以形成整体性治理格局。”①以党组织在基层治理各领域各方面各环节全覆盖为前提，实现党组织对基层社会治理力量的组织化动员，建设以基层党组织为核心、多元主体协同参与的联动式整合治理结构；再次，通过党建工作增强基层党组织的服务效能。服务基层党员与回应基层群众基本诉求是基层党建的重要功能，其致力于维护稳定的基层治理秩序，巩固党的领导与执政基础。党建引领治理将进一步夯实现代化国家治理根基，稳固现代化国家治理体系的“底盘”。

（二）嵌合式党建创新的现实基础

新时代以来，城市社区作为城市治理的基本单元，是承担城市治理转型任务的主要场域。推动城市治理重心向社区基层下移，把更多资源、服务、管理放到社区，加强社区精细化治理与精准化服务供给，成为拉动国家治理体系和治理能力现代化的关键引擎。中国共产党参与社区治理的全过程，并通过城市社区党的建设增强其领导性治理主体的功能，引领重塑社区治理规则，创造社区治理参与渠道，凝聚社区治理力量，提升社区治理服务水平，综合提高社区治理效能。“城市社区日益成为党的建设的重要战略性空间，是党开展自身建设，凝聚群众，获得民心，巩固执政社会基础的新的阵地依托。”②

① 黄俊尧、魏泽吉：《“党建”与“共建”：形塑基层社会治理格局的双重逻辑——基于杭州市D区的考察》，《中共天津市委党校学报》2020年第3期。

② 李朝阳：《城市社区党建：加强党的建设的战略性选择》，《天津师范大学学报》（社会科学版）2005年第5期。

当前，中国城市社区党建过程中产生诸多创新形态，并已经形成了党建体系设计、党建机制优化、党建资源支持以及党建功能整合的系统性党建发展框架，构成城市社区嵌合式党建理念创新的现实基础。

其一，党建体系设计创新拓宽社区党建范畴，拓展党建工作对社区治理的嵌合领域。在党建体系设计创新中，形成横向区域协调、纵向层级联动、网络系统升级的整体性党建工作格局，在实现党的组织进一步扎根基层、领导基层、服务基层的同时，实现党建工作嵌入社区治理全领域，以党建工作为政治轴心推动社区治理中的主体联合、资源整合以及价值融合。

其二，党建机制优化创新升级社区党建运行方式，提高党建工作对社区治理的嵌合程度。在党建机制优化创新中，适应于社区整体性党建工作格局，形成党建管理标准化、党员培养高质化、党建责任监督严格化与党建考核实效化的迭代性党建工作链条，使党建体系创新从设计走向落实。优化党建工作机制在奠定党建功能发挥基础的同时，也进一步提高党建嵌合社区治理的程度。

其三，党建功能整合创新增强社区党建引领职责，提升党建工作对社区治理的嵌合效能。在党建功能整合创新中，形成以党建为核心推动社区治理体系重塑、社区治理流程再造以及社区治理提升的引领式党建工作推进路径，以提升社区治理效能作为党建工作的落脚点，在赋予党建工作生命力的同时，以党建引领推动实现社区治理体系和治理能力现代化。

其四，党建资源支持创新突破社区党建瓶颈，提供党建工作对社区治理的嵌合保障。在党建资源支持创新中，形成政治资源驱动、财力资源供给、群众资源激活以及技术资源应用的开放式党建工作支持系统，助力党建工作的持续性、规范化与包容性，为党建工作适应城市社区作为治理共同体的发展趋势提供保障性条件。

总体而言，在城市社区党建工作创新发展的过程中，基层党组织和基层党员成为社区治理中的积极行动者，并依赖自身强大的领导力、组织力、凝聚力和服务力引领社区内组织和社区居民构建现代化社区治理新格局。在该过程中，城市社区党建工作也不断适应社区治理发展新局面，在党中央的基层党建工作方针以及地方党委的基层党建工作具体政策的指导框架内，积极调适具体的党建工作推进方式，实现社区党建创新与社区治理改善的协同嵌合。在此意义上，嵌合式党建正在成为中国城市社区党建的重要创新形式，不仅能够在精准解读社区发展要求、把握社区组织需求、捕捉社区居民诉求的基础上提高党的建设质量，还能够推动党建引领社区治理效能的提升。

第二节　城市社区党建创新形态的“在场式嵌入”

把党的领导落实到国家治理各领域各方面各环节是坚持和完善党的领导制度体系的重要内容。基层治理作为国家治理的基础场域，党如何领导基层治理并协调各方构建基层社会治理新格局是基层治理面临的根本性问题，也是关系党的领导与执政基础稳定的关键性问题。新时代以来，城市社区党建工作取得显著成效，并且在党建持续创新的过程中挖掘党建与治理之间的内生性关联，在党的领导下推动构建共建共治共享的社会治理新格局。在城市社区党建创新过程中，以“在场式嵌入”构建党建与社区治理的关联结构，使社区党建规避僵化的政治纲领宣传，超越“自转式”党建带来的内卷化困境，在宏观定位上契合党领导国家治理现代化的制度安排，在中观架构上吻合党领导城市社区治理的战略部署，在微观实践上切合党密切联系服务群众的根本路线。究其本质而言，“在场式嵌入”包括党建“嵌入”治理以及治理“反嵌”党建两个层面。其中，党建“嵌入”治理提出开放式党建与“公转式”党建的时代新命题，即在推进国家治理体系和治理能力现代化的背景下，在以人民为中心构建社会治理共同体的要求下，城市社区党建工作应始终服务于坚持和加强党的全面领导并把党的领导落实到治理全场域的任务要求。因此，党建工作必须寻求完善引领治理的相关机制，在实现弹性嵌入社区治理的同时发挥长效嵌入功能；此外，治理现代化“反嵌”党建则意味着处于变迁与转型中的社区治理对党建工作开展的反向效应，即基层党组织应根据社区治理需求适应性调整党建引领机制，有效回应社区治理问题，实现党建质量提升与治理现代化的相互支撑与相互促进。

一、优化党建在城市社区治理场域中的统领嵌入结构

社区治理场域是社区基层党组织、社区居委会、业委会、物业公司以及社区居民等相关治理主体通过可适性合作渠道解决社区治理问题而形成的社区空间。在规范意义上，社区治理场域不仅规定社区治理发生的物理边界，更重要的是规范社区治理主体之间的权力与资源分配关系，并依靠制度的强制力规制治理主体的行为。社区治理场域产生于社区建设过程。其中，一方面，具有地域边界的社区物理空间的生成奠定社区治理场域的产生基础，这不仅促成居民“职住分离”，更为塑造居民生活共同体创造了前提。对于居住于此的居民而言，将共同面对诸多对其生活造成影响的公共问题；另一方面，社区功能建设致力于将社区打造成共同体，以期增进居民之间的情感联系，增强居民对社区的

归属感与依赖感，同时培育社区居民参与社区治理的主动意识，并通过设置协商议事平台等吸纳居民参与，以增强其自治能力。新时代，对于社区党建的工作推进而言，应适应社区治理场域发展的现实需求，建立其在社区治理场域中的弹性嵌入结构。

虽然自20世纪80年代末中国开启了社区建设进程，但由于"社区建设不单是一项社会工作，更重要的是对传统城市管理体制的改革"①，现实中社区治理场域的发展处于异化状态。根据社区的空间结构演变及其内部治理要素的分布与关系，当前中国城市社区可划分为成熟社区、转型社区、新型社区以及过渡社区四种类型。

其一，成熟社区被视为一个社会"共同体"，"人们在共同体里与同伙一起，从出生之日起，就休戚与共，同甘共苦"②。在成熟社区中，治理主体之间往往已经形成较为鲜明的契约型关系，即"契约把陌生人连接了起来，使他们相互信任并开展交往，契约所发挥的是中介的功能。同时，契约本身又创造了信任和承载了信任，也可以认为是与信任一体化的"③。具体而言，一方面，成熟社区中的契约包括居民与居民、居民与社区居委会、居民与物业公司等订立的实体契约和虚拟契约两部分，其规定所涉及主体的权利与义务，也使得居民权益被侵犯时有保障其权利的合理依据；另一方面，契约创设了社区治理主体之间进行交往与合作的可信空间，即其都认可该契约所具有的行为约束力，并同意在该契约的规范性框架中相对理性地参与社区治理。"群体、组织等所开展的共同行动之所以能够获得理性的特征，是因为这种共同行动中包含着规则，是因为共同行动拥有了系统化的完备规则，而且，共同行动中的行动者也能够遵从规则。"④

其二，转型社区伴随改革开放后的社会转型过程出现，是单位体制解体之后所遗留的历史产物。"作为曾经被单位'弃管'的家属区，在失去原有的归属体和社会未能及时接续的多重原因下，逐渐形成了规模庞大的老旧单位社区。"⑤转型社区的典型特点是社区管理方式的变迁，原先依赖于企业单位的社区管理职能开始由社区党委和社区居委会承接。然而，由于居民的单位依赖惯

---

① 徐勇：《论城市社区建设中的社区居民自治》，《华中师范大学学报》（人文社会科学版）2001年第3期。

② ［美］斐迪南·滕尼斯：《共同体与社会》，林荣远译，商务印书馆1999年版，第53页。

③ 张康之：《社会治理的经络》，社会科学文献出版社2020年版，第19页。

④ 张康之：《社会治理的经络》，社会科学文献出版社2020年版，第245页。

⑤ 芦恒、蔡重阳：《"单位人"再组织化：城市社区重建的治理创新——以长春市C社区为例》，《新视野》2015年第6期。

性以及组织交往惯习使其并没有完全转化为自治思维，并且在国家强制性制度变迁导致单位体制消解的背景下，具有浓厚单位情节的居民并没有自然建立对生活社区的认同感，他们将对单位的依赖开始转移至政府。当居民没有形成对社区作为自治组织的认同时，其往往缺乏共同致力于社区的自主性与公共性建设的动力，这不仅加大政府的治理成本，而且在一定程度上不利于激活社区主体的治理资源，造成社区治理共同体的建构滞后。

其三，新型社区是在城市发展过程中因住房商品化改革而形成的。20 世纪 90 年代以来，伴随住房制度改革，商品房小区逐渐成为城市居民的新型居住空间。相较于单位社区中延伸自工作关系的社会交往结构，新型社区中居民虽居住于固定的社会空间，但其交往意识淡薄，往往呈现典型的“陌生人”生态。因此，“新型社区通常面临着‘邻里间互不相识’的情景，大部分业主仍处于原子化的个体状态”[①]。在社区中，紧密的社会关系网络往往是集体行动的基础，其建立在居民彼此信任并且认同共同行动规范的基础上，往往意味着居民愿意通过交往与合作行为来增进共同利益。在该过程中，居民通常能够基于对实现共同利益的责任而改变个体偏好，同意以实现共同利益为目标采取集体行动，以避免“公地悲剧”。当前，由于居民个体的原子化分布以及邻里关系的碎片化，新型社区内部并未建立深厚的契约型信任关系基础，居民对于社区公共资源的依赖程度也存在较大的差异性，在社区治理过程中的参与意愿也因此呈现出明显的异质性。如何建构相对“陌生”且具有多元化治理需求的居民之间的集体行动逻辑，是新型社区治理面临的重要问题。

其四，过渡社区是改革开放之后城镇化快速发展的产物，包括村改居社区、城郊社区、城乡接合部社区、城中村社区、安置社区等多种类型。在实践中，过渡社区治理呈现典型的复合特征。其中，就治理主体而言，在人口结构上呈现户籍人口与非户籍人口的复合，在生活保障上呈现低收入与低保障的复合。相关研究显示，居住于过渡社区的居民中“户籍人口与外来人口出现了倒挂的现象”[②]，往往导致人口流动性的增强，进而不利于重塑居民之间的信任关系及其对社区的归属感与认同感；就治理结构而言，现代社区治理结构通常具有鲜明的“共治式”特征，即“政府和社会机构以某种机制结合在一起，社区群众以一种

① 陈天祥、叶彩永：《新型城市社区公共事务集体治理的逻辑：基于需求—动员—制度三维框架的分析》，《中山大学学报》(社会科学版)2013 年第 3 期。

② 吴晓燕、赵普兵：《“过渡型社区”治理：困境与转型》，《理论探讨》2014 年第 2 期。

有效的、相对独立的方式参与到基层治理之中”[①]。因此，现代社区治理结构往往建立在社区居民的有效参与基础之上，而其要求居民基于尊重、包容与信任等形成相对成熟的交往关系。在过渡社区，居民之间的交往关系呈现原住村民熟人型交往以及新嵌入社区居民陌生人交往的复合状态，其在价值观念、生活方式以及行为习惯等方面往往也表现出较大的差异乃至发生冲突。“在城市空间的加速扩张和行政化主导的城市化战略推进的作用下，各种冲突和矛盾在该场域空间高度聚集，利益分配困境、市民化困境、公共产品供给困境、文化融合困境、‘外嵌式’管理困境突出，充满风险和挑战。”[②]如何形塑居民之间的交往结构，使其在尊重彼此间利益需求差异的同时也能够将其行为导向实现共同利益，是过渡社区面临的治理挑战之一。

社区治理场域的多元化决定党建引领治理应体现原则性与适应性相结合，以实现党建在社区治理场域中的统领嵌入结构。其中，一方面，就原则性而言，即必须“坚持把加强党的建设、巩固党的执政基础作为贯穿社会治理和基层建设的一条红线”。社区党建的功能体现为通过增强社区党组织的政治引领功能，引领构建“一核多元”的社区治理结构，在党的领导下重构社区治理主体之间的协作关系，以通过协商对话渠道解决社区公共治理问题；通过增强社区党组织的组织动员功能，激活基层群众的共治资源，以积极参与社区治理规划的系统性设计、治理决策的高效性执行以及治理绩效的民主化评估等各方面，推动构建共建共治共享的社区治理共同体；通过增强社区党组织的服务功能，拓宽社区服务范围，提高社区服务效率，提升社区服务效能，从根本上践行党联系群众服务群众的路线方针。党的领导是建立社区治理新格局所必须坚持的基本点，只有通过系统推进社区党建工程，才能使社区治理始终最大限度地体现“以人民为中心”的发展思想，体现党始终保持同人民群众的血肉联系，全心全意为人民服务。

另一方面，就适应性而言，社区党建不能脱离社区治理场域的发展现实，需要根据不同类型社区的治理现状适应性调整党建引领的具体工作机制。在实践中，成熟社区、转型社区、新型社区与过渡社区的治理场域在治理主体及其关系、治理结构、治理规则等方面均存在不同程度的差异。在治理主体间关系陌生化、治理结构松散化且治理规则相对滞后的社区治理场域中，社区党建的首

---

① 葛天任：《治理结构与政策执行：基于 3 个城市社区建设资金使用案例的实证研究》，《中国行政管理》2018 年第 7 期。

② 何演、马晴：《快速城市化进程中过渡型社区的发展困境及出路分析》，《农村经济》2013 年第 10 期。

要任务是在建立相对完善的党建组织体系的基础上，盘活社区中“沉睡”的治理资源，激活社区治理主体的协同优势，引领社区治理场域走向现代化；而在治理主体已经基于信任、尊重和包容形成较为规范的交往关系、治理结构相对整合且治理规则基本完善的社区治理场域中，社区党建应着重于探索创新党建引领治理的新型路径，以党建创新引领开发社区治理资源禀赋，以党建创新更有效回应社区群众基本需求，以党建创新赋能社区治理现代化，进一步夯实党执政的基层基础。

二、增强党建在城市社区治理场域中的长效嵌入功能

在城市发展过程中，各地社区建设呈现差异性，并形成成熟社区、转型社区、新型社区与过渡社区等诸多类型。要消解社区党建的累积性实践困境，建构党建引领治理的合理结构，应当实现党建在社区治理场域中的弹性嵌入：在坚持把党的建设落实到社区治理场域各方面的根本前提下，在实际党建工作中，具体把握社区治理场域的发展现状，探究适应性党建工作机制，以最大限度地提高党建引领治理的效能。因此，要增强社区党建在社区治理场域中的长效嵌入功能，不仅应在宏观层面实现党建在社区治理场域中的框架性嵌入，更应该在微观层面进一步细化党建在社区治理场域中的适应性嵌入，以提高党建引领治理的实际效能。

首先，在宏观层面上必须实现党建在社区治理场域中的框架性嵌入，以坚持和加强党对社区治理现代化的全面领导。现代化社区建设解构了城市居民的传统居住空间。伴随社区内居民的构成异质性及其流动性增强，社区逐渐成为开放性区域，促使城市发展中“原有的社会关系网络瓦解，居民的社区认同和社区情感的弱化，从而不断销蚀着原有的社区社会资本”[①]。对于现代化城市社区治理而言，如何凝聚异质化居民使其自愿融入社区治理进程，整合多元化社区利益以消解社区治理风险，组织碎片化社区治理力量使其参与到共建共治共享的社区治理共同体，从而夯实国家治理现代化体系的基层基础，是城市社区面临的共同问题。在此，需要有一个领导性主体，不仅能够发挥统筹社区治理资源、协调社区治理主体、系统安排社区治理规划等功能，将国家治理相关制度切实落实到基层并将制度优势转化为治理效能，更重要的是能够始终以人民为中心，始终把联系群众、服务群众作为其工作的重中之重，重视社区居民的利益诉求，尊重社区居民的自治意愿，并创造可行路径吸纳居民参与社区自治过程。

① 方亚琴：《社区、居住空间与社会资本》，中国社会科学出版社 2019 年版，第 56 页。

在中国城市社区中，该领导性主体即为中国共产党。这是由中国共产党作为中国各项事业的领导党决定的，也是其作为“使命—责任型”政党的题中之义。

2019年，中共中央办公厅出台《关于加强和改进城市基层党的建设工作的意见》，明确强调“把城市基层党组织建设成为宣传党的主张、贯彻党的决定、领导基层治理、团结动员群众、推动改革发展的坚强战斗堡垒”。这对城市社区党建创新提出新的要求，党建引领治理正式成为城市社区治理必须遵循的根本政治逻辑。城市社区党建创新目的有二。其一，建立党在城市社区的联动式覆盖体系。通过形成横向区域联动、纵向层级联动的社区党组织覆盖体系，引领构建组织共建、活动共联、资源共享的协同式社区治理新格局。其二，建立党在城市社区的整合式行动框架。通过统筹规划、设计并建设党群服务中心，形成以社区党组织为核心、党政统筹的服务供给体系，合理承接下移的公共服务事项，推行“一站式”服务和“最多跑一次”改革，大大降低社区治理成本。另外，通过实行社区党委书记与社区居委会主任一肩挑、两个班子成员交叉任职，解决过去的相互掣肘、效率低下等问题，提高社区治理效率。其三，促成党在社区的全覆盖，组织服务网络。通过把党的基层组织建立在网格上、建立在楼栋中，根据网格管理成本合理配置党建网格员，与社会网格化管理形成互联式发展逻辑，在有效组织动员基层群众的同时也能够及时了解群众需求并做出精准的服务回应。

其次，在微观层面应当实现党建在社区治理场域中的适应性嵌入，以真正发挥党建引领治理的功能。在城市社区党建工作的推进过程中，值得注意的是既不能“就党建而谈党建”以避免党建的悬浮化，也不能“一刀切”，造成党建工作的泛化。从城市社区治理的发展来看，社区治理场域呈现出明显的差异性，基层党组织在严格执行党中央关于基层党建相关政策的原则性措施之外，应当根据社区治理的实际现状创新性地调整具体工作。

其一，在成熟社区，社区治理主体往往基于契约型信任而建立某种程度的交往关系，且其亦比较善于通过参与社区治理过程而维护自己的合法权益。因此，在具有相对深厚自治基础的成熟社区，党建工作的重点不应仅仅局限于党组织的自身建设或党员培养等方面，而应重视建立相对完善的党建引领治理结构，以进一步提高社区治理效能。其中，就社区外部性公共事务治理而言，应积极通过党建联席会议、党建共治委员会等方式实现区域内的治理主体联动，以最大限度统筹社区治理资源；就社区内部性公共事务治理而言，则应通过设置民主协商会、议事会、恳谈会等协商民主平台，创造允许社区居民平等发声的公共性平台，吸纳社区居民参与治理过程，发挥自我治理的功能。此外，成熟社区多存在于经济发达城市之中，社区党建也应利用其经济优势主动开发智慧党建平台，将党建工作以及党建引领治理的相关数据可视化，在提高社区治理效率的同时也为党建考核提供事实依据。

其二，在转型社区、新型社区与过渡社区中，党建引领治理的结构应着重于社区的现代性建设，以转变当前因社区治理主体的原子化、社区治理资源的碎片化等现状所造成的社区治理困境。然而，在各社区中，党建工作的任务仍呈现出相应的差异。

其中，转型社区发展自单位体制之下所形成的"单位社区"，长期以来的单位生活使生活于其中的居民具有较强的单位集体意识，且因邻里之间具有相当程度的同质性，因此往往形成集体行动逻辑的基础。在此，转型社区通常具有"单位场域下的单位惯习"，如果其"管理者能够构建一种'单位情境'来激活惯习的力量，就能成功整合这些潜在的'单位人'资源，以应对个体疏离化的困境"①。因此，对于转型社区党建而言，其工作任务应适当向组织动员倾斜，通过建立完善的组织动员机制并通过网格化党建等举措将社区中的居民凝聚起来，并通过设置激励机制促使其参与现代社区的共建过程。

相比较而言，新型社区是住房商品化改革的产物，社区居民完全是"陌生人"，如何培育社区治理的社会资本是转型社区党建引领治理面临的主要难题。其中，社区党组织与党员应积极开发各种类型的社区公共活动，以期在居民参与过程中建立信任关系，形成邻里间交往的网络基础。同时，社区党组织应领导制定社区治理规范，通过协商议事会、登门拜访、问卷调查等多种形式收集社区居民的意见与建议，以期制定可被共同接受的集体行动规则。

此外，在过渡社区，党建引领治理则在注重培养社区居民的自治意识、夯实社区治理的社会资本之外，更应侧重于其服务功能。过渡社区治理呈现典型的复合性特征，特别是对于社区治理主体而言，户籍人口的主要构成部分是进入城市生活的农民，由农民向城市居民的身份转型与角色转换是在土地征收、合村并居或撤村建居等城市化进程中被动产生的。然而，"农民市民化是一项复杂的社会系统工程，它不仅仅是农民社会身份和职业身份的一种转变，也不仅仅是农民居住空间的地域转移（城市化），而是一系列角色意识、思想观念、社会权利、行为模式和生产生活方式的变迁，是农民角色群体向市民角色群体的整体转型过程（市民化）"②。在实践中，过渡社区中的居民在获取"市民身份"的同时并没有完全同步实现市民生活方式、能力、素质、权利意识等方面的转型，极

① 芦恒、蔡重阳：《"单位人"再组织化：城市社区重建的治理创新——以长春市 C 社区为例》，《新视野》2015 年第 6 期。

② 文军：《农民市民化：从农民到市民的角色转型》，《华东师范大学学报》2004 年第 3 期。

易阻碍“农民市民化”,进而导致农民社区认同混乱、集体行动逻辑偏差、新旧治理秩序交融等社区治理问题。因此,对于过渡社区党建引领治理而言,其应当在推进常规性党建工作的前提下,尊重社区治理场域的独特性,更加注重建立联系群众、服务群众的可行机制,及时获取“新市民”的治理诉求以提供精准化、精细化服务,避免社区治理秩序的混乱。

基于此,党建嵌入社区治理场域的结构应具有统领性特征。一方面,必须坚持把党的建设贯穿于社区治理的“红线”,始终坚持和完善党在基层治理中的全面领导,巩固党的领导基础;另一方面,党建工作应始终适应社区治理场域的实际发展情境,尊重成熟社区、转型社区、新型社区以及过渡社区治理的差异性,建立适应性党建工作机制,提高社区治理效能。

三、构建城市社区现代化治理体系对党建的合理反嵌机制

回应社区党建的框架性嵌入与适应性嵌入社区治理场域的功能需求,正在推进建构的社区治理体系对社区党建也具有相应的反嵌机制。社区治理体系是宏观价值逻辑、中观组织结构与微观行动机制三个层次统筹建构的整合性系统。社区治理体系对党建的反嵌反映了社区党建创新引领治理的另一个维度。其表明,社区党建并不是脱离于社区治理的“悬浮化”工作,必须始终与推进社区治理体系现代化的社区治理发展目标相结合。

其一,社区治理体系的宏观价值逻辑反嵌党建理念。价值逻辑反应社区治理现代化目标及其实现机制选择的深层因素。城市社区是国家治理的基本单元,社区治理体系则构成国家治理体系的基层基础。作为全面深化改革的总目标,国家治理体系和治理能力现代化的价值取向是以人民为中心。因此,坚持以人民为中心始终是社区治理现代化内蕴的价值逻辑。一方面,人民的主体性地位决定社区治理体系是社区治理主体人人参与且“人人有责、人人尽责”的建构过程;另一方面,“改革发展成果由全体人民共享”也决定社区治理成果必须惠及所有社区治理主体。这契合中国共产党的根本宗旨,对党的建设理念发挥反向增强作用。

对于社区党建而言,在秉持服务群众基本理念的同时,更需要在实践中深化开放式党建理念,推动党建引领治理的理念创新,以党建引领为轴心推进社区治理体系现代化建设。在该过程中,发挥社区党组织的政治领导与组织动员功能,将所有相关的社区治理主体有序吸纳至社区治理过程,使其能够在公开、平等、包容的治理环境中共同参与解决社区治理问题和提供社区公共服务;此外,在该过程中发挥党员带头作用,引领社区治理主体明确其治理责任,特别是深化居民对

社区作为治理共同体的责任认同，形成人人享有的现代化社区治理形态。

其二，社区治理体系的中观组织结构反嵌党建体系。社区治理体系的建构在国家治理顶层设计框架内进行，不仅需要形成底层治理主体协同参与的治理局面，更需要在中观层面推动机构改革，使国家治理制度与政策得以贯彻执行。在实践中，将国家治理制度与政策落实于基层，有赖于党延伸至基层的严密组织体系。城市社区党组织是落实党中央与国家治理决策部署的"最后一公里"，而要保证"落实"的效能，则需要优化党建体系。首先，完善中央、地方各级党委（党组）、基层党组织上下贯通、执行有力的组织体系，确保党中央的决策部署通过党的层级组织下达至城市基层；其次，加强中观层次党建，增强地方各级党委根据党中央指导性方针制定地方适应性治理决策的能力，使其满足地方治理需求；再次，增强城市社区党组织决策执行力，及时收集并反馈决策执行过程中出现的问题，以便地方各级党委对相关决策方案进行调适。

其三，社区治理体系的微观行为机制反嵌党建方式。社区建设与发展的差异性决定了社区治理的异质化。在实践中，城市社区面临的治理问题，治理主体的参与动机、参与意愿与参与能力，治理资源禀赋以及治理技术的智慧化程度各不相同，社区治理的领导者需要根据社区治理现状采取适应性治理机制，这对于社区党建方式提出更高的要求。一方面，社区党组织应精准掌握社区治理需求，形成针对性的党建引领治理方针；另一方面，社区党建工作应立足于社区发展现实，在突出政治功能的前提下，综合评估社区治理主体、社区治理资源与社区治理技术的现状及其优势，划定社区党建工作侧重点，实现社区治理主体的精准动员、社区治理资源的合理统筹与社区治理技术的有效更新。

第三节　城市社区党建创新形态的"建构式耦合"

百年来中国从国家建构、国家建设到国家治理的历史实践表明，中国共产党是中国发展的根本性领导力量。近代以来，中国在国家建构过程中曾尝试多条道路，但最终只有中国共产党取得了胜利，其根本原因就在于党的制度特别是党的群众路线与中国社会文化系统形成紧密的嵌入关系[①]；中华人民共和国成立之后，中国开启现代化国家建设进程。在党的领导下，中国实现现代化国家建设的政治、经济与社会等各领域制度供给，并依赖于党的严密组织体系保障制度执行，快速摆脱积贫积弱的总体性危机。同时，党的先进性为国家发展

① 参见常铁军、元帅：《"空间嵌入"与地方政府治理现代化》，《中国行政管理》2018年第9期。

状态下的制度创新和制度变革提供了保障。党领导国家进行适应性改革开放，以国家强制性经济制度变迁赋能经济增长，以渐进式政治体制改革防范固有风险，维持国家秩序稳定。新时代以来，中国进入全面深化改革时期，实现国家治理体系和治理能力现代化是改革的总目标。中国实现国家现代化的关键在于坚持和加强党的全面领导。一方面，在国家治理的宏观层面，党的领导是把国家制度优势转化为治理效能的根本政治保障，中国共产党治理下的中国凸显了"集中性、协调性、连续性、高效性"等治理优势①；另一方面，在国家治理的微观层面，党对基层的领导确保党始终对国家治理的基层需求保持高度敏感。基层治理秩序关系国家治理根基的稳固。在国家治理过程中，与群众切身利益密切相关的治理问题大多发生于基层，群众的多元化利益诉求也在基层大量涌现。如何将国家治理制度的治理优势延伸至基层、优化国家治理的微观空间，是党领导国家治理现代化难以回避的重要现实议题。

从实践来看，城市社区作为国家治理的基础单元，持续推进的党建创新正在不断增强党对基层治理的领导力。通过创新性城市社区党建体系设计、机制优化、功能整合与资源统筹，不仅有力地消解了因科层化惯性、单位体制传统以及悬浮化现状等因素导致的党建累积性困境，更加有效地导向党建引领治理的新阶段，通过党建创新进一步明确治理主体的身份、职责及功能，整合社区治理的相关资源，实现社区治理功能的迭代升级。在此基础上，要进一步提高城市社区治理效能，稳固国家治理的基层基础，需要进一步建构式耦合社区党建与社区治理，一是提高城市社区党建主体的学习能力，增强其对党建政策以及社区治理需求的认知，夯实国家治理现代化的基层基础；二是提高城市社区党建的资源共享能力，增强其对碎片化社区治理资源的整合，巩固国家治理现代化的基层共识；三是提高城市社区党建的系统协同能力，增强其对整体性社区治理的协调，筑牢国家治理现代化的基层堡垒。

一、促进城市社区党建主体学习，耦合治理现代化的现实情境

具有创新性学习能力是对城市社区党建主体的内在要求。城市社区党建主体以社区党组织为基础，还包括区域化党建中所涉及的单位党组织、企业党组织、社区社会组织党组织等部分，以及社区辖区内的全体党员。其中，社区党组织发挥关键的基础性作用。作为城市社区党建主体的基础部分，社区党组织

① 参见燕继荣：《制度、政策与效能：国家治理探源——兼论中国制度优势及效能转化》，《政治学研究》2020年第2期。

具有三重角色：其一，作为党的基层组织，负责将党中央以及地方各级党委的决议在本社区宣传并执行，确保党的决策落实于基层；其二，作为区域化党建的基础组织，负责整合社区党建资源，推动构建共建共治共享的社区治理新格局；其三，作为社区的领导组织，负责讨论决定社区治理的重要问题，组织动员群众参与社区治理并为其提供服务。社区党组织的复合型角色要求其在推进党建创新过程中不断学习，以清晰把握并理解党的决策部署，及时获取社区治理的实际需求。

（一）社区党组织的政策学习能力

社区党组织是贯彻落实党中央决策部署的“最后一公里”。根据党的组织体系，社区党组织负有执行党中央决策的重要职能。在实践中，对于社区党组织而言，领导基层社会治理的主要依据来源于党领导治理的相关政策，而社区党组织的政策执行则是将党的治理政策优势转化为实际治理效能的基础环节。

在规范意义上，“政策执行既是落实上级政策的行动过程，也是理解政策意图、分解政策目标、探寻执行工具的学习过程”①。对于社区党组织而言，其政策学习能力不仅决定其对党的政策意图与政策目标的认知程度，也影响其对政策执行工具的选择，最终影响政策的执行绩效。2017年中共中央、国务院《关于加强和完善城乡社区治理的意见》明确指出：“充分发挥基层党组织领导核心作用。把加强基层党的建设、巩固党的执政基础作为贯穿社会治理和基层建设的主线，以改革创新精神探索加强基层党的建设引领社会治理的路径。”据此，各地纷纷出台适应本地城市社区治理的地方性政策，而社区党组织则是政策执行的最终环节。在实践中，不同的社区党组织在政策学习过程中表现出较大的差异性。特别是在党建引领治理的相关政策执行过程中，学习过程中呈现出创新性学习、机械性学习以及象征性学习等不同形态。其中，体现创新性学习能力的社区党组织往往在充分理解政策目标的前提下，进一步细化政策执行方案，并根据社区发展现状选择合适的政策执行工具或创新性采用新的执行工具，以期更有效地实现政策目标。同时更重要的是，具有创新性学习能力的社区党组织能够根据政策执行过程中出现的新问题与新挑战对具体的执行方案进行及时调整，以做出快速回应，避免政策执行的目标偏差；相较于此，机械性学习的过程通常体现为社区党组织通过会议形式传达政策文本，或是仅仅将政策文本的内容进行按图索骥式地呈现。诸如在多地社区党组织的政策执行过程中，党

① 杨宏山：《创制性政策的执行机制研究——基于政策学习的视角》，《中国人民大学学报》2015年第3期。

建工作仍然拘泥于开会、整理材料等，缺乏进一步的创新性思维，也不能根据政策执行实际过程中出现的问题进行适应性调整；此外，象征性学习通常意味着社区党组织的政策理解具有较强的形式主义。仅具备象征性学习能力的社区党组织通常停留于政策执行的“口号化”和“材料化”，其往往“就党建而谈党建”，造成社区党建工作脱离服务群众的核心要义。

基于此，社区党组织应培养其对党建政策的创新性学习能力，该能力涉及解码、编码与应用三个递进层次。一是解码。解码意味着社区党组织应通过会议、文件宣传等方式获知党建政策所涉及的内容及相关信息，必要时则可邀请上级领导、智库专家、学者等以讲座形式进一步加深其对政策的理解，在此基础上对政策形成理性认知。二是编码。编码即社区党组织需根据其对政策的理性认知，整合思考社区执行环境，以选择可操作化的政策执行工具。在该过程中，社区党组织既可依据社区发展现状对政策执行工具进行自主创新，也可根据过去相关政策的执行经验对已有政策执行工具进行更新升级。三是应用。应用体现为社区党组织实现政策既定目标的过程。其中，社区党组织应根据政策执行中出现的问题适时调整政策执行工具，以增强政策执行的有效性。

（二）社区党组织的治理需求认知能力

自党的十八届三中全会提出推进国家治理体系和治理能力现代化以来，党和国家加快系统性、整体性、协同性的政策体系布局，并从“国家治理现代化的目标体系、立法体系、协商民主体系以及法治体系”四个基本框架出发，完成国家治理结构顶层设计[①]；与此同时，通过制度化治理路径选择与统筹性治理机制安排，推动国家治理体系从设计走向落实，在实践中促进坚持党的领导、人民当家作主与依法治国有机统一。

基层治理位于国家治理的底层场域，而城市社区则是撬动基层治理的支点，并承担构建社会治理共同体的主要职责。作为基层治理的基层单元，城市社区在基层社会结构转型过程中产生诸多治理需求。首先，空间结构转型产生建立公共治理规则的需求。经济空间与社会空间的分离解构单位体制形成的总体性格局，虽然释放社会发展活力，但同时也意味着庇护式集体主义治理规则的消解。在后单位体制时代，体制外相对独立生长的治理力量要求建立公共治理规则，在制度框架内寻求平等参与治理的机会。

其次，群体结构转型产生重塑社区共同体的需求。国家强制性制度变迁导

---

① 参见任剑涛：《现代化国家治理体系的建构：基于近期顶层设计的评述》，《中国人民大学学报》2015年第2期。

致单位共同体的瓦解，单位成员转变为社会成员，依托企事业单位的社会职能被剥离并转移至社区。然而，在“社区制”探索初期，面对大量基层社会管理事务下沉社区，社区建设却呈现行政化色彩，并未有效解决单位体制的遗留问题，反而单位成员向社区成员转型进一步加剧社区治理困境。此外，社会成员的自我身份认同及其对社区作为生活共同体的归属感并未同步形成，加之“在某些重大危机事件面前（如“非典”等事件），单位组织仍是国家实施社会控制的重要阵地，而在社会个体‘地位资源’的获得方面，单位的壁垒效应也仍然存在”①。

再次，需求结构转型产生大量基于个体多元化发展的利益需求，并且呈现原子化与碎片化趋势，对社区再组织化提出新的要求。基于对单位的信任所形成的社会秩序也发生了变化，在社区行政化以及社区共同体认知并未建立的情况下，居民的利益诉求往往呈现原子化表达趋势，无法形成表达合力；另一方面，碎片化的趋势也对基层社会治理秩序形成挑战，社区自治力量也无法被激活。

最后，交往结构转型产生基层社会再组织化的需求。单位体制解体后，商品住房购买代替单位住房分配，“带来个人社会归属感下降以及社会生活成本提高等问题。在这种情况下，单位个人之间原有的生活互助不复存在，取而代之的是社会生活问题如托管小孩、接送孩子上学等须通过市场购买方式或每个人的单独行动解决，以及人与人之间的疏远和淡漠”②。

因此，要增强党建引领治理效能，社区党组织必须积极认知社区治理需求，在此基础上创新社区党建工作。其一，以社区党建创新引领制度供给，实现社区治理赋权。社区治理制度供给不仅来源于国家治理的基层落实，即基层党组织推动落实国家治理制度“最后一公里”，这依赖于社区党组织对党路线方针政策的执行力，还来自社区党组织以人民为中心建立的基层治理制度，包括群众参与议事等地方性治理规则，规定治理权限。其二，以社区党建创新引领社区治理体系主体补位联动，实现社区治理赋能。通过孵化或吸纳社会组织、创设群众协商共治平台，培育主体公共性精神，重塑主体契约化关系，激活“一核多元”的联动性治理效应。其三，以社区党建创新引领社区治理体系资源统筹共享，实现社区治理赋责。精准把握社区治理需求，通过社区与驻区单位等党建融合，撬动治理协同力，并通过项目制、清单制等落实责任，实现资源效用最大化。其四，以社区党建创新引领社区治理体系流程智慧优化，实现社区治理增

---

① 田毅鹏等：《“单位共同体”的变迁与城市社区重建》，中央编译出版社2014年版，第105页。

② 黄恒学：《公共经济管理研究》，中国经济出版社2008年版，第293～294页。

效。依托智慧化党建综合服务平台，实现社区服务、安全、组织与管理数据协同；发挥大数据治理优势，增强社区公共诉求精准获取与服务能力，建立可视化考核机制，增强党建引领治理效能。

二、协调城市社区党建资源共享，耦合治理现代化的要素联动

统筹性资源共享能力是对城市社区党建的基本要求。党的十九届四中全会指出："建设人人有责、人人尽责、人人享有的社会治理共同体。"建设社会治理共同体不仅需要社区党组织执行党的相关治理政策，并通过创新性政策学习能力提高治理政策的执行绩效，更重要的是社区党组织需要整合社区治理资源，创造"人人参与"的社区治理空间，使居民"对自己的社区有更大认同，同一社区的居民共享社区的过去、现在和未来，他们更像是一个利益共同体、命运共同体，也更可能为本社区的事务尽责"[①]。这对社区党组织的资源统筹与共享能力提出新的要求。

首先，社区居民是重要的社区治理人力资源，作为领导性治理主体的社区党组织应积极创建居民治理参与空间，凝聚群众的支持性资源。如何组织并动员社区居民参与社区共建共治，是当前社区共同体建设面临的主要问题；而如何将基层治理改革成果惠及全体社区居民亦是党建创新的关键落脚点。进入全面深化改革时期，城市社区面临公共事务愈加呈现出复杂性、多发性与抗解性等特征。对于征地拆迁、邻避设施建设等导致的社区"外部性"社区治理问题以及因物业管理服务、基础设施建设与维护、公共治安等"内部性"社区治理问题，利益相关者主要集中于社区居民，需要强有力的领导核心将社区居民有效组织动员起来，通过协作对话以寻求可被共同接受的集体行动方案，以有效规避基层社会中的非理性对抗行为，维护稳定的治理秩序。

当前，在社区治理的参与过程中，老年人与离退休人员是主要的居民参与主体，社区内成立的群众性团体以及志愿性服务团队也多以老年人为主，社区党组织对年轻职业群众的组织动员作用相对较低。年轻职业群体作为社区居民的主要构成部分，其社区参与频率较低参与动机较弱。在"职住分离"的现代化社区中，职业群体之间并未在生活空间中形成紧密的社会联系；加之在职业空间中，职业群体的社会交往活动已占据其大量时间，于非工作日中进行的活动将多局限于家庭范围，因此对职业群体的参与动员难度较大，其社区黏性也相对较低。职业群体的社区脱域现象不利于形成其间的协作式社会关系，进一

---

① 郁建兴、仁杰：《社会治理共同体及其实现机制》，《政治学研究》2020年第1期。

步加剧社区共同体的价值缺失。

在社区治理中,社区党组织发挥全面领导作用,不仅意味着社区党组织将在党建工作创新中发挥其组织动员优势,通过非正式倡议或出台正式文件等措施引导更多社区居民参与社区治理,以此获得更多的群众资源;同时,也意味着其将能够发挥引领示范作用,通过党员干部、普通党员以及各个党积极分子的主动参与行为带动基层群众走出家庭"私域",将更多时间分配至社区公共空间活动中。在此过程中,社区居民的交往意愿将大大增强,有利于建立居民之间的互惠性关系网络,在治理参与中增强协作关系,巩固基层社会的组织化基础。

其次,社区内市场组织、社会组织、驻区单位等构成社区治理的组织资源。持续创新区域化党建工作模式是聚焦城市社区党建资源、推动构建社区治理共同体的主要路径。要加快基层党组织全覆盖,推进全面从严治党向基层延伸,把每个基层党组织建设成为坚强战斗堡垒,在此基础上探索制定区域化党建引领共建社区治理规则。首先,在辖区企事业单位党建工作有序推进的前提下,探索街道"大工委"和社区"大党委"领导体制,实现权力下放与资源下放,以区域党建联席会议、辖区议事会等为载体建立区域党建"朋友圈",促进社区与驻区单位、"两新"组织等工作同频共振,共同制定社区治理规则。其次,建立社区在职党员"双岗双责双报到"党员管理工作模式,共同执行社区治理规则。探索"双报到"党员服务积分管理制度,实现"认领社区服务岗位,落实社区服务责任,贡献社区服务能力"的党员联系服务群众常态化机制。再次,激活红色资源,实现区域党建引领治理规则创新,提高区域党建引领治理创新的质量。以街道党工委和社区党组织为核心,吸纳驻区单位、企业、社会组织等红色教育资源,建立以驻区高校为主体的"红色智库",讲好"红色故事",加强"红色培训",发挥"红色先锋"模范作用,优化党建学习培训资源,激发红色动能。

三、驱动城市社区党建系统协同,耦合治理现代化的结构框架

系统协同能力是对城市社区党建的根本要求。社区党建是一项系统性工作,不仅意味着不断推进党的自身建设,增强社区党组织的领导力,更意味着发挥党建引领功能,使党建引领成为提升社区治理水平的根本政治保障。党建引领治理将以党建工作为根本政治引领,统筹社区治理能力和社区治理现代化的结构性建设。通过提升党建工作质量,将极大提高社区党组织综合利用社区治理相关制度资源的能力,并从整体性层面对社区治理进行综合布局,在此基础上广泛吸纳社区治理主体,协同社区治理资源,最大限度地激活社区治理资本,切实把社区治理制度优势转化为实际的治理效能。

（一）建立社区联动式党组织覆盖体系，引领社区主体参与协作，重构社区公共治理规则

公共性是相对于私密性而言，强调“某种事物与公众、共同体（集体）是相关联的”，从根本上意味着“公共参与、公开讨论的行动过程与言说方式”。[①] 在中国现代化转型过程中，城市基层经济空间与社会空间的分离使得原来依赖单位提供生活保障与社会福利的集体主义治理规则解体。后单位体制时代大量依附性单位成员转化为相对独立的社会成员，以追求竞争和效率为核心的市场经济观念不仅改变了社会公众的交往方式，更造成社会阶层及其利益诉求的多样化，阻滞了社区共同体的形成。

基层党建是凝聚碎片化社会主体并激活其共同参与社区治理的必然选择，并使党的组织成为承担城市基层社会治理功能的最核心组织载体。“作为国家最主要的政党组织，中国共产党最根本的功能是联系和动员社会。”[②]一方面，基于党的根本组织制度与领导制度，中国共产党建立起从中央延伸至基层的严密组织体系，通过党委、党支部等机构设置实现对基层社会的再组织。另一方面，超越单位党建的思维局限，在社区全域内统筹设置党的基层组织，以党建联席会议为载体、以在职党员“双报到”机制为抓手吸纳社区与驻区单位、企业等党员参与社区治理。同时，在该过程中发挥党组织与党员联系并凝聚基层群众优势，创建基层协商平台以最大限度地包容并激活基层治理主体的治理功能。

（二）构建社区整合式党建行动逻辑，引领社区职能转变，重塑社区社会治理价值

社区治理社会化强调以服务型党组织为核心，建立以精准服务居民需求为导向的治理模式。作为基础治理单元，社区应当发挥提供公共服务并维护基层社会秩序稳定等基本社会治理。然而，社区发展的行政化路径依赖不仅加重了社区工作负担，而且也因排斥公共参与而使居民无法进行诉求的有效表达，潜在削弱了社区治理的抗风险能力。

服务型党建是促使社区转变工作方式并优化其社会化功能的必然选择。从根本上讲，中国共产党是以为人民服务为宗旨的政党。服务群众重在基层，而基层党组织服务群众的能力与质量也将直接决定群众对其认同与信任程度。对于党的建设而言，“不论其组织建设还是其思想建设和政治建设，都将人民群

---

① 参见谭安奎：《公共性二十讲》，天津人民出版社2008年版，“编者序”第1～2页。

② 李威利：《城市基层党建指导手册》，格致出版社2019年版，第20页。

众作为自身力量的源泉”[①]。因此，党的基层组织在落实党中央决策“最后一公里”时，应始终发挥服务群众的基本功能，并在该过程中引领转变社区职能。首先，以党群服务中心为阵地平台，整合基层党组织和社区居委会的服务资源，优化基层服务供给流程，使社区服务职能实现真正下沉；其次，整合服务需求数据，创新服务内容，在通过深入群众调研、与民对话协商、群众网络反映等多渠道精准获取群众诉求之后为其提供精细化服务；再次，整合社区驻区单位与企业的服务资源，探索建立以服务项目为核心的工作机制，提高服务效率和服务质量；最后，注重社区社会组织孵化，鼓励社区基层群众成立趣缘性社会组织，并将社会组织作为社区公共服务的重要供给者以及居民诉求表达的重要支撑性平台。

（三）建立社区网格化党建责任构架，引领社区共建共治，激活社区网络化治理结构

针对社区公共问题发现与解决机制脱节产生的基层管理困境，以“问题—指挥—责任—联动—反馈”闭路环[②]为特征的网格化管理成为社区新型管理模式。网格化管理契合于“数字社区”的建设趋势，其将社区划分为若干网格并将管理资源配置网格化，依托城市管理信息技术平台实现对社区的动态管理，以此增强城市管理预警防治功能，并使社区公共服务供给导向精细化。然而，在实践中，网格化管理体现了较强的层级式管控特征，是政府传统维稳式管控思维在社区的延伸。一方面，网格化管理将居民固定于特定的网格单元中，通过数字信息的全过程覆盖与全方位监控进行社区风险排查。虽然该方式能够高效实现风险防控，但在压力型体制下亦容易导致维稳的技术性泛化，导致维稳成为管理的主要目的；另一方面，网格化管理通常在解决信息采集、解决网格事件、代办服务、宣传指引以及市政相关等基础服务事项[③]时体现较高的管理效能，然而其并未进一步探索如何将群众诉求置于公共服务供给的中心位置，也未能针对社区抗解性复杂治理议题提出容纳基层群众并整合社区治理资源的可行路径。

网格化党建的推进引领社区从网络化管理走向网络化治理。首先，网格化党建在明确党员工作职能下沉的同时实现责任下沉与考核下沉。通过网格化

---

① 林尚立、赵宇峰：《政治建设的中国范式：论党建在中国发展中的重要政治作用》，《社会科学战线》2014 年第 1 期。

② 参见孙柏瑛：《从网格化管理到网络化治理》，《中国纪检监察报》2020 年 9 月 10 日。

③ 参见秦上人、郁建兴：《从网格化管理到网络化治理——走向基层社会治理的新形态》，《南京社会科学》2017 年第 1 期。

的方式，社区党组织将居住或工作于此的党员联动起来，建立网格员信息档案并将其公布于网格，实现群众与党员随时互联，以此建立社区社情民意的信息网络。在网格内，对党员实行责任包干，其需要承担解决群众基本诉求的责任并就其责任履行进行公开承诺，接受群众监督；而群众对其责任实现程度的评议将成为党员考核的重要依据。其次，网格化党建将社区党建资源真正下沉至社区治理微单元。作为区域化党建的重要部分，驻区单位与社区“两新”组织将协同承担服务群众的任务与功能。网格化党建将驻区单位与“两新”组织中的党员作为网格员配置于网格内，实现社区党建资源的互联下沉，以此充分发挥区域化党建在社区公共服务供给中的协同优势。再次，网格化党建实现纵横协调的网络式主体合作关系。建立基于网格化党建的“群众吹哨，街居响应，部门报到”机制，建立纵向层级联动的基层问题治理机制；而作为“以人民为中心”的政党，城市基层党组织始终将实现群众诉求置于核心地位。要在社区治理中充分吸纳群众意见，最根本的方式是建立多主体之间的协商框架，使其在相互尊重的对话情境中，通过平等话语交流表达利益偏好并共同寻求集体行动方案。建立社区网格化党建责任框架，引领社区共建共治，激活社区网络化治理结构。

（四）升级社区智慧化党建平台，引领智慧社区建设，实现社区治理增效

就智慧化党建引领智慧社区建设而言，应当进一步整合城市社区智慧化党建平台数据资源，推动出台市级综合性智慧党建方案，实现城市党建动态、社区服务、社区治理、社区安全、社区组织相关数据系统整合。

依托智慧化党建综合服务平台，实现社区服务、安全、组织与管理数据协同；发挥大数据治理优势，增强社区公共诉求精准获取与服务能力，建立可视化考核机制，增强党建引领治理效能。智慧党建平台的重要作用之一即为实现基层党建动态管理。通过在平台中设置组织体系、党务公开、党员培养、党纪监督、廉政管理、绩效考核等诸多板块，实现社区党建数据公开化，极大提高上级党组织对社区党建工作的监督、管理和指导效能。此外，以智慧党建引领智慧社区建设，则进一步增强了社区治理的便利化与共治性。首先，居民可通过智慧党建所关联的网站与移动终端平台进行及时表达，通过数字化方式整理和分析居民服务需求，形成可视化问题类别清单。其次，社区网格员与网格党支部通过智慧党建平台可快速获知并回应居民需求；对于超出网格服务能力的问题事项，则可进一步通过智慧党建平台建立任务清单，进一步反馈至街道或相关党政部门，由相关负责人负责办理，由此推动“居民吹哨，街居响应，部门报到”的创新性治理机制有效运转，精准化解基层治理难题，实现社区服务的精细化与针对性。再次，社区居民也能够通过智慧党建相关平台及时评价，对网格员、

基层党组织或政府部门的问题回应与办理相关情况进行可视化评价，作为后者绩效考核的重要依据。在意义上，智慧党建机制的创新与探索将进一步实现社区治理的数据赋能、数据赋权与数据赋责。其中，通过智慧党建平台建设，能够实现党建数据与社区治理相关数据的统筹整合，使党建工作进一步嵌入社区治理，赋予基层党组织更强的群众诉求获取能力、更有效的决策能力以及治理过程优化能力，增强党与群众之间的密切联系；通过智慧党建平台实现向社区居民赋权，使其能够自主表达治理需求并对社区治理相关情况进行评议、监督，使社区治理过程始终以人民为中心，在居民主体性的基础上构建共建共治共享的社区治理新格局。此外，通过党建数据以及社区治理相关数据的统计、分析及其可视化，基层党建责任将进一步清晰化，党员所承担任务及职责分工明确化，而居民评议内容公开化与在党建考核中的应用能够促使基层党组织与党员更加负责。

参考文献

一、著作类

[1]《马克思恩格斯全集》第 7 卷,人民出版社 1959 年版。
[2]《马克思恩格斯全集》第 18 卷,人民出版社 1964 年版。
[3]《马克思恩格斯全集》第 19 卷,人民出版社 1963 年版。
[4]《马克思恩格斯全集》第 23 卷,人民出版社 1972 年版。
[5]《马克思恩格斯全集》第 46 卷,人民出版社 2003 年版。
[6]《马克思恩格斯选集》第 1 卷,人民出版社 2012 年版。
[7]《马克思恩格斯选集》第 4 卷,人民出版社 2012 年版。
[8]《马克思恩格斯文集》第 1 卷,人民出版社 2009 年版。
[9]《马克思恩格斯文集》第 5 卷,人民出版社 2009 年版。
[10]《马克思恩格斯文集》第 8 卷,人民出版社 2009 年版。
[11]《马克思恩格斯文集》第 9 卷,人民出版社 2009 年版。
[12][德]马克思、[德]恩格斯:《共产党宣言》,人民出版社 2018 年版。
[13]《列宁全集》第 6 卷,人民出版社 1963 年版。
[14]《列宁全集》第 7 卷,人民出版社 1986 年版。
[15]《列宁全集》第 8 卷,人民出版社 1986 年版。
[16]《列宁全集》第 9 卷,人民出版社 1987 年版。
[17]《列宁全集》第 16 卷,人民出版社 1988 年版。
[18]《列宁全集》第 29 卷,人民出版社 1985 年版。
[19]《列宁全集》第 34 卷,人民出版社 1985 年版。
[20]《列宁全集》第 35 卷,人民出版社 1985 年版。
[21]《列宁全集》第 41 卷,人民出版社 1986 年版。
[22]《列宁全集》第 42 卷,人民出版社 1987 年版。
[23]《列宁选集》第 1 卷,人民出版社 2012 年版。

[24]《列宁选集》第 3 卷，人民出版社 2012 年版。

[25]《列宁选集》第 4 卷，人民出版社 2012 年版。

[26]列宁：《共产主义运动中的“左派”幼稚病》，人民出版社 2016 年版。

[27]《毛泽东选集》第 1 卷，人民出版社 1991 年版。

[28]《毛泽东选集》第 4 卷，人民出版社 1991 年版。

[29]《毛泽东选集》第 5 卷，人民出版社 1977 年版。

[30]《建国以来毛泽东文稿》第 1 册，中央文献出版社 1987 年版。

[31]毛泽东：《在中国共产党第七届中央委员会第二次全体会议上的报告》，人民出版社 2004 年版。

[32]《邓小平文选》第 1 卷，人民出版社 1994 年版。

[33]《邓小平文选》第 2 卷，人民出版社 1994 年版。

[34]《邓小平文选》第 3 卷，人民出版社 1993 年版。

[35]中共中央文献研究室、中共重庆市委员会编：《邓小平西南工作文集》，中央文献出版社、重庆出版社 2006 年版。

[36]中共中央文献研究室编：《邓小平思想年谱(1975～1997)》，中央文献出版社 1998 年版。

[37]《江泽民文选》第 3 卷，人民出版社 2006 年版。

[38]江泽民：《论“三个代表”》，中央文献出版社 2001 年版。

[39]江泽民：《论党的建设》，中央文献出版社 2001 年版。

[40]习近平：《在第十八届中央纪律检查委员会第六次全体会议上的讲话》，人民出版社 2016 年版。

[41]习近平：《决胜全面建成小康社会　夺取新时代中国特色社会主义伟大胜利——在中国共产党第十九次全国代表大会上的报告》，人民出版社 2017 年版。

[42]习近平：《在全国组织工作会议上的讲话》，人民出版社 2018 年版。

[43]中共中央文献研究室编：《习近平关于全面从严治党论述摘编》，中央文献出版社 2016 年版。

[44]中共中央纪律检查委员会、中共中央文献研究室编：《习近平关于严明党的纪律和规矩论述摘编》，中央文献出版社、中国方正出版社 2016 年版。

[45]中共中央党校(国家行政学院)：《习近平新时代中国特色社会主义思想基本问题》，人民出版社、中共中央党校出版社 2020 年版。

[46]中共中央宣传部编：《习近平新时代中国特色社会主义思想学习纲要》，学习出版社、人民出版社 2019 年版。

[47][匈]贝拉·库恩编:《共产国际文件汇编》第1分册,中国人民大学编译室译,三联书店1965年版。

[48]《中国共产党章程》,人民出版社2017年版。

[49]中央档案馆编:《中共中央文件选集(一九四八)》第17册,中共中央党校出版社1992年版。

[50]中央档案馆、中共中央文献研究室编:《中共中央文件选集(一九四九年十月~一九六六年五月)》第6册,人民出版社2013年版。

[51]中共中央文献研究室编:《建国以来重要文献选编》第1册,中央文献出版社1992年版。

[52]中共中央文献研究室编:《建国以来重要文献选编》第2册,中央文献出版社1992年版。

[53]中共中央文献研究室编:《三中全会以来重要文献选编》(上),人民出版社1982年版。

[54]中共中央文献研究室编:《十三大以来重要文献选编》(中),人民出版社1991年版。

[55]中共中央文献研究室编:《十六大以来重要文献选编》(中),中央文献出版社2006年版。

[56]中共中央文献研究室编:《十七大以来重要文献选编》(上),中央文献出版社2009年版。

[57]中共中央文献研究室编:《十八大以来重要文献选编》(上),中央文献出版社2014年版。

[58]《十八大党章修正案学习问答》,党建读物出版社2012年版。

[59]《十七大报告辅导读本》,人民出版社2007年版。

[60]《中国共产党第十五次全国代表大会文件选编》,人民出版社1997年版。

[61]《中国共产党第十六次全国代表大会文件选编》,人民出版社2002年版。

[62]《中国共产党第十八次全国代表大会文件汇编》,人民出版社2012年版。

[63]《中国共产党第十九次全国代表大会文件汇编》,人民出版社2017年版。

[64]中共中央党史研究室:《中国共产党的七十年》,中共党史出版社1991年版。

[65]《中国共产党地方委员会工作条例》,人民出版社 2016 年版。

[66]《中国共产党支部工作条例(试行)》,党建读物出版社 2018 年版。

[67]全国党建研究会秘书处编:《城市基层党建理论与实践——全国城市基层党建工作理论研讨会资料汇编》,党建读物出版社 2019 年版。

[68]《中共中央关于加强和改进新形势下党的建设若干重大问题的决定》,人民出版社 2009 年版。

[69]《中共中央国务院关于加强和完善城乡社区治理的意见》,人民出版社 2017 年版。

[70]《关于加强和改进城市基层党的建设工作的意见》,人民出版社 2019 年版。

[71]《关于持续解决困扰基层的形式主义问题为决胜全面建成小康社会提供坚强作风保证的通知》,人民出版社 2020 年版。

[72]《关于加强基层服务型党组织建设的意见》,人民出版社 2014 年版。

[73]中华人民共和国民政部编:《中国民政统计年鉴 2006》,中国统计出版社 2006 年版。

[74]陈伟东:《社区自治:自组织网络与制度设置》,中国社会科学出版社 2004 年版。

[75]方亚琴:《社区、居住空间与社会资本》,中国社会科学出版社 2019 年版。

[76]高新民、张希贤:《中国共产党建设史》,中共中央党校出版社 2009 年版。

[77]郭圣莉、尹露:《城市基层社区体制的构建与变革:上海社区治理 40 年》,上海交通大学出版社 2019 年版。

[78]黄恒学:《公共经济管理研究》,中国经济出版社 2008 年版。

[79]李威利:《城市基层党建指导手册》,格致出版社 2019 年版。

[80]李友梅、汪丹:《改善民生　创新治理:社会发展活力的源泉》,上海人民出版社 2014 年。

[81]林尚立:《当代中国政治形态研究》,天津人民出版社 2000 年版。

[82][美]彼得・布劳、[美]马歇尔・梅耶:《现代社会中的科层制》,马戎等译,学林出版社 2001 年版。

[83][美]斐迪南・滕尼斯:《共同体与社会》,林荣远译,商务印书馆 1999 年版。

[84][美]弗兰西斯・福山:《信任——社会美德与创造经济繁荣》,郭华译,

广西师范大学出版社 2016 年版。

[85]潘乃谷、马戎:《社区研究与社会发展》,天津人民出版社 1996 年版。

[86]上海市党建研究会编著:《上海基层党建的探索与创新》,东方出版中心 2008 年。

[87]沈小平:《新时代党的基层组织建设》,中共党史出版社 2018 年版。

[88]孙关宏、胡雨春、任军锋:《政治学概论》,复旦大学出版社 2008 年版。

[89]孙立平:《转型与断裂:改革以来中国社会结构的变迁》,清华大学出版社 2004 年版。

[90]谭安奎:《公共性二十讲》,天津人民出版社 2008 年版。

[91]唐亚林等:《社区治理的逻辑:城市社区营造的实践创新与理论模式》,复旦大学出版社 2020 年版。

[92]田毅鹏等:《"单位共同体"的变迁与城市社区重建》,中央编译出版社 2014 年版。

[93]《王稼祥选集》,人民出版社 1989 年版。

[94]吴美华、于红:《马克思主义党建理论在当代中国的新发展》,中国人民大学出版社 2013 年版。

[95]杨志超:《中国共产党科学化建设问题研究》,中国社会科学出版社 2018 年版。

[96]郁建兴等:《"最多跑一次"改革:浙江经验,中国方案》,中国人民大学出版社 2019 年版。

[97]张康之:《社会治理的经络》,社会科学文献出版社 2020 年版。

[98]周多刚、马宜生:《城市社区党建的发展趋势与机制创新》,天津人民出版社 2014 年版。

[99]周庆智:《中国基层社会自治》,中国社会科学出版社 2017 年版。

二、期刊类

[1]习近平:《全面贯彻落实党的十八大精神要突出抓好六个方面工作》,《求是》2013 年第 1 期。

[2]胡锦涛:《努力开创新形势下党的建设新局面》,《求是》2010 年第 1 期。

[3]Miu Chung Yan and Jian Guo Gao, "Social Engineering of Community Building: Examination of Policy Process and Characteristics of Community Construction in China", *Community Development Journal*. Vol. 42, No. 2 (April 2007).

[4]曹海军、刘少博:《新时代“党建＋城市社区治理创新”:趋势、形态与动力》,《社会科学》2020 年第 3 期。

[5]常铁军、元帅:《“空间嵌入”与地方政府治理现代化》,《中国行政管理》2018 年第 9 期。

[6]陈亮、李元:《去“悬浮化”与有效治理:新时期党建引领基层社会治理的创新逻辑与类型学分析》,《探索》2018 年第 6 期。

[7]陈天祥、叶彩永:《新型城市社区公共事务集体治理的逻辑:基于需求—动员—制度三维框架的分析》,《中山大学学报》(社会科学版)2013 年第 3 期。

[8]陈向群:《充分发挥社区党建在社会建设中的作用》,《党建研究》2012 年第 11 期。

[9]陈兴亮:《论全面从严治党常态化制度化科学化评估机制》,《重庆理工大学学报》(社会科学版)2017 年第 9 期。

[10]程勉中:《中央领导集体关于统筹城乡基层党建的理论探索》,《实事求是》2013 年第 4 期。

[11]程同顺、魏莉:《微治理:城市社区双维治理困境的回应路径》,《江海学刊》2017 年第 6 期。

[12]邓晓辉:《容错纠错需划清“可容”与“不可容”界限》,《人民论坛》2017 年第 13 期。

[13]丁文阁:《党建工作与互联网融合创新模式研究》,《甘肃行政学院学报》2018 年第 2 期。

[14]杜黎明:《容错的正面清单与纠错的对策清单》,《人民论坛》2017 第 26 期。

[15]范逢春、谭淋丹:《城市基层治理 70 年:从组织化、失组织化到再组织化》,《上海行政学院学报》2019 年第 5 期。

[16]冯卓西:《党建活动经费的使用与管理》,《现代审计与经济》2019 年第 6 期。

[17]高丙中:《社团合作与中国公民社会的有机团结》,《中国社会科学》2006 年第 3 期。

[18]葛亮:《群团组织参与社会治理创新——共同参与和搭台唱戏》,《浙江社会科学》2017 年第 5 期。

[19]葛天任:《治理结构与政策执行:基于 3 个城市社区建设资金使用案例的实证研究》,《中国行政管理》2018 年第 7 期。

[20]桂勇、黄荣贵:《城市社区:共同体还是“互不相关的邻里”》,《华中师范

大学学报》2006 年第 6 期。

[21]韩福国、蔡樱华:《“组织化嵌入”超越“结构化割裂”——现代城市基层开放式治理的结构性要素》,《西安交通大学学报》(社会科学版)2018 年第 5 期。

[22]何海兵:《城市社区体制改革的历程与困境分析——以上海为例》,《华东理工大学学报》(社会科学版)2012 年第 3 期。

[23]何演、马晴:《快速城市化进程中过渡型社区的发展困境及出路分析》,《农村经济》2013 年第 10 期。

[24]何英蕾、徐剑、常亚南:《以标准化提高党的建设质量的研究》,《标准科学》2019 年第 5 期。

[25]胡洪彬:《党政干部考核评价制度:突出问题与完善路径》,《中国特色社会主义研究》2018 年第 5 期。

[26]胡洪彬:《基层党组织落实全面从严治党绩效评价机制的建构》,《理论探讨》2017 年第 5 期。

[27]黄俊尧、魏泽吉:《“党建”与“共建”:形塑基层社会治理格局的双重逻辑——基于杭州市 D 区的考察》,《中共天津市委党校学报》2020 年第 3 期。

[28]黄六招、顾丽梅:《超越“科层制”:党建何以促进超大社区的有效治理——基于上海 Z 镇的案例研究》,《经济社会体制比较》2019 年第 6 期。

[29]景跃进:《转型、吸纳和渗透——挑战环境下执政党组织技术的嬗变及其问题》,《中国非营利评论》2011 年第 1 期。

[30]李斌雄、张银霞:《基层党组织落实全面从严治党责任及其问责机制探讨》,《探索》2016 年第 1 期。

[31]李朝阳:《城市社区党建:加强党的建设的战略性选择》,《天津师范大学学报》(社会科学版)2005 年第 5 期。

[32]李汉林:《变迁中的中国单位制度　回顾中的思考》,《社会》2008 年第 3 期。

[33]李宁、罗梁波:《国家的高地、社会的篱笆和社区的围墙——基于社区治理资源配置的一项学术史梳理》,《甘肃行政学院学报》2020 年第 4 期。

[34]李威利:《党建引领的城市社区治理体系:上海经验》,《重庆社会科学》2017 年第 10 期。

[35]李威利:《联动式治理:关联主义理论视野下的基层自治》,《河南社会科学》2018 年第 10 期。

[36]李永胜、张玉容:《基层党建在城市社区治理中的作用、问题及创新研究》,《西北大学学报》(哲学社会科学版)2020 年第 5 期。

[37]李友梅:《全面建设小康社会与社区党建创新——以迈向现代化国际大都市的上海城市基层社区为例》,《毛泽东邓小平理论研究》2003 年第 1 期。

[38]李增元:《协同治理及其在当代农村社区治理中的应用》,《学习与实践》2013 年第 12 期。

[39]梁妍慧:《从"行政化"到"社会化"——创新城市社区党建领导方式》,《理论视野》2012 年第 12 期。

[40]林尚立、赵宇峰:《政治建设的中国范式:论党建在中国发展中的重要政治作用》,《社会科学战线》2014 年第 1 期。

[41]林尚立:《社区党建:中国政治发展的新生长点》,《上海党史与党建》2001 年第 3 期。

[42]林尚立:《集权与分权:党、国家与社会权力关系及其变化》,《复旦政治学评论》2002 年第 10 期。

[43]林尚立:《两种社会建构:中国共产党与非政府组织》,《中国非营利评论》2007 年第 1 期。

[44]林尚立:《社区自治中的政党:对党、国家与社会关系的微观考察——以上海社区发展为考察对象》,《中国会议》2002 年第 4 期。

[45]林尚立:《协商民主:中国特色现代政治得以成长的基础——基于中国协商民主功能的考察》,《湖北社会科学》2015 年第 7 期。

[46]林雪霏:《从利益政治到规则政治:城镇化过程中基层治理转型》,《湖北社会科学》2017 年第 3 期。

[47]刘红凛:《党建信息化的发展进程与"互联网+党建"》,《南京政治学院学报》2016 年第 1 期。

[48]刘少杰:《面向职业群体的城市社会治理创新》,《江苏社会科学》2015 年第 2 期。

[49]刘爽、王宇:《行政管理体制垂自模式与属地模式效能比较——以安全生产监督为例》,《人民论坛》2016 年第 2 期。

[50]芦恒、蔡重阳:《"单位人"再组织化:城市社区重建的治理创新——以长春市 C 社区为例》,《新视野》2015 年第 6 期。

[51]路风:《单位:一种特殊的社会组织形式》,《中国社会科学》1989 年第 1 期。

[52]吕德文:《属地管理与基层治理现代化——基于北京市"街乡吹哨、部门报到"的经验分析》,《云南行政学院学报》2019 年第 3 期。

[53]马骏:《经济、社会变迁与国家重建:改革以来的中国》,《公共行政评

论》2010 年第 1 期。

[54]马明冲:《全面从严治党向基层延伸:缘起、维度和路径》,《理论与改革》2016 年第 4 期。

[55]秦上人、郁建兴:《从网格化管理到网络化治理——走向基层社会治理的新形态》,《南京社会科学》2017 年第 1 期。

[56]任剑涛:《现代化国家治理体系的建构:基于近期顶层设计的评述》,《中国人民大学学报》2015 年第 2 期。

[57]容志、孙蒙:《党建引领社区公共价值生产的机制与路径:基于上海"红色物业"的实证研究》,《理论与改革》2020 年第 2 期。

[58]沈建波:《基层党建引领城市治理现代化的探索与实践》,《新视野》2021 年第 1 期。

[59]唐文玉:《从单位制党建到区域化党建——区域化党建的生成逻辑与理论内涵》,《浙江社会科学》2014 年第 4 期。

[60]唐亚林:《"所有的道路都通向城市"的中国之道》,《探索与争鸣》2016 年第 12 期。

[61]田世宏:《积极探索党建标准化工作》,《紫光阁》2017 年第 10 期。

[62]王东杰、谢川豫:《多重嵌入:党建引领城市社区治理的实践机制——以 A 省 T 社区为例》,《天津行政学院学报》2020 年第 6 期。

[63]王钢:《加强"四级联动"体系建设提升城市基层党建工作整体水平》,《奋斗》2019 年第 11 期。

[64]王海光、李国芳:《走向城市:中共从农村到城市的历史转折》,《东岳论丛》2014 年第 7 期。

[65]王黎锋:《中国共产党历史上召开的历次城市工作会议》,《党史博采》(纪实)2016 年第 7 期。

[66]王名、蔡志鸿、王春婷:《社会共治:多元主体共同治理的实践探索与制度创新》,《中国行政管理》2014 年第 12 期。

[67]王明杰、周隆武:《"坚持党对一切工作的领导"的当代实践》,《前线》2019 年第 1 期。

[68]王薇薇:《党员发展质量保障体系构建》,《人民论坛》2015 年第 26 期。

[69]文军:《农民市民化:从农民到市民的角色转型》,《华东师范大学学报》2004 年第 3 期。

[70]吴晓林:《党建引领与治理体系建设:十八大以来城乡社区治理的实践走向》,《上海行政学院学报》2020 年第 3 期。

[71]吴晓林:《党如何链接社会:城市社区党建的主体补位与社会建构》,《学术月刊》2020 年第 5 期。

[72]吴晓林:《中国城市社区建设研究述评(2000—2010)——以 CSSCI 检索论文为主要研究对象》,《公共管理学报》2012 年第 1 期。

[73]吴晓燕、赵普兵:《“过渡型社区”治理:困境与转型》,《理论探讨》2014 年第 2 期。

[74]习近平干部教育培训思想研究课题组:《习近平干部教育培训思想对党的干部教育培训理论的继承和创新》,《求实》2015 年第 7 期。

[75]夏建中:《从街居制到社区制:我国城市社区 30 年的变迁》,《黑龙江社会科学》2008 年第 5 期。

[76]陆莹:《论党的十九大关于加强和创新社会治理的新思想、新举措》,《桂海论丛》2018 年第 3 期。

[77]肖贵清、杨万山:《全面从严治党的时代意义及基本途径》,《山东社会科学》2015 年第 7 期。

[78]谢正富:《治理孵化器:社会工作视角下“微治理”实现机制探索——基于襄阳古城 15 个社区的调查》,《云南行政学院学报》2016 年第 1 期。

[79]徐彬:《“自主——依附型”干部:内涵、特征与定位》,《科学社会主义》2013 年第 2 期。

[80]徐迪等:《社区治理中基层党组织建设的功能、挑战与对策》,《社会科学战线》2015 年第 9 期。

[81]徐光超:《全面从严治党,如何在基层落地》,《人民论坛》2017 年第 3 期。

[82]燕继荣:《制度、政策与效能:国家治理探源——兼论中国制度优势及效能转化》,《政治学研究》2020 年第 2 期。

[83]杨宏山:《创制性政策的执行机制研究——基于政策学习的视角》,《中国人民大学学报》2015 年第 3 期。

[84]杨妍、王伟江:《基层党建引领城市社区治理:现实困境 实践创新与可行路径》,《理论视野》2019 年第 4 期。

[85]姚华:《政策执行与权力关系重构:以 S 市 2003 年市级居委会直选政策的制订过程为个案》,《社会》2007 年第 6 期。

[86]叶娟丽、韩瑞波:《吸纳式合作机制在社区治理中为何失效?——基于 H 小区居委会与物业公司的个案分析》,《南京大学学报》2019 年第 2 期。

[87]尹振东:《垂直管理与属地管理:行政管理体制的选择》,《经济研究》2011 年第 4 期。

[88]虞崇胜、余扬:《制度变革与制度执行:中国“后半程”现代化的实现机制》,《江汉论坛》2017 年第 8 期。

[89]郁建兴、仁杰:《社会治理共同体及其实现机制》,《政治学研究》2020 年第 1 期。

[90]袁湘南:《把加强党的先进性建设要求转化为基层党员的政治责任——关于在基层党组织中开展党员“设岗定责”的实践与思考》,《社会科学家》2006 年第 S1 期。

[91]张雷、张平:《提升社区治理中居民参与自治的动力研究》,《天津行政学院学报》2015 年第 3 期。

[92]张书林:《新时代基层党建创新:困境与路向》,《理论探讨》2018 年第 1 期。

[93]张书林:《以改革创新精神推进社区党建》,《探索》2009 年第 3 期。

[94]张勇:《请示与授权》,《江汉大学学报》(社会科学版)1988 年第 1 期。

[95]赵朝峰:《织密党建活动经费管理的“过滤网”》,《人民论坛》2018 年第 4 期。

[96]赵宬斐、杨传鑫:《基层治理中党的组织力评估研究》,《新视野》2020 年第 5 期。

[97]赵聚军、王智睿:《社会整合与“条块”整合:新时代城市社区党建的双重逻辑》,《政治学研究》2020 年第 4 期。

[98]郑杭生、黄家亮:《当前我国社会管理和社区治理的新趋势》,《甘肃社会科学》2012 年第 6 期。

[99]郑长忠:《基层党组织转型:走出“边缘化”处境的根本出路》,《马克思主义与现实》2004 年第 5 期。

[100]周亚越、吴凌芳:《诉求激发公共性:居民参与社区治理的内在逻辑——基于 H 市老旧小区电梯加装案例的调查》,《浙江社会科学》2019 年第 9 期。

后　记

为迎接中国共产党建党百年华诞,2020 年 3 月“新时代基层党建创新形态研究丛书”编写计划正式启动。为保证丛书写作任务顺利推进,课题组进行了以下工作。

一是组建学术队伍,研讨丛书编写方案。课题组搭建了由教授、副教授、博士后与研究生组成的科研团队,召开数次会议讨论并明确人员分工、写作任务与时间进度,拟定撰写包括《新时代城市社区党建创新形态研究》《新时代农村基层党建创新形态研究》《新时代国有企业党建创新形态研究》《新时代“两新”组织党建创新形态研究》《新时代高校党建创新形态研究》的五卷本丛书,以“发展概述—理论解析—案例分析—经验提升”为整体架构完善各卷提纲设计。

二是开展综合调研,搜集丛书写作资料。课题组通过文献调研与实地调研两种方式收集详尽的基层党建相关资料。一方面是文献调研。课题组以图书、学术期刊、报纸、党中央与地方各级党委相关文件为来源,全面获取关于党的全面领导、城市社区党建、农村基层党建、国有企业党建、“两新”组织党建、高校党建以及党建引领基层治理等方面的资料,对文献内容的分析进一步深化了对新时代基层党建创新形态的理论认知;另一方面是实地调研。课题组赴全国各地就城市社区与农村基层党建情况进行调研;赴厂矿企业、“两新”组织获知党建相关情况;吸纳高校党务工作者参与,依托其岗位优势深入了解高校党建发展动态。

三是建立案例数据库,丰富丛书案例选择。基于全国党建网站联盟、中国基层党建网、求是网党建板块、中国共产党新闻网党建板块、光明网党建板块、灯塔—党建在线等平台上刊载的基层党建案例,建立基层党建案例数据库,为丛书选择分析并推广有代表性、针对性的案例经验奠定基础。

自 2020 年 5 月以来,课题组共召开十余次编写会议,扎实推进丛书写作进度,合力提升丛书写作质量。经过多次研讨与反复打磨,至 2021 年 3 月底,课题组完成五卷本书稿,共计 130 多万字。

本套丛书是集体合作的成果，由课题组负责人方雷担任总编，负责课题的规划设计、研究的学术指导、调研的组织协调、丛书的统修定稿等工作，课题组秘书亓子龙负责丛书的格式体例修订以及平时的联络工作。本卷《新时代城市社区党建创新形态研究》的具体编写如下：孟燕（第一章第一节、第三节，第二章，第六章第一节，第八章，并统初稿），黄硕明（第一章第二节，第三章，第六章第二节、第三节），张宇蓬（第四章第二节、第三节，第七章），吴芳（第四章第一节，第五章）。

本课题的研究与丛书的出版得到山东大学出版社有限责任公司和山东大学人文社科青岛研究院的大力支持，特此表达衷心感谢。

由于水平所限和时间紧迫，书中的缺点错误在所难免。在写作过程中，我们引用和参考了国内学者和有关网站的大量研究成果、观点和数据资料，并在脚注和参考文献中做了说明，如有遗漏、曲解或错误，敬请批评指正。

作者谨识

2021 年 4 月 15 日